河北省社科基金资助项目（HB20GL009）

河北省科技厅软科学研究专项项目（23557634D）

创新生态战略下的科技型企业竞争优势研究

CHUANGXIN SHENGTAI ZHANLÜEXIA DE KEJIXING

QIYE JINGZHENG YOUSHI YANJIU

刘雪芹◎著

经济日报 出版社

北京

图书在版编目 (CIP) 数据

创新生态战略下的科技型企业竞争优势研究 / 刘雪芹著 .— 北京：
经济日报出版社，2024.8

ISBN 978-7-5196-1489-8

Ⅰ.①创 ... Ⅱ.①刘 ... Ⅲ.①高技术企业 – 企业发展 – 研究 –
中国 Ⅳ.① F279.244.4

中国版本图书馆 CIP 数据核字（2024）第 110504 号

创新生态战略下的科技型企业竞争优势研究

CHUANGXIN SHENGTAI ZHANLÜEXIA DE KEJIXING QIYE JINGZHENG YOUSHI YANJIU

刘雪芹　著

出　版：经济日报出版社

地　址：北京市西城区白纸坊东街 2 号院 6 号楼 710（邮编 100054）

经　销：全国新华书店

印　刷：廊坊市海涛印刷有限公司

开　本：710mm×1000mm　1/16

印　张：14.25

字　数：239 千字

版　次：2024 年 8 月第 1 版

印　次：2024 年 8 月第 1 次

定　价：68.00 元

前　言

目前创新已成为全球竞争焦点，我国在取得诸多创新成果的同时，还面临着一些核心技术缺失的"内忧"，以及其他国家对我国企业以技术断供等手段进行遏制打击的"外患"。当前，随着新产业革命带来的巨大影响，企业间的竞争范式正在由"单体竞争""线性竞争"升级为"生态竞争"，因而，构建良好适宜的创新生态系统已成为一个企业获得持续发展和创新能力的关键目标。而科技型企业如何以创新生态系统获得或提升比较优势进而转化为竞争优势，无论是从理论发展还是从实践来看，都是一个亟须探讨的课题。

本书引入生态学、演化经济学、管理学等理论，采用结构方程、生态场案例分析、扎根理论和跨学科交叉等研究方法，探讨创新生态战略下的科技型企业竞争优势这一核心问题。在阐明选题背景、研究意义、研究的主要内容、技术路线与研究方法及对研究文献梳理的基础上，按照总分（第三章为总论，第四、五、六章为分论）的结构，主要完成了以下四方面的研究工作。

第一，创新生态系统与科技型企业竞争优势的动态关系分析，为主体研究的"总论"（第三章）。主要采用结构方程研究方法，在对创新生态系统和生命周期内企业成长需求的探讨基础上，重点分析了创新生态系统发展与企业生命成长的共同演变与匹配关系，进而从生命周期视角提出了基于创新生态系统的科技型企业竞争优势理论模型。

第二，创新生态系统与初创期科技型企业的孵化生长优势分析，为主体研究的第一个"分论"（第四章）。初创期科技型企业的创新生态系统主要表现为嵌入外部生态系统形态。通过扎根理论与多案例探索，首先识别出外部良好支持性创新生态系统的要素与机制，然后借用自然生态场理论建立了基于场的外部生态系统对初创期企业成长的作用模型，进而重点以生态场力解析了创新生态系统对初创期企业的作用机理。

第三，创新生态系统与扩张期科技型企业的共生整合优势分析，为主体研究的第二个"分论"（第五章）。扩张期科技型企业的创新生态系统由外部嵌入演变为自身构建的企业创新生态系统形态。通过扎根理论与多案例探索，首先建构了从企业创新生态系统特质到协同共生能量再到竞争优势效应的逻辑线，然后阐释了企业所构建的创新生态系统特质，重点解析了从企业创新生态系统特质到协同共生能量再到竞争优势效应的具体影响机理。

第四，创新生态系统与成熟期科技型企业的变革再造优势，为主体研究的第三个"分论"（第六章）。成熟期科技型企业的创新生态系统主要体现为演化，以演化实现创新生态系统形态重构。研究首先基于生物进化的间断平衡理论提出了创新生态系统渐进式与变革式演化方式，然后通过扎根理论与多案例探索，阐释了外部变革对已有创新生态系统壁垒的破坏，创新生态系统内部主动变革式演化的困境，进而重点解析了成熟企业创新生态系统主动变革式演化与企业竞争优势再造的过程机理。

研究结果表明，新竞争时代无论是政府还是企业均应积极转变发展思维，认清创新发展、创新竞争的本质与趋势，用创新生态系统理论范式指导企业生命周期发展实践：一是优化与嵌入外部生态，以外部支持促进初创期企业孵化生长；二是构建企业创新生态，以生态整体应对扩张期企业外部竞争；三是推进生态系统演化，以变革演化实现成熟期企业环境适配。

本书的主要创新点包括：（1）识别出企业生命周期内创新生态系统与竞争优势的主要影响变化关系，构建了基于创新生态系统的企业竞争优势理论模型，该模型突破了已有竞争优势理论研究范围，拓展了企业竞争优势研究范畴；（2）较充分、完整地探索识别出扩张期企业的创新生态系统特质，探索性地构建了创新生态场，类比推演出渐进式与变革式两种创新生态系统演化方式，从而进一步丰富完善了创新生态系统理论；（3）较清晰地阐明了创新生态系统对初创期、扩张期和成熟期企业竞争优势的具体影响机理，从而更为深刻地揭示了企业竞争优势的形成和发展过程。

本书在企业创新生态系统与竞争优势研究领域提出了有价值的理论思考和对策性建议，对于提高科技型企业的创新竞争力、提升国家的国际创新竞争力具有较大的指导作用和参考价值。当然，本书也有诸多不足之处，有待于进一步完善和改进。

Contents

目 录

第一章　绪论

1.1　研究背景和研究意义

1.1.1　研究背景

（1）科技创新成为全球竞争焦点

随着科技在国家发展和国家间竞争地位的日益凸显，科技创新正在成为许多国家，尤其是发达国家和新兴经济体的核心发展战略。基于新的科技趋势和正在出现的新技术、新产业革命，全球各国先后布局自己的创新发展战略。自 2004 年开始，美国陆续制定了《国家创新倡议"创新美国：在竞争与变化的世界中繁荣"》《美国国家创新战略》《振兴美国制造业框架》《美国创新法案》等，其目的在于打造一个更具竞争力的美国。2013 年，德国在汉诺威工业博览会上首次提出了"工业 4.0"战略，希望以此引领新一轮的世界工业革命。从 2010 年到 2017 年，韩国密集发布了《大韩民国的梦想与挑战：科学技术未来愿景与战略》《第六次产业技术创新计划（2014—2018 年）》《支持中小企业技术革新的中长期规划（2014—2018 年）》等，旨在使本国企业达到世界先进技术水平，以此引领第四次产业革命与创新发展。2011 年以来，英国发布了《以增长为目标的创新与研究战略》《我们的增长计划：科学和创新》《国际研究和创新战略》等，旨在以创新提升本国经济发展活力。其他国家如以色列、日本、印度、瑞士等，也都在积极部署科技创新战略和创新规划，并将科技创新作为本国经济发展的重要驱动力。

我国更加强调创新发展，自党的十八大提出实施创新驱动发展战略以来，密集出台了《国家创新驱动发展战略纲要》《新一代人工智能发展规划》等政策文件，旨在国内加速转变经济发展方式与世界新一轮产业革命孕育兴起的历史性交汇时刻，抓住机遇、迎接挑战，以科技创新实现经济高质量发展和国际竞争力提升。

（2）中国创新成就下的"内忧"与"外患"

创新驱动发展战略下，我国科技创新取得重大进步。如2018年，中国的科技研发支出达1.97万亿元，仅次于研发支出最多的美国，国家高新技术企业数量超过13.6万家；2019年，中国的初创独角兽企业数量达到了96家，位居世界第二。目前，我国企业界既涌现出了以华为、中芯国际、海尔、京东方、吉利、美的、中车、中兴等为代表的一批技术或制造业巨头，也有以阿里巴巴、腾讯、百度、小米、字节跳动、大疆等为代表的拥抱未来经济的创新者。据世界知识产权组织（WIPO）等机构发布的《2019年全球创新指数》显示，中国在全球创新体系中的排名已由2016年的第26位跃升至2019年的第14位。

可以说，中国正在开启创新强国的新征程，但与此同时，也面临着一系列深层次问题和重大挑战，并成为中国创新发展的"内忧"与"外患"。国内方面，中国企业虽在ICT、互联网应用、共享经济、人工智能等新经济领域发展火热，但这主要是建立在国外发达国家的底层技术、核心技术基础之上，我国在很多领域如高端芯片、航空发动机短舱、操作系统、工业软件、核心算法、光刻胶等方面核心技术缺失，以致出现产品空心化现象。据统计，目前虽然我国生产了全球80%以上的电脑和75%以上的智能手机，但其中高端芯片基本是靠进口，其他领域95%以上的检测及制造设备、52%的关键基础材料也都是依赖进口。而且，国内很多企业由于处于产业价值链末端，与国外高技术公司的关系本质为产品买卖关系，缺乏内在的软性价值协同，从而在价值分配上缺乏话语权，难以构建起完整的产品发展能力。国外方面，随着全球科技创新、技术创新竞赛的愈演愈烈，随着中美两国在技术上的差距缩小，以及美国对日益强大起来的中国的担忧，美国不仅先后在航空发动机等高技术领域对我国实行出口管制，中美贸易摩擦背景下还针对在人工智能、生物技术、先进计算等新技术领域的中国竞争对手给予遏制和打击。如2018年4月美国政府禁止本国企业向中兴出售一系列产品，2019年5月美国将华为列入"实体清单"，要求谷歌、高通、ARM、台积电等公司"断供"华为，2020年又以"国家安全"为由千方百计封杀字节跳动、腾讯等中国高科技公司在美业务。

当今形势下，中国企业如何创新发展，如何以科技创新赢得新竞争优势，更加值得思考。

（3）商业环境变化与创新竞争的新范式

目前，全球经济不断向信息化、知识化、网络化和全球化发展，致使商业模式、产业组织形式、社会形态等加速变迁，企业价值创造方式、外部生产关系及竞争方式等呈现出新的态势。这改变了传统的企业竞争格局，诸如索尼、IBM、柯达等大企业仍寄希望于其积累的异质资源和核心能力以保持领先地位，但却在激烈的市场竞争中惨遭失败。由此，企业仅靠优化产业结构、获取异质资源、巩固核心竞争力等获取竞争优势已经远远不够，且阿里巴巴、Facebook 等新型公司的成长实践很难用经典竞争优势理论解释。新竞争环境的复杂性、模糊性、不确定性等特征从根源上动摇了传统战略理论的根基，经典竞争优势理论的使用条件已经发生改变，曾经的优势防护机制也已经失灵。面对复杂多变的新商业竞争环境，企业必须重新思考竞争范式及竞争优势来源问题。

当前以科技创新为动力的经济增长，在本质上不同于工业经济甚至信息经济的发展，需要把握全球最新的创新趋势和创新特征，需要以新的形式和新的方法加以推动。而目前随着全球科技创新与经济一体化进程的加快，随着硅谷的持续领先和硅谷内苹果、谷歌等企业的快速壮大，高技术企业在全球范围内形成类似自然生态特征的"创新生态系统"，它推动市场竞争由"单体竞争"演变为"线性竞争"，进而升级为各个企业赖以生存的"创新生态系统"之争。创新生态系统的出现，使创新由工程化、机械式的创新体系向生态化、有机式演化，而近两年又随着人工智能、工业互联网、5G 技术、数字化等新技术的出现，进而向着平台化、大众化、跨界融合化发展。为此，2004 年美国强调其经济的繁荣和在全球经济中的领导地位得益于一个精心编制的创新生态系统，日本、欧盟、以色列等也将创新生态作为今后维持创新能力的根基所在。

同样，美国对中国科技企业的一系列打压制裁，引发了人们对中国的高科技尤其是芯片和操作系统产业的思考，舆论界指出中国缺的不仅仅是芯片和操作系统，更缺的是"芯片＋操作系统＋应用"的生态系统。芯片和软件是人工智能时代的核心，虽然 2019 年华为在高通、ARM、谷歌等公司的技术断供下，陆续发布了麒麟系列芯片和鸿蒙操作系统，但是同时舆论界也担忧，从技术先进性上，华为的芯片和操作系统也许不逊于高通芯片、Android操作系统，但是更难以战胜的是高通芯片、Android生态系统的强大。中国的企业家们开始意识到，企业竞争能力不再仅仅是产品与核心技术的竞争，也不再仅是管理、供应链、品牌、人才的竞争，而是创新生态系统的竞争。创新生态系统作为一种新的市场竞争范式，已成为竞争优势的新来源，未来科技创新企业必然以创新生态圈为基本形态生存和发展。

由此，当前外部商业环境的复杂变化对经典竞争优势理论提出了挑战，而创新生态系统作为新的创新竞争范式，作为企业创新的新组织形式和新竞争情境，则为竞争优势研究提供了新的视角和切入点。

1.1.2 研究意义与价值

创新生态系统是当前创新理论研究的新方向，是企业战略理论研究的新视野。如何以创新生态系统这样一种新的创新竞争范式提升企业竞争优势，无论是从理论发展还是从企业实践来看，都是一个值得探讨的课题。

（1）理论意义

基于经典战略框架下的企业竞争优势理论无法应对新竞争环境的挑战问题，本论研究引入生态学、演化经济学、管理学等理论，以企业竞争优势发展为主逻辑，在对创新生态系统与科技型企业成长的动态发展关系分析基础上，构建基于创新生态系统的科技型企业竞争优势理论模型，探讨创新生态系统对生命周期内科技型企业竞争优势的影响机理。本研究的理论意义主要在于：

第一，有助于明晰创新生态系统与科技型企业发展的关系本质。研究识别企业生命周期内创新生态系统与竞争优势的主要影响变化关系，阐释创新生态系统战略发展与科技型企业生命周期的协同演变与匹配过程，即随着企业不断发展，企业所依赖的创新生态系统形态和特性也在演变，初创期重点需要嵌入一个外部支持性创新生态系统，扩张期重点构建以自身为核心的企业创新生态系统，成熟期重点是推进企业创新生态系统演化。这更为透彻地揭开了创新生态系统与科技型企业成长发展的关系"黑箱"。

第二，有助于丰富企业竞争优势理论和创新生态系统理论。研究从创新生态系统视角探讨不同生命阶段的企业竞争优势，拓宽了企业竞争优势理论的研究范围和研究视野，重构了企业竞争优势研究框架。同时，研究中关于创新生态场、生态系统特质、生态系统变革式演化等理论的探讨，进一步丰富和深化了创新生态系统理论研究。

第三，有助于进一步揭示科技型企业竞争发展的新本质。研究从企业生命周期视角指出企业间的竞争不再仅仅是企业个体间竞争和产业链竞争，而是各个企业赖以生存的"创新生态系统"之争。这个"创新生态系统"之争体现为，初创期企业赖以生长栖息的外部生态系统之争，扩张期企业基于核心技术或产品构建起的企业创新生态系统之争，成熟期企业创新生态系统的变革演化之争。它更为深刻地揭示了生命周期内企业"初创期由新生劣势到比较优势，扩张期由比较优势到竞争优势，成熟期由原竞争优势到新竞争优势"三次大的优势转换发展过程。

（2）实践价值

在创新成为全球竞争焦点的国际大背景下，在创新"内忧外患"、战略性新兴产业发展、企业竞争力提升、国际创新挑战等国家宏观经济背景下，本研究的实践价值主要在于：

第一，有利于我国政府和决策者更加深入地认识创新生态系统的本质，以此从生态系统视角落实创新驱动发展战略，推进一定区域或空间的外部创新生态建设，为企业孵化、企业生长提供良好的外部支持环境，以此培育和催生出经济社会发展的新动力。

第二，有利于我国企业积极参与国际分工，明晰由"单体竞争"演变为"线性竞争"，进而升级为各个企业赖以生存的"创新生态系统"之争的新竞争态势。以核心技术或重点产品的完整创新生态建设应对来自国外的技术断供和创新挑战，进而促进我国经济转型升级与企业竞争力提升，形成在产业价值链高端发展的新局面。

第三，有利于企业深入认识外部产业技术变革与企业竞争优势持续发展的关系，进而突破自身发展惯性，以变革式发展实现与外部产业结构的协同演进，以颠覆性技术构建引领外部产业变革，进而实现企业竞争优势的持续再造。

1.2 研究的主要内容

本研究基于创新生态系统和科技型企业生命成长的动态发展关系，构建基于创新生态系统的科技型企业竞争优势理论模型，由此分别探索创新生态系统对初创期企业、扩张期企业和成熟期企业竞争优势的具体影响机理。研究共分七章，章节内容安排如下：

第一章为绪论。本章首先阐释研究的现实背景，明晰研究的理论意义与实践价值，其次描述研究的主要内容，最后指出研究的技术路线及拟采用的研究方法。

第二章为文献综述。本章首先从创新生态系统内涵形态、创新生态系统结构要素、创新生态系统演化机制、创新生态系统风险治理、创新生态系统与企业战略、创新生态系统评价六个方面对创新生态系统研究进行了梳理；其次从竞争优势内涵、竞争优势来源、基于科技创新视角的竞争优势发展三个方面对竞争优势研究进行了梳理；再次从企业生命阶段划分、企业生命周期与创新发展、企业生命周期与竞争优势来源三个方面对企业生命周期研究进行了梳理；最后通过对以上理论的研究述评，发现问题寻找理论研究的突破口。

第三章为创新生态系统与科技型企业竞争优势的动态关系分析。首先从企业视角对影响竞争优势的创新生态系统进行框架界定；其次理论分析不同生命阶段科技型企业的生命特征以及创新生态系统的竞争优势影响，进而采用结构方程方法实证检验企业生命周期内创新生态系统与竞争优势的主要影响变化关系；最后提出了基于创新生态系统的科技型企业竞争优势理论模型。

第四章为创新生态系统与初创期科技型企业的孵化生长优势。本章选取中关村创新生态系统以及速感科技、蚁视科技和钛方科技 3 个典型企业案例，主要采用生态场方法，辅以案例分析和扎根理论方法，探索外部支持性创新生态系统对初创期科技型企业成长优势的具体作用机理。首先分析了外部支持性创新生态系统的生态要素与机制；其次构建了创新生态场理论，进而建立了基于生态场的初创期企业孵化生长优势关系模型；最后重点以生态场力解析了创新生态系统对初创期企业的作用机理。

第五章为创新生态系统与扩张期科技型企业的共生整合优势。本章选取ARM、台积电、华为和海尔 4 个典型案例，采用扎根理论和多案例研究方法，探索创新生态系统对扩张期企业竞争优势的具体影响机理。研究建构了从企业创新生态系统特质到协同共生能量再到竞争优势效应的故事线；进而重点理论阐释了扩张期企业的创新生态系统特质，以及如何从创新生态系统特质到协同共生能量、如何从协同共生能量到企业竞争优势效应的产生。

第六章为创新生态系统与成熟期科技型企业的变革再造优势。本章选取诺基亚、英特尔、腾讯和微软 4 个典型案例，采用扎根理论、多案例研究和跨学科交叉分析方法，探索成熟期科技型企业创新生态系统壁垒坍塌的原因以及如何实现企业创新生态优势的跃迁再造。首先，研究基于生物进化的间断平衡理论提出了创新生态系统的渐进式与变革式演化，并由此建构了创新生态系统演化对成熟期企业竞争优势影响的研究框架；其次，理论阐释了外部变革对已有创新生态系统壁垒的破坏威胁，以及成熟期企业创新生态系统内部主动变革式演化的困境；最后，阐释了成熟期企业创新生态系统主动变革式演化与企业竞争优势再造的过程机理。

第七章为结论与研究展望。本章概括总结了研究的主要观点和结论，给出创新生态系统建设的启示与对策建议，指出本研究的主要创新点，明晰未来需深入研究的方向。

1.3 技术路线与研究方法

本书按照"理论分析与检验及总模型构建—案例实证与具体机理探索—总结分析"的内容框架，以及"总论—分论"的论证思路，首先是提出问题，以"破"为主，通过创新成为全球竞争焦点、中国创新成就下的"内忧"与"外患"、商业环境变化与创新竞争的新范式等研究背景切入研究主题；通过对创新生态系统、竞争优势和企业生命周期三方面的文献梳理，发现理论研究空间，从而为本研究的核心研究框架构建奠定基础。其次是分析问题，以"立"为主，通过对创新生态系统与企业生命周期发展的共同演变与匹配分析，从生命周期视角提出基于创新生态系统的企业竞争优势理论模型，从而揭开创新生态系统与企业竞争优势关系的第一层"黑箱"；基于此模型进一步深入探讨创新生态系统与初创期科技型企业的孵化生长优势、创新生态系统与扩张期科技型企业的共生整合优势、创新生态系统与成熟期科技型企业的变革再造优势的关系机理，从而更为细致地揭开具体生命阶段的创新生态系统与企业竞争优势关系的第二层"黑箱"。最后

创新生态战略下的科技型企业竞争优势研究

是启示与建议，基于前面分析，给出促进企业竞争优势提升、创新生态系统建设的对策建议。本书的研究框架与技术路线如图 1.1 所示。

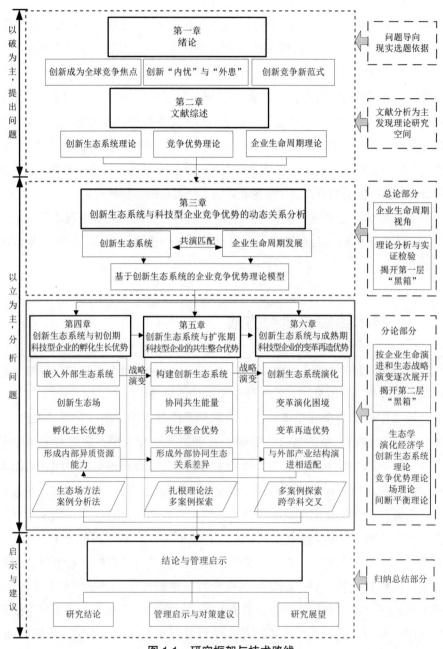

图 1.1　研究框架与技术路线

主要采用了数理实证研究方法、生态场方法、探索性案例分析法、扎根理论和跨学科交叉分析法。

（1）数理实证研究方法

目前，规范的数理实证分析为学界主流研究方法。本研究使用 SPSS 软件等，采用信度分析、探索性因子分析、描述性统计分析等方法对收集的问卷数据进行有效处理。使用 AMOS 软件进行验证性因子分析并建立结构方程模型，以对第三章理论假设进行检验和解释分析。

（2）生态场方法

在 20 世纪 80 年代，生态学研究引入了经典生态学之外的场理论，即以一种场的思维方式和较为直观、定量、综合的操作方法，探求生物间的作用关系和影响，它具有传统生态学理论假说所不能代替的优势，所以生物学界不仅将生态场作为一种理论，更将其作为一种生态过程模拟的方法和手段。本研究第四章主要采用生态场分析方法，构建创新生态场模型，以生态场解析外部支持性创新生态系统对初创期科技型企业的作用机理。事实上借鉴引用生态场方法，这也是创新生态系统研究和竞争优势研究方法上的创新。

（3）探索性案例分析法

当所研究主题可供直接借鉴的研究成果不多，缺乏现有理论进行解释时，可采用案例研究方法，其优势在于发现问题、启发灵感、解释说明，通过案例实践探索与命题归纳，发展和构建理论。目前，关于创新生态系统的理论研究尚处于不完善阶段，而学界关于创新生态系统对处于不同生命阶段企业竞争优势的影响研究也仍缺乏。故案例研究成为本研究的主要方法，第五章、第六章重点以多案例分析展开理论探索，第四章则在生态场方法基础上展开案例分析。

（4）扎根理论

扎根理论被认为是定性研究中最科学的研究方法，它以一种结构化、流程化的思路进行定性分析，以原始的观察与实践素材归纳经验并上升到理论，适合于微观的、以行动为导向的影响过程研究。本研究主题是创新生态系统对企业竞争优势的影响，属于微观层面的影响过程研究，适合采用扎根理论进行数据分析。研究遵循扎根理论研究的一般步骤，通过诸多一手、二手资料完成三级编码，形成不同生命阶段企业从创新生态系统到竞争优势的故事线，依据编码结果与故事线，结合相关文献，完成理论阐释和命题构建。

（5）跨学科交叉分析法

本研究将经济学、生物学、管理学等学科的最新研究成果进行有效融合与创新。基于自然生态学理论、生态场、区域创新理论等，分析外部良好支持性创新生态系统的要素与机制，构建创新生态场理论，并以此分析其对初创期企业竞争优势的作用机理；基于自然生态场理论、演化经济学理论等，提出创新生态系统的渐进式与变革式两种演化方式，分析创新生态系统演化对成熟期企业竞争优势变革再造的影响机理。

第二章　文献综述

从企业生命周期视角探讨基于创新生态系统的企业竞争优势这一问题，主要涉及创新生态系统、企业竞争优势和企业生命周期相关议题。因此，本章分别对创新生态系统、企业竞争优势和企业生命周期相关研究进行文献综述。

2.1　创新生态系统相关研究

随着创新实践的深入，创新主体间开展创新行为的相互依赖程度大大增加，凸显出与自然生态系统类似的特征。国外学者最先将生态学思想融入了经济管理领域，之后又开始运用于技术创新领域。20世纪70年代开始，Nelson和Winter将生物学思想引入经济变迁研究中，在其1982年出版的《经济变迁的深化理论》一书中指出，企业的成长类似生物进化，进而提出了创新进化理论；Frosch和Gallopoulos（1992）则基于产业视角，提出了"产业生态学"和"产业生态系统"概念；Moore（1993）将生态思想引入企业管理，提出"商业生态系统"概念，并指出商业生态系统是一个多要素利益共同体构成的动态系统。在前期研究基础上，以色列裔经济学家隆·迪佛尔借用生态学原理创立了"创新生态学"（Innovation Ecology）这一学科，认为这是一门研究关于空间、时间、文化、相互关系、基础设施和为创新提供养分以营造外部氛围的科学，这为后期创新生态系统的研究奠定了理论基础。

基于研究主题，首先，需要对创新生态系统内涵与形态、创新生态系统的结构要素研究进行综述，这不仅有利于认识创新生态系统形态，还有利于把握不同形态的创新生态系统特质。其次，需要对创新生态系统的演化机制进行综述，这不仅有利于更深入地认识创新生态系统的动态特征，还有利于把握演化在创新生态发展中的重要作用。最后，需要对创新生态系统风险治理、创新生态系统与企业战略相关研究进行综述，这有利于在已有研究基础上更好地把握创新生态系统对企业竞争优势的影响。

2.1.1　创新生态系统内涵形态

2.1.1.1　国外研究

学界对创新生态系统的认识是从其内涵开始的，国外对于其内涵的认识主要从生态、网络协作、环境等方面展开。

从生态视角，代表性的观点如 Kim 和 Lee 等（2010）认为创新生态系统是由企业组成的具有共生关系的经济共同体，内部企业的合作可以创造单个企业无法实现的价值，强调了创新生态系统"是一个类似自然生态的共生体"内涵。事实上，"创新生态系统"一词本身就是由"自然生态系统"隐喻而来，也许从生态视角解释创新生态系统内涵，更能把握它不同于一般创新系统的本质。但是，"生态系统"这一概念在经济管理领域备受追捧的同时，Isenberg（2016）却警告性提出不应过分强调其"生态系统"隐喻，因为创新生态系统不是自然现象，它与自然生态系统之间无法完全对应。Ritala 和 Almpanopoulou（2017）则在对这些"有缺陷的类比"反思基础上，指出应从"创新""生态"和"系统"这三个术语来解析创新生态系统的内涵。

从网络协作视角，Hartigh 等（2006）认为创新生态系统应是以某种技术为核心，同相互依赖的客户和供应商构成的商业网络。Zahra 和 Nambisan（2012）则把创新生态系统看作一个基于内部成员间长期信任的松散而又相互关联的关系网络，它为企业的发展提供资源、知识、信息及合作伙伴，企业围绕着创新平台相互依赖、相互协作发展。分析发现，诸多基于网络视角的概念解释与以往创新网络的概念内涵有着相似之处，两者共同强调了关系协作的结构特征，因而网络视角的概念解释可以弥补生态视角过分强调"自然生态系统"隐喻的不足，有利于更准确地把握创新生态系统内涵。

从环境视角，Jackson（2011）较早把创新生态系统看作一个包含诸多参与者并促进创新的商业环境。其他较代表性的如 Hwang（2015）、Walrave 等（2018）的研究，前者提出创新生态系统是一个可以让创新物种"肆意生长"的类似热带雨林的创新环境，后者则把创新生态系统看作一种可以把思想转换为有价值产出的动态、发展、可持续的外部环境，而这种环境和文化、法规、政策等有关。环境视角的研究，不仅共同强调了外部特殊环境对创新产出的重要性，也表明创新者需嵌入外部空间环境中去，因为特定创新空间的行动者可相互交流并与生态系统相互作用。

本研究认为，国外单一视角的创新生态系统概念解释都无法真正触及其本质，对创新生态系统内涵的认识需将以上多视角的研究成果结合起来，才更能体现创新生态系统这一特殊概念的真正内涵。并且，以上内涵解释虽没有清晰地界定创新生态系统形态，但不同视角的研究已经体现了对创新生态系统形态的区分，如环境视角的研究主要体现的是区域或产业创新生态系统形态，网络视角主要体现的是企业或产业创新生态系统形态，而生态视角则是各有体现。

2.1.1.2　国内研究

国内学者关于创新生态系统的研究起步较晚，主要是在国外创新生态系统概念基础上进一步深化认识，扩展研究范围。不同于国外研究的是，国内学者在解释创新生态系统内涵时通常更清晰地表明是哪种形态的创新生态系统，目前研究主要集中于区域、企业和产业几种形态的创新生态系统。

区域创新生态系统形态，国内对其认识较早的是黄鲁成（2003），他将其解释为在一定的空间范围内技术创新的复合组织与复合环境，是通过创新物质、能量和信息流动而相互作用、相互依存形成的系统。黄鲁成开创了国内对区域创新生态系统认识的先河，之后王凯和邹晓东等强调了区域创新生态系统是在一定区域或空间范围内，创新群落与创新环境作用下的物质、能量、信息流动的复杂开放创新系统。而随着区域发展战略的提出，学者们又提出了具体区域的创新生态系统，如张贵等提出了京津冀创新生态系统和雄安新区创新生态系统，辜胜阻等探讨了粤港澳大湾区创新生态系统，武翠和谭清美研究了长三角一体化区域创新生态系统等。

企业创新生态系统形态，尤其以对高科技企业创新生态系统的认识最多，被学界广泛引用的当属张运生（2008，2020）和张利飞（2009）研究团队的内涵界定，他们认为高科技企业技术创新生态系统是面向客户需求，以技术标准化战略为纽带，由高科技企业在全球范围内形成的基于构件/模块的知识异化、共存共生、共同进化的创新体系。除此之外，孙兵和周大铭（2011）强调企业技术创新生态系统是一个围绕核心企业的平台系统，蒋石梅和陈劲（2015）则强调其是一个基于产品或服务创新的合作网络系统，其他学者如韩少杰等（2020）更强调从开放式创新视角认识企业的技术创新生态系统。总体来说，理论界比较一致性地认为，高科技企业的技术创新是一个根植于生产群落的生态交互过程，它是围绕平台或者核心技术形成的开放共生系统。

产业创新生态系统形态是由企业技术创新生态系统发展而来的。目前对产业创新生态系统的认识，有的强调具体产业情境，如沈蕾等（2018）认为创意产业创新生态系统是一个以多样化创意个体的创意活动为中心，以创意企业创造性破坏为核心动力，由核心企业、互补商、供应商等构成的产学研动态系统。有的是无具体产业情境下的共性认识，如王娜和王毅认为产业生态系统是由产业群体与其支撑环境组成的一个具有自组织和自调节功能的系统；林婷婷则将产业技术创新生态系统看作由技术创新群落与技术创新环境组成的相互作用、相互依存的系统；许冠南等则基于创新的全周期视角，以科学、技术、市场之间的联动解析了新兴产业创新生态系统的内涵，填补了以往研究中商业生态系统与知识生态系统间分离的沟壑。

本研究认为，区域、企业和产业创新生态系统是生态系统的最基本形态，而诸如国家创新生态系统、创业生态系统等都是由其派生而来的。并且，现实中的创新生态系统边界越来越模糊，我们更应该把企业技术创新生态系统看作产业创新生态系统的重要组成部分，并栖息于某一区域创新生态，而产业创新生态系统也可以是区域创新生态的一部分，但又可能跨越区域形成更广阔空间的产业创新生态。或者说，这些不同形态的创新生态系统本身存在一个相互演化、相互交织的关系，只是从不同视角才界定为不同创新生态系统。

2.1.2 创新生态系统结构要素

在对创新生态系统内涵和形态进行认识的同时，学者们也纷纷对其结构和要素展开了讨论。目前学界较为达成一致的是，作为一个有机功能体，创新生态系统包括多种构成要素，不同要素之间内在的有机联系与协同融合关系共同形成创新生态系统的结构模式。

2.1.2.1 国外研究

国外关于创新生态系统结构要素和模型的研究，主要从参与者、构成要素、系统结构和技术群落几方面展开，其观点总结如表 2.1 所示。

表 2.1 创新生态系统的结构要素

研究点	主要研究内容
参与者	核心企业；非核心企业（互补者、配套者和竞争对手）；用户
构成要素	文化、企业、政府、基础设施、资金、技术、需求、制度、环境、产业体系、社会、信任、人才、能力等
系统结构	三螺旋结构；四螺旋结构；三层中心—外围框架
技术群落	研究、开发和应用三大群落；核心技术、配套技术、基础设施技术、其他技术

关于创新生态系统参与者方面，早期研究主要强调核心企业的领导作用，而随着研究的拓展，更多参与者被纳入生态系统参与体系。如 Garnsey 和 Leong（2008）认为创新生态系统参与者以焦点企业为核心，并辐射客户、供应商、互补者、竞争对手等，Wallin（2007）则将参与者划分为指挥家、建筑师、拍卖师、促进者四种角色。而 Adner 和 Kapoor（2010，2017）基于"供给端—组织端—需求端"的技术创新框架，将集成创新企业、上游生产配套商和下游应用互补商及用户共同纳入生态系统参与范围，这一观点得到了学界的主流认同。Dedehayir（2018）则在综合已有研究后发现，创新生态系统的诞生需要至关重要的几个角色，即领导角色、直接价值创造角色、价值创造支持角色以及创业生态系统角色，每一个角色在生态系统的不同时期进入。可见，与一般性创新系统相比，创新生态系统更加强调系统成员的多样性和异质丰富性，它将与创新相关的诸多利益者都纳入生态系统的管理范畴，而这正是促使创新生态系统繁荣发展的关键。

关于创新生态系统构成要素方面，现有研究着墨颇多。如 Fransman（2009）系统性地提出了包括产业体系、硬件条件、软件条件、人才和外部环境的五要素模型，Hwang 和 Mabogunje（2013）则认为社会网络、团队、个体特性、信任、环境是创新生态系统不可缺失的要素，而 Iyawa 等（2017）将主体间合作关系、技术协作网络、政府群体及创新行为等看作创新生态系统的重要构成。除此之外，Audretsch 等（2016）则单独强调文化、社会制度要素的重要性，认为文化不仅是创新生态系统中的一个因素，更应作为影响系统发展的一个关键变量和手段。其他学者们还将能力、技术、信息流、环境、政府等纳入创新生态系统要素。可以发现，国外对其构成要素的划分主要是从一般性视角展开，很少区分为哪类创新生态系统，事实上不同形态的创新生态系统其要素构成也有不同。

关于创新生态系统的结构方面，国外研究相对较少。较有代表性的如"三螺旋结构"，学者们曾将其视为产业集群创新生态系统的结构范例，而后欧盟基于开放式创新2.0范式，提出了基于"政府—企业—大学科研—用户"的"四螺旋结构"，Nyamaka等（2020）则在"三螺旋结构"基础上提出了基于系统理论的"三螺旋创新模型"。除此之外，Su等（2018）构建了"三层中心—外围框架"模型等。

关于创新生态系统的技术群落方面，较有代表性的观点如埃斯特琳把生态系统划分为研究、开发和应用三大群落，并被学者们广泛引用。Wang（2009）则将创新生态系统看作由不同创新社群构成的网络，每个创新社群包括创新生产和创新应用两部分。创新往往与技术联系在一起，Allen和Sriram（2000）认为创新生态系统的基本单位是各技术模块，技术创新生态系统至少应该包括三种技术，即核心技术及能与核心技术相抗衡的其他技术、与核心技术有密切关联的技术的配套技术、为核心技术提供增值服务的基础设施技术，三种技术构成了有竞争力的技术创新生态系统体系。当然如Toh和Miller（2017）所分析，技术标准的构建是生态系统内各技术模块能够实现创新耦合的根本要求。

综上，国外关于创新生态系统结构要素的探讨相对丰富多元，既分析了创新生态系统参与者构成和具体要素，又探讨了系统结构和技术群落方面的问题。但是研究发现，国外对创新生态系统构成的认识缺乏具体层次视角和具体嵌入情境的分析，而不同层次视角下，如企业创新生态系统、区域创新生态系统将表现不同，不同具体产业情境、具体组织情境的创新生态系统结构要素也将有所差异和侧重。

2.1.2.2　国内研究

国内创新生态系统构成研究从时间段上与国外是交叉在一起的。因此，国内外学者间观点相互借鉴和启发，国内对创新生态系统构成的要素划分与国外观点大致趋于一致。

高科技企业或技术等微观视角的创新生态系统构成，一直是国内关注的热点。

如栾永玉（2007）、张运生和陈祖琼（2020）指出高科技企业创新生态系统应以技术标准为核心和纽带，它由一系列专利和以技术标准为核心的配套性产品技术构成。张运生（2008）从技术和人员两个角度分析了高科技企业技术创新生态系统的构成，在技术方面，他认为系统的构成包括基于产业链的上下游互补配套的纵向技术和产业链中同一环节互补配套的横向技术，而进一步可再划分为各个产品所需的技术模块；在人员方面，他强调系统应由一个核心企业和众多外围企业构成，而成员企业最终体现在对技术的掌握上。可见，国内有关技术模块的划分同国外 Allen 和 Sriram 的观点是一致的，企业创新生态系统主要是围绕其关键技术展开，并将配套性的技术和企业纳入其中，或者说核心企业和配套企业成为该类生态系统的核心构置。

从中观视角分析区域或产业创新生态系统的结构要素，也是国内研究热点。如聚焦于产业创新生态，傅羿芳和朱斌（2004）认为创新生态系统主要由制造型创新生态网络、研究类创新亚群落、中介类辅助创新亚群落、集群内部创新生境、外部创新生态环境五个子系统构成；而汤临佳等（2019）则指出智能制造领域的产业生态系统包括三个层面，即由政府主导下的政策体系形成的规则层、由参与创新主体间的技术关联形成的行为层、由基础设施和无机环境形成的资源层。聚焦于区域创新生态，陆燕春等（2016）认为创新生态系统主要包含了创新驱动群落、创新扩展群落、创新协调群落和创新环境四大要素。基于区域某一具体产业情境，曹如中等（2015）将区域创意产业生态系统划分为主体要素、功能要素和环境要素三部分，王宏起等（2018）则将区域战略新兴产业生态系统看作由核心层、辅助层和支撑层形成的平衡结构。研究发现，无论是区域还是产业创新生态系统，都将环境纳入创新生态系统体系，这体现了创新环境在创新生态系统中的重要性，因为这正是创新生态系统与一般性创新系统的一个重要区别，创新生态主体需要与环境相作用，环境为创新提供支撑。除了微观、中观视角的探讨外，也有学者以更加宏观的视角，提出了由大学、产业、政府、公民社会、自然环境构成的五重螺旋模型，或者将微观、中观等生态系统纳入一个体系中，形成一个由内核层、核心层、扩展层和衍生层构成的四层次创新生态系统。

综上，国内分别基于微观、中观和宏观视角的创新生态系统要素分析，厘清了不同视角创新生态系统的结构特征。但是正如不同形态的创新生态系统本身存在一个相互演化、相互交织的关系一样，微观、中观和宏观视角之间的创新生态系统结构要素也是交叉融合在一起的，或者说微观视角创新生态系统中的部分要素本身就是某一中观或者宏观视角创新生态系统的构成，而宏观视角创新生态系统将某些创新生态系统融合在一起，形成创新生态景观。

2.1.3 创新生态系统演化机制

演化是创新生态系统最重要的特性和机制，较早提出生态系统概念的 Moore（1993）就曾指出生态系统的核心是共生演化，所以国内外学者尤其关注创新生态系统演化问题。

2.1.3.1 国外研究

国外学者对创新生态系统演化研究主要包括演化原理和演化过程方面的分析，也涉及其他方面的简单探索。

在演化原理方面，国外学者较一致地认为，创新生态系统演化如同自然生态系统一样遵循自然生态进化原理。当然，创新生态系统演化虽与自然生态中的遗传、变异、选择、涌现、群落等相对应，但也有不同，技术创新演化比生物进化更复杂，它不完全复制自身，并常常伴随语言、情感、势力偏爱等，这一切都归因于创新生态系统是一个人工系统，更具有目的性和主观能动性。为此，日本学者福田萱野和渡边千寻将自然生态的演化特性与人工系统相结合，提出了通过替代而可持续地发展、通过共同进化而自我增值、组织惯性和受激于向竞争者学习、异质协同四条创新生态演化原理。这四条原理将创新生态系统演化特性与自然生态系统区分开，但也有部分学者尝试进一步探索创新生态系统演化的本质。如Still 等（2014）认为创新生态系统演化实质是构成主体关系的变化，如果核心企业的地位关系下降或受到威胁时，整个生态系统的演化过程和演化效应都会受到影响。Nunn（2019）则认为创新生态系统演化主要源于与知识的内生互动关系，而"知识创造价值"是影响其演化的核心变量。

在演化过程方面，美国 NII 最先强调了创新生态系统演化的非线性和非机械性，将其发展看作一个经济、社会等多重互动的过程，而美国总统科技顾问委员会发表的报告则认为，创新生态系统是一个产出新知识和技术的过程，是一个从基础发现的研究运动到市场化的演化过程，可以说以上研究较宏观地强调了创新生态系统演化过程的社会经济性。Chae（2019）则聚焦于中观视角的大数据产业生态，指出由于创新生态演化中变异和选择性保留两种机制的非线性特征，其具体演化过程及演化结果将不可预测。而 Chen 等（2014）以更加微观的视角，探讨了风力涡轮机制造生态系统的演化问题，发现需求偏好、竞争水平和机遇等将影响演化过程，并且不同演进阶段其演进动力、主体间作用关系等也将不同。除以上研究外，个别学者还关注到了技术与生态网络的演化方式问题，并提出了过度演化等模式，但是其研究与创新生态系统情境结合不够深入。而 Adner 和 Kapoor（2016）则跳出同一生态系统内部演化视野，探讨了新旧技术创新生态系统的更替问题，并指出旧技术的拓展机遇和新技术的替代挑战将决定新旧技术创新生态系统的更替速度。Adner 等（2016）的研究深化了学界对生态系统演化的认识，其成果尤其对当前技术变革环境下如何正确认识旧技术的改进与新技术发展之间的替代问题，企业是否应继续沿袭改进旧技术还是发展创造新的破坏性技术等问题，都具有启示意义。

综上，国外关于创新生态系统演化原理和演化过程内容的探索，体现了创新生态系统的动态性特征，一定意义上它将创新生态系统与一般性创新系统区别开来。同时，国外研究还意识到了创新生态系统作为一个人工系统的演化复杂性，以及作为演化实质的系统主体关系变化，这有益于更深一步地认识创新生态系统的动态性及演化问题，对国内研究也有很好的借鉴意义。

2.1.3.2　国内研究

国内学者对创新生态系统演化研究主要从演化过程、演化动力、演化机理和演化因素几个方面展开。

在演化过程方面，比较能达成一致的观点是，"创新生态系统演化历经系统孕育期、成长期、成熟期和衰退期，但又不止于衰退，而是循环演化螺旋上升""由创新组织到创新种群，到创新亚群落和创新群落，再到创新生态系统和创新网络"。在此一致性观点上，也有学者如樊霞等（2018）、郭燕青等（2017）、唐红涛等（2019）提出了"可持续发展—开放创新—价值创造和协同创新""定位—共生—跃迁—整合""萌芽期—成长期—繁殖期—分化期"的演化过程，当然后者不具有共性，主要是基于具体形态的创新生态系统分析。

在演化动力方面，现有研究主要区分为内部动力和外部动力，内部动力主要来自创新主体的新奇性、创造性,外部动力主要来自全球技术推动、市场消费需求、制度变迁、社会文化驱动等(2015)。当然,也有研究从其他视角展开,如张贵等(2018)从演化过程视角区分演化动力,即组织资源、网络资源、系统资源的获取分别成为孕育期、成长期和成熟期演化的主要推动因素,林勇和张昊(2020)则从开放式创新视角指出用户独创价值模式与开源合作创新是创新生态系统结构演进的主要动力。

在演化机理方面,国内许多学者将创新生态系统的演化机制总结为遗传、变异、衍生和选择,这与国外主流观点不谋而合。而张贵等(2018)基于 Jablonka 的"技术创新演化比生物进化更复杂"的观点进一步提出,创新生态系统演化遵循拉马克主义演化过程,即同时考虑了"盲目"和"深思熟虑",而不只是达尔文主义的"随机变异"和"自然选择",是创新主体主动推动和外部环境被动推动的,基于惯例的有目的、有指导地连续和非连续性演化。这一观点突破了创新生态系统研究对达尔文演化观的借鉴,而更加强调了生态系统主体的主观能动性,因而拓展了学界对创新生态系统的演化认识。

在演化因素方面,其探讨更加丰富,视野也更加发散。如孙兵等(2016)认为核心企业对生态系统的发展演化起决定性作用,而政府支持起支撑作用;董铠军(2018)则把基于环境的自我调节看作创新生态系统演化的本质因素,李佳钰和张贵(2021)则认为知识时效性引致的知识内能变化是创新生态系统演化的关键变量。除此之外,演化因素还涉及结构赋能和资源赋能、开放包容和协同共生、关系嵌入与动态合作适配、平台质量与平台竞争等。

综上,国内研究一方面也关注到了国外学者所关注的创新生态系统演化复杂性问题,但国内研究更加深入细致,如对拉马克主义演化过程的认识。另一方面研究对象更加具体,关注到了某些特定创新生态系统的演化过程问题,研究更加有针对性,对某些特定创新生态系统具有借鉴意义。但是,无论国内还是国外对创新生态系统演化问题的认识,多是关注到了生态系统本身的演化,而忽略了演化所给予的创新生态主体变化,忽略了企业生命周期视角的生态系统变化等问题。

2.1.4　创新生态系统风险治理

创新生态系统是一个多主体参与系统,运行过程中容易产生依赖性风险、整合性风险、资源流失风险、锁定性风险、创新单元风险等，因此创新生态系统需要进行有效治理，因为这将影响创新生态系统绩效。无论国内还是国外，创新生态系统风险治理都是一个较新且探究较少的研究话题，但是目前有日渐受重视的趋势。

2.1.4.1　国外研究

国外对创新生态系统风险治理的探索相对丰富，参照崔淼和李万玲的研究，可以将其研究划分为价值创造、混搭组织和资源能力三个方面。

基于价值创造视角，Tsatou 等（2010）强调声誉和信任在创新生态系统治理中的必要性，这表现在声誉和信任可以减少非核心企业间的冲突和不确定性，可以提升企业价值创造的协同参与性。基于混搭组织视角，Mair 等（2015）强调创新生态系统内对利益分配公平规则破坏者的惩罚、对做出贡献者的激励，以及相互监督制约机制的建立。基于资源能力视角，Kapoor 和 Furr（2015）认为核心企业应注重边界资源的适当分配，以促使更多优秀的企业加入创新生态系统，同时既应强调核心企业的控制能力，又应强调参与者的自治能力，以保证创新生态系统的健康和灵活性。

以上研究聚焦于创新生态系统治理的影响因素，强调了创新生态系统应该治理什么，应该从哪些方面进行治理，但缺乏具体如何治理的探讨，而且多限于静态视角的分析，缺乏从生态系统发展的动态视角如在生态系统的形成期、发展期、成熟期等分阶段治理的探索。

2.1.4.2　国内研究

国内研究主要集中在高科技和战略新兴产业领域的创新生态系统治理探讨，且相对系统。

高科技企业生态系统治理的代表性研究，如张运生和邹思明（2010）提出了三大治理机制，即建立和完善系统成员共享决策权的决策机制、通过谈判协调机制实现创新生态系统科学配置权益、建立基于专用性资产投资锁定与网络声誉的约束机制预防机会主义败德行为。郑少芳和唐方成（2018）提出了集体认同、创新外部合法性、模块化分工、知识选择性披露和交叉专利许可五种治理机制，以及刘丹等（2019）从价值主体和机构主体两方面构建了小微科技企业的生态治理策略。战略新兴产业领域，较有代表性的观点如吴绍波和顾新等提出的协商、声誉、信息披露与平台开放、信任等方面的治理机制，这同国外学者的部分观点一致。除此之外，陈健和柳卸林（2016）进一步细化研究对象，分别针对技术标准型、平台型、承包商型和集群型生态系统提出了不同的治理框架。以上研究主要侧重静态研究或仅限于治理策略研究，基于此王发明和朱美娟（2018）从协同创新到创新网络再到开放式创新的生态演化视角，构建了从契约规则主导到契约规则向关系规则转换，再到关系规则主导的动态治理框架；彭本红和武柏宇（2016）则探讨了合同治理、关系治理方式对开放式服务创新绩效的影响，而李万（2020）则认为机制、组织和技术是影响科技创新治理效能的 3 个主要因素。

可见，国内学者在对治理机制、治理因素等探讨的同时，已经注意到了创新生态系统的动态治理问题，已开始从系统演化视角探讨治理策略的转换，并且还开始考量不同治理方式对企业绩效的影响，因而与国外研究相比，国内创新生态系统治理研究的视野更加宽泛。

2.1.5 创新生态系统与企业战略

创新生态视角下的企业发展及创新战略，已由产品或企业单体的竞争转向平台或生态链整体的竞争，由简单的协作联合转向系统协同的合作，由企业独立发展转向共同的价值创造与共生演化，由寻找外部现有能力及资源转为纵向的、培育式资源互补。因此，来自实践和理论两层面的热烈追捧，创新生态系统正在开始由创新管理的一个分支，演化为战略管理与创新管理交叉领域的重要议题，并与共生竞合、网络平台、价值共创、价值增值、资源整合等主题深度结合。

Williamson 和 Meyer（2012）较早系统而深入地探讨了创新生态形成企业生态优势的六个战略关键点，一是确定主要的价值增值来源，以便能针对所需的互补性资源吸引合适的合作伙伴；二是构建和区分差异化的合作伙伴角色，以使牵头公司更容易承担起对参与者关系管理的任务；三是实现灵活性的共同学习，以便促进知识创造，这是相对于垂直集成结构的重要潜在优势；四是刺激合作伙伴的互补性投资，以使牵头公司能够放大其投资的影响；五是降低交易成本，这是降低相对于垂直集成结构成本劣势的关键；六是建立价值捕获机制，以使参与者可有效捕获价值。Williamson 和 Meyer 的研究不仅将创新生态系统和企业战略、竞争优劣势相结合，并对后续研究起到了抛砖引玉的启发性作用，在此基础上学者们从企业资源获取、知识能力创造、创新网络、创新绩效、竞争优势持续性几个方面展开探讨。

聚焦于企业资源方面，梳理 Gomes 等（2018）学者观点发现，创新生态系统优势一是表现为培育长期互补的稀缺资源；二是打破组织边界，实现了资源的有效整合，闲置利用冗余激活，进而实现企业价值的重塑和再生；三是促使内外资源的平衡一致。聚焦于知识能力方面，梳理李其玮和顾新等（2018）学者观点发现，在高度活跃的创新生态系统结构中，企业容易捕捉到快速变化的技术知识，并产生专有性知识优势、成本领先知识优势和利益领先知识优势，而项国鹏（2020）则基于华为基带芯片的案例分析发现，创新生态系统的竞合共生、开放共享有利于企业形成对核心技术的创新突破能力。聚焦于网络关系方面，通过梳理 Kwak（2017）、谢佩洪和陈昌东等（2017）学者观点发现，创新生态系统的竞争优势来源于内部主体间、系统与环境的共生互补关系，形成协同效应和网络，实现价值共创。当然也有学者既突破又结合"资源、知识、网络关系"这一内容框架，把创新生态系统优势概括为技术依存的集成创新优势，可持续的开放式创新、强大的抗风险能力和政府资源配置效率优势。聚焦于企业创新绩效方面，Martínez 等（2016）提出围绕核心企业或平台构建的创新生态网络，推动了生产方和使用方的创新协作，而合作中的知识积累使企业易于获得被市场认可的机会，开发了企业的新价值绩效；张运生和陈祖琼（2020）同样认为，创新生态系统尤其技术标准化创新生态易于激发直接网络效应和间接网络效应，从而推动核心技术产品化，提升企业的市场绩效。当然，在当前激烈变革的外部环境下创新生态竞争优势能否持续也被一些学者所关注，如湛泳和唐世一等（2017）认为，企业的共生长逻辑、外部生态圈的打造为企业永葆活力和自我更新提供了动力，从而促进企业的可持续发展。

总的来说，现有研究主要在网络关系理论所涉及的互补性、共享性、锁定性、高效性、动态性、关系资产等观点基础上，探讨创新生态系统对企业发展和竞争优势的影响。当然，研究中已关注到了创新生态系统尤其强调的共生关系对企业发展的影响，这也正是创新生态系统影响企业竞争优势获取的重要因素。但是，现有研究对创新生态系统与企业竞争优势关系这一主题的探讨还不够系统和深入，还有待进一步探索和理论发现。

2.1.6 创新生态系统评价

对创新生态系统的健康性、风险性、适宜性、可持续性等评价是生态学的重要研究内容。

从健康性视角，Toman（1998）认为生态系统应具有稳定性、可发展性和维持自我运作性，因此从生态系统抵抗力、活力和结构的乘积三方面构建了生态系统健康评价指数模型，Rapport（1999）则以生态系统的恢复能力、组织活力、组合结构等为主要指标评价了系统的健康性。而 Iansiti 等（2004）则将生产率、生命力和缝隙市场创造力确定为生态系统健康的评价指标，Hartigh 等（2006）基于系统和企业两个层面讨论了生态系统的结构评价，涉及伙伴健康程度、网络健康程度评价，苗红和黄鲁成（2007）根据生态系统健康理论，构建了由系统自组织健康程度、系统整体功能、系统外部胁迫三方面组成的评价模型，并以苏州科技园区为样本进行了评价。

从适宜度视角，芇千里（2013）从企业、高校、科研机构、技术环境和经济环境五个方面建立了区域创新生态系统适宜度评估模型，刘洪久等（2013）则探讨了区域创新生态系统适宜度与经济发展的关系，姚远等（2016）将 Vague 集理论引入创新生态系统的生态位评价中，构建了生态位适宜度评价模型。而孙丽文等（2017）在分析创新生态演化机理基础上，构建了区域生态位适宜度评价模型，探讨了京、津、冀三地的生态位适宜情况。

从系统风险视角，张运生和郑航（2009）分析了创新生态系统的可能风险源，从融合风险、机会主义败德风险、资源流失风险、锁定风险以及外部环境风险五个方面构建了创新生态系统的风险评价模型，周大铭（2014）则基于核心企业，分析了可能存在的创新单元风险、外部环境风险、核心资源流失风险等，基于 BP 方法对某公司进行了风险评价。

从可持续发展视角，罗亚非和郭春燕（2009）利用稳健主成分方法对全国30 个省份的创新生态绩效进行了分析，覃荔荔（2012）通过改进生态位适宜度模型，构建了可持续性综合生态位适宜评价模型，并以湖南省为例进行了评价，苏屹等（2016）则借鉴覃荔荔的评价指标体系，从创新资源的持续投入、持续创新产出、持续创新潜力、持续创新活力四方面评价了中国各省份的高技术企业创新生态系统可持续发展情况。

另外，伙伴选择也是衡量创新生态系统有效运行的一个重要因素，张运生等（2011）构建了高科技企业创新生态系统伙伴选择的评价指标。此外，王道平等（2013）聚焦于高科技创新生态系统，构建了技术标准价值评估模型，段进军等（2017）分析了苏州创新生态系统的成熟度，蔡姝莎等（2018）、欧光军等（2018）评价了国家高新技术开发区的创新生态质量和集群创新生态能力，姜庆国（2018）评价了中国各省份的创新生态系统建设情况，何向武和周文泳（2018）则构建了区域高技术产业创新生态系统协同性的分类评价体系。

2.2　竞争优势相关研究

回顾国内外竞争优势理论的演进，述评国内外竞争优势理论的发展，可以加深对竞争优势内涵、来源、变化趋势等内在逻辑的理解，有助于寻求研究的突破口，并为本研究构思提供科学严谨的理论基础。

2.2.1　竞争优势内涵

企业发展最根本、最首要的问题是如何获取竞争优势。1939年英国经济学家 Chamberlin 在其出版的《垄断竞争理论》一书中首次提出了"竞争优势"这一概念。而后随着学界对竞争优势的不断探讨，其内涵不断被丰富和扩展。但是至今，关于什么是竞争优势尚无统一定论，不同学者从不同研究视角形成了不同的竞争优势内涵，本研究将具代表性的观点梳理如表2.2所示。

通过对已有概念梳理发现，竞争优势内涵主要涉及竞争优势和可持续性竞争优势两个概念。关于对竞争优势的概念界定，可将其观点概括为绩效水平、价值创造以及资源能力三个视角，绩效水平综合体现为更高的业绩和比竞争对手更好的位势，价值创造综合体现为较低的成本和较高的价值产出，资源能力综合体现为竞争要素的领先和能力无法复制。而可持续性竞争优势这一概念，既涵盖了竞争优势内涵又有新解释，即体现为持久的竞争利益，以及创造新能力的能力，可以说是一种动态竞争优势。综上，多层面多视角的研究丰富了竞争优势的内涵与外延，但是研究认为竞争优势这一概念在不同的外部竞争环境下、不同企业间、不同企业生命阶段应有不同的阐释，比如处于激烈变革环境下的科技创新企业，其竞争优势内涵应是什么，处于初创期、扩张期和成熟期企业的竞争优势内涵又有什么不同，这些都有待进一步思考。

表 2.2 企业竞争优势内涵

学者	内涵概要
Chamberlin（1939）	比其他企业更优秀
Hofer 和 Schendel（1978）	通过良好的资源配置，获取比其他企业更具独特性的市场位势
Porter（1985）	以低于竞争对手的价格满足顾客利益需求，其创造的价值超过所付出的成本，表现为差异化、成本领先和集中化优势
Barney（1991）	外在竞争对手不仅无法实施，也无法复制在位企业的价值创造战略，体现了竞争优势的可持续性
Mahoney 和 Pandian（1992）	表现为基于市场的垄断租金、基于异质性资源的李嘉图租金，基于动态能力的熊彼特租金
Mehra（1998）	与竞争对手间的业绩差异
周晓东和项保华（2003）	一定时空范围内相对于其他企业，在某一竞争要素或多竞争要素方面拥有领先态势
芮明杰和霍春辉（2009）	可持续性竞争优势不是日历概念，而是在竞争者成功模仿前创造出新的独特性能力
张敬伟和王迎军（2010）	定位于顾客价值和能力，既是便利性、低价格方面的市场优势，又是能以同样付出获得更大价值的能力优势
陈占夺等（2013）	成本优势、速度优势、客户满意度
Ahma（2015）	可持续性竞争优势表现为社会可持续性、环境可持续性和经济可持续性
王建刚和吴洁（2016）	企业外部网络与内部资源共同构成企业竞争优势
吴杨伟和王胜（2018）	相对竞争对手所拥有的可持续性竞争优势

2.2.2 竞争优势来源

20 世纪 80 代之前，企业间的竞争方式主要体现为传统单个企业之间的竞争，主要采取的是线性封闭式创新策略，可以称为"竞争范式 1.0"或"创新范式 1.0"阶段。20 世纪 80 年代后期及进入 90 年代开始，随着分工与专业化的发展，速度和反应能力成为企业竞争的主要战略要素，围绕供应链、生产链和价值链企业间开始大量合作，企业间的竞争方式转变为供应链或创新链间的竞争，因此可以称为"竞争范式 2.0"或"创新范式 2.0"阶段。几十年来，经济学界、管理学界不同学派的学者们，围绕着"竞争范式 1.0"和"竞争范式 2.0"，基于不同的理论和假设对竞争优势来源展开了广泛深入研究，主要可将其来源划分为外部产业结构、企业内部资源、企业核心能力、企业动态能力和外部网络关系。

2.2.2.1　外部产业结构

竞争优势来源于外部产业的观点，早期代表人物如 Mason（1939）、Bain（1956），他们提出市场结构、市场行为、市场绩效之间是单向决定关系，这强调了市场结构对绩效的影响，由此推出企业的业绩（即竞争优势）主要是由行业结构决定的，即形成产业组织理论的基本分析范式：S（市场结构）—C（市场行为）—P（企业绩效）范式。之后，Porter（1980）把 Bain 的 SCP 产业组织理论范式引入战略管理领域，提出著名的"五力"模型，他认为一个产业的竞争态势主要由供应商砍价、顾客砍价、替代者威胁、互补者威胁和同行业竞争者五种市场要素决定，这些市场力量在一个具体产业的合力决定了该产业的盈利水平，进而决定了企业的战略行为和最终绩效取得。Porter 进一步又提出，企业在产业里获取有利竞争地位的战略途径，即成本领先和差异化战略。Porter 的产业结构分析理论在 20 世纪 80 年代获得广泛的认可，成为占据统治地位的竞争优势理论，它极大地肯定了外部产业结构对企业竞争优势获取的重要作用。

但是，外部产业结构分析理论不仅将企业视为投入产出的"黑箱"，而且过分强调了外部产业分析的重要性，因而无法有效解释处于同一战略产业环境的企业市场绩效却不同。事实上，Hanason 和 Wernerfelt（1989）早就通过实证研究发现，外部产业组织因素对企业绩效的影响仅为 15％～40％；Rumelt 等（1984）也用实证检验了 Porter 的理论，他们发现产业长期利润率的分散程度比产业间的分散程度要大 3~5 倍。

2.2.2.2　企业内部资源

1984 年 Birger Wernerfelt（1984）发表了《企业资源学说》，并首次应用资源概念论述了企业的优势和劣势，他的观点对 20 世纪 90 年代的战略管理产生了重要意义，后续资源学派学者多在这一观点下展开探讨。其中比较有代表性的研究如 Dierickx 和 Cool（1989），他们解释了企业资源保持竞争优势的原因，主要因为资产积累的路径依赖、因果模糊关系等，使得外部竞争者短时间内难以模仿。Barney（1991）则认为并不是所有的资源都能给企业带来竞争优势，为此他提出了企业资源不完全流动的基本假设和 VRIN 分析框架，即只有具有价值、稀缺、不可模仿和不可替代四个特性的资源才能为企业带来持续竞争优势。之后，Peteraf（1993）从企业资源的异质性、资源的非流动性、竞争的事前限制、竞争的事后限制四个方面构建了企业竞争优势模型，该模型进一步拓展了竞争优势的研究视野，因为与 Barney 从企业层面展开的研究相比，Peteraf 将企业置于市场中展开研究。Collis 和 Montgomery（1995）则进一步发展了 Peteraf 的观点，他们认为企业资源要想成为企业战略的基石，必须将其置于市场中去检验，而不能仅限于企业内部作出评估，要经得住市场的不可模仿性、专有性、持久性、不可替代性、竞争优越性测试。

国内学者仅从企业内部资源这一单独视角探讨竞争优势来源的文献较少，早期代表性研究主要为王迎军和王永贵等几位学者的探索。在国外研究基础上，王迎军（1998）较早从资源视角探讨了竞争优势问题，他围绕内部资源与企业竞争优势关系，分析了资源的异质性问题、资源的位障碍问题、内外资源的扩充问题。王永贵等（2001）则基于资源观提出了竞争优势的三个层次及其关系，进一步王迎军和王永贵又在资源的"战略柔性"视角下探析了动态环境下营造竞争优势的关键维度问题。又进一步，耿帅（2006）则针对集群企业，提出了资源观三分法之外的第四种资源即共享资源，并分析了共享资源对竞争优势的影响。而随着研究的再进一步细化和深入，后续学者更多聚焦于某一类型资源或某一特性资源的研究，如张宸璐等（2017）、刘祎和王玮等（2019）分别讨论了闲置冗余资源和工业大数据资源对竞争优势的有益影响，而于晓宇和陈颖颖（2020）则分析了冗余资源与瞬时竞争优势的 U 型关系。除此之外，国内其他该方面的研究则多是将企业内部资源与能力、外部网络或创新等结合起来探讨，在此不再综述。

综上所述，企业内部资源理论构建了"资源—战略—绩效"的企业竞争优势来源分析范式。它基于企业资源的异质性假设这一前提，强调从企业内部资源特性出发建立竞争优势，从而打开了企业"黑箱"。但是，企业内部资源理论并没有探析企业内部"黑箱"里的存在情况，且对竞争优势的获取分析主要是基于静态、稳定的竞争环境。为此 Eisenhardt 和 Martin 等（2000）提出仅靠企业内部资源企业竞争优势是不可持续的，企业还需提升内部能力形成新竞争优势。

2.2.2.3　企业核心能力

遵循 Diericks 和 Cool 的内生性优势研究思路，Hamel 和 Prahalad（1990）于 1990 年正式提出了企业核心能力论，他认为企业的竞争优势主要来自有价值的、竞争对手很难达到的、根植于企业内部的核心能力，这种能力是支撑企业可持续性地开发独特产品、发展特有技术和创造独特营销手段的能力，是企业在特定经营环境中竞争能力和竞争优势的合力。围绕核心能力的构成和特性，Chandler（1992）认为企业核心能力包括销售能力、生产能力和管理能力三个方面，Amit 和 Schoemaker（1993）认为核心能力主要在于其不易替代性和不易模仿性。可以说核心能力特性表明了产业内企业间的异质性所在，为此 Stalk 等（1992）、Liao 等（2016）指出企业运营主要依赖于企业内部这种独有能力，它增加了竞争对手的赶超难度。

同企业内部资源一样，国内学者仅从核心能力这一单独视角研究竞争优势的文献并不多。代表性学者如韩经纶和王永贵等（1998，2001），他们着重探讨了核心能力特性，认为作为竞争优势的基石，核心能力除了拥有不可复制特性外，还应具有进入各种市场的潜力、能给用户带来最终实惠和可迭加等特性，具有途径依赖性、累积性、组织结构性、黏滞性、暗默性等，因而发展中国家为了打破引进、落后、再引进、再落后的恶性循环，应从技术体系等方面构建核心能力。而进一步，谭力文等（2007）则探讨了核心能力的发展问题，认为核心能力对企业竞争优势的构建不只是维持和保护，更重要的是通过企业内部技术组织的交互以及外部产业的发展，动态促进企业核心能力的演化和跃迁，进而创造新竞争优势。事实上，这一观点已突破了核心能力静态研究视野，是对核心能力理论的新发展。后续学者对核心能力与竞争优势关系的探讨更加多元，如孙璐等（2016）认为信息交互能力促进了成员间的价值共创，是互联网经济时代竞争优势的主要来源，而肖艳红等（2018）则提出能力柔性与知识管理战略的适当匹配能够增强企业的创新优势和顾客优势，其他学者则从供应链服务能力、知识管理能力、知识产权能力、吸收能力等方面展开分析。

综上所述，企业核心能力理论构建了"核心能力—战略—绩效"的企业竞争优势来源分析范式，它克服了企业内部资源理论的部分不足。但是已有研究和实践表明，核心能力可能会阻碍企业的研发创新活动，甚至会成为企业创新发展的包袱。究其原因，可能是多年积累的核心能力过分强调目标，对过去价值观、员工技能、技术系统等过于遵循，通常会有意无意地排斥能力的更新和新能力的引入，从而基于核心能力的竞争优势也会消逝。

2.2.2.4　企业动态能力

"动态能力"这一概念的雏形最早于 1990 年由 Teece 等提出。随后，Teece 和 Pisano（1994）将"动态能力"概念及思想进行了完善，他们把动态能力看成能够创造新过程、新技术和新产品，能够产生一系列新能力的能力。进一步，Teece 等（1997，2014）还将资源理论、核心能力理论和演化经济学理论结合起来，构建了著名的基于 3P 的动态能力框架。Teece 等人的研究开创了动态能力研究的先河，其所提出的概念内涵及分析框架成为动态能力研究的主流理论。与 Teece 等人对动态能力的认识不同，Zollo 和 Winter（2002）认为不仅动态环境需要动态能力，静态环境也需要动态能力，这种能力是一种学习能力，事实上学习能力体现了知识在企业竞争中的重要性，因而在动态能力提出早期，知识成为动态能力研究的重要视角，如 Subbanasimha(2001)提出动态能力是企业追寻新知识、创新创造的能力。除此之外，国外研究者们还关注动态能力的提升途径、具体构成、生命周期、模型框架等，如 Ljungquist（2013）提出了增强企业动态能力的三种方式，Yeow 等（2018）构建了增强组织感知、捕捉和转化能力的协调过程模型，其他研究成果如基于资源获取、配置、整合和让渡的动态能力构成，四维式的集群动态能力模型和能力生命周期理论等。

自 2007 年以后，随着外部环境的日益变革，企业和学界更加关注动态能力对企业发展的影响，因而关于动态能力的研究开始进入爆发期。这一时期，国内研究视角更加多样并呈现出以下特征，一是创新创业成为动态能力研究关注的重要领域，二是动态能力与环境的关系引起学者们的关注，三是在理论探讨的同时，开始注重实证研究和具体项目、具体企业的实践研究。在创新创业方面，如周键和王庆金（2017）分析了创业企业成长视角下的创业动态能力理论模型；在与环境的关系方面，如马鸿佳等（2015）指出相比于高动态环境，低动态环境下动态能力对企业竞争优势的作用更加显著；在实证实践研究方面，如王旭和方虹（2018）、王益民（2019）等学者探讨了 8AT 项目、Sanmina 公司等具体组织的动态能力。而随着研究的进一步展开，学界开始对动态能力进行更加深入的思考，不仅有学者对其进行理论思辨，还试图通过企业本质、竞争优势本质重新解读动态能力，不仅有学者将动态能力与危机管理联系起来，还开始探讨动态能力的未来研究方向。

综上所述，动态能力理论构建了"动态环境—应变战略—持续优势"的企业竞争优势来源分析范式。虽有许多学者把动态能力理论看作企业能力理论的一个分支，但事实上该理论已经体现了既整合内部又联系外部因素的战略观点。它关注外部环境的变化，强调企业内外资源与能力的整合、配置和调整，避免了核心能力刚性等问题，成为能力理论发展的主旋律。

2.2.2.5 企业间网络

早在 1920 年，英国经济学家 Marshal 就提出外部企业间的竞争合作关系会帮助企业成长，即产生网络系统效应。Foss（1999）认为，Marshal 所指的系统效应形成了网络能力，这种能力弥补了企业内部资源能力理论对竞争优势来源揭示的不足。Foss 的研究把资源理论学派的研究视野从企业内部拓展至企业外部，基于此 Dyer 和 Singh（1998）认为组织资源可以超越组织边界，嵌入组织间的惯例和资源中，因而组织间的竞争优势来源于互补性资源能力、知识分享惯例、特定的关系资产和组织间的有效管理。而 Zahra 和 George（2002）等则指出组织间网络更重要的是可以交换、整合和创造知识，有助于企业克服核心能力刚性，避免进入能力陷阱。Dyer（2015）则把信任直接看作网络关系租金的重要来源，因为它使参与者获得了单一企业无法产生的专门性合作准租金。其实网络关系租金不仅来源于信任，还来源于协同、竞争合作，不同企业的资源在网络中形成了协同性资源约束，从而将帕累托边界外推，以协同产生更多的企业准租金。

国内学者认为外部网络关系，一是降低了企业间交易费用提升了效率，二是促进了知识学习与创新，三是有利于企业外部源获取。关于交易费用方面，杨瑞龙和杨其静（2005）较综合地解释了网络降低企业交易费用的原因，即主要缘于与供应商的重复交易、因供应商较少而产生的规模经济、因信息共享而减少的信息不对称以及非正式契约的广泛使用；而王建平等（2019）指出网络成员间的竞争合作关系提升了企业效率，以竞合产生了单一企业无法获得的创新准租金。关于知识学习与创新方面，吴松强等（2018）通过构建网络结构特征、知识搜索与企业竞争优势间关系的研究模型，发现网络结构的稳定性和网络位置的中心度对企业的知识搜索有正向影响，进而影响企业竞争优势，倪渊（2019）则实证解释了网络能力对核心企业引领集群创新并获取竞争优势的机理。关于外部源获取方面，韩敬稳和彭正银（2015）认为企业间网络不仅能够提升网络核心企业的资源能力，而且这种资源具有不可复制性和异质互补性；事实上诸多学者的研究还表明，网络不仅促进了企业的资源拼凑行为，还有利于创业者获取外部先进知识资源和企业资产资源，而且与外部创新网络嵌入的协同可促进后发企业的逆向创新升级。

综上所述，网络视角的战略分析突破了以企业内部资源和能力观为基础的竞争优势来源分析框架，使研究者们从更广、更高层面探讨企业的竞争优势来源，这是对以往战略理论的重大突破。但是也有研究表明，若网络关系过于亲密或过于资产专用性，容易造成网络锁定，甚至出现搭便车、创新源泉缺乏等问题，进而导致网络整体性衰退。并且已有研究站在企业个体视角探讨网络战略，缺乏整体、成员共生视角的讨论，从而可能造成合作短视、长期共同利益难以维持、无法共同应对外部竞争挑战等问题。

2.2.3　基于科技创新视角的竞争优势发展

进入 21 世纪，尤其是近年来，以新产业革命、新信息技术、"互联网+"、经济全球化等为代表的新经济时代的到来，传统的商业模式、技术路径、产业组织、社会形态等都在加速变迁甚至完全被颠覆。与此同时，适应不断变化的竞争环境，适应新经济时代的竞争优势发展，创新尤其是科技创新成为竞争优势的重要来源，也成为竞争优势研究的主阵地。从创新视角探寻竞争优势来源，不仅和产业结构、内部资源、核心能力、组织关系理论交融在一起，而且在近些年还出现了新热点和新趋势。基于本研究主题需要，主要从以下几个创新热点视角综述其与竞争优势的关系。

2.2.3.1　破坏性创新与竞争优势关系

破坏性创新作为科技创新的重要类型，通常影响着后发企业竞争优势的跨越性取得。这主要表现为企业技术轨迹的跳跃性转变，如 Sarah 和 Keyvan（2015）指出破坏性创新改变了原有技术发展的轨迹，从而颠覆了在位企业的市场组织能力和技术竞争格局，并且进行破坏性创新的企业在激烈的市场竞争中可先发"高人一筹"，建立市场领先者地位以及外部进入壁垒。除此之外还表现在后发企业资源能力的突破，Christensen 等（2015）认为突破性创新不仅突破了企业资源获取壁垒，还避免了"能力刚性""能力惯性"陷阱，扩展了企业合作边界，促进了外部资源能力和知识的获取。事实上，突破性创新未必就一定能获得竞争优势，其也存在着无法有效商业化的风险，因为突破性创新需要对顾客价值创造重新进行战略定位，并据此进行互补性资产的选择、培育和整合，只有当这些活动有效整合时才可能为企业构筑竞争优势。而关于破坏性创新获取竞争优势的具体路径，敦帅和陈强（2018）将其总结为"低端颠覆—低端市场侵蚀—成本优势""外围颠覆—外围市场侵蚀—集成优势"和"新兴颠覆—外围市场侵蚀—差异化优势"三种，像途家、Uber 和猪八戒网就是遵循以上路径获取突破性创新竞争优势的典型代表。

2.2.3.2　平台型创新组织与竞争优势关系

随着新经济发展和商业模式变革，新型科技创新组织不断出现，主要表现为众多平台型创新企业的建立。基于多边市场的网络经济学理论，部分学者如谢佩洪等（2017）认为平台企业产生了同边网络效应和跨边网络效应，通过网络效应可产生网络规模收益递增的先发外生优势。但是，平台企业仅靠其所产生的网络效应无法实现先动优势的可持续性，因为凭借破坏性创新的颠覆性作用，后发企业可破坏先动者的先发优势。事实上，外部网络视角的竞争优势解释忽略了平台企业的内生因素，由此吴义爽（2019）指出企业的内部异质性是企业网络效应得以发挥的前提，网络效应放大了企业内部异质性影响竞争优势的功能，从而形成短期竞争优势，而借助网络效应既有优势的非对称演化，将实现平台企业竞争优势的可持续性。可见，将企业的内部异质性和外生网络特性整合在一起，可以更好地解释平台企业竞争优势的可持续性问题。

2.2.3.3　科技创业企业与竞争优势关系

自我国提出"大众创业、万众创新"战略以来，科技创业成为研究热点，而科技创业相关因素对竞争优势的影响也为学者所关注。从科技创新视角可将相关因素梳理为创业能力、创业网络、创业环境、创业战略、创业导向、创业机会等，它们都是影响科技创业企业竞争优势的重要变量。如关于创业能力和创业网络因素，董保宝和周晓月（2015）指出创业网络导向的网络合作性、网络关注度和网络开放性对新企业竞争优势都产生正向影响，而创业机会能力和创业运营管理能力则分别作为调节变量正向影响网络导向与新创企业竞争优势的关系。关于科技创业环境和创业战略因素，陈彪和单标安（2018）提出模仿战略和创新战略作为新创企业的重要创业战略，它们正向影响企业竞争优势的构建，但是在低市场高技术不确定与高市场低技术不确定的环境变量取值下，不良竞争会减弱创新战略对企业竞争优势的正向作用，而强化模仿战略对创业企业竞争优势的正向作用。创业战略不仅自身直接影响企业竞争优势，它还是创业学习获取竞争优势的重要途径，如温超和陈彪（2019）指出无论是探索型还是利用型创业战略，都在经验学习、观察学习与竞争优势的正向关系间起积极中介作用。

综上所述，在复杂动态的环境中创新尤其科技创新已成为企业竞争战略的重要组成部分，创新型企业更可能取得成功。但是研究认为，为了更好地打造创新型竞争优势，企业需把握最新的创新范式，需将正在出现的创新生态系统等创新范式融入企业的战略框架。

2.3　企业生命周期与创新及竞争优势相关研究

1972 年，美国哈佛大学教授 Greiner 在《组织成长的演变和变革》一文中首次提出了"企业生命周期"概念，他认为企业作为一个生命体，其发展就像人一样要经历几个不同的生命阶段，每一阶段都是上一生命阶段发展的结果和下一阶段发展的基础，如果在某一生命阶段未能顺利克服可能的问题与危机，企业就将提前衰落。Greiner 的研究正式拉开了企业生命周期理论的研究序幕，引发了学者们对生命周期理论的广泛深入探索。

2.3.1　企业生命周期阶段划分

关于企业生命周期阶段划分，1979 年美国学者 Ichak Adizes 提出了基于产生、成长、成熟、衰退和死亡五阶段的组织生命周期模型，1989 年继而在其《企业生命周期》一书中更加详细地论述了企业生命周期理论。该书根据可控性和灵活性特征把企业生命周期划分为成长、再生与成熟、老化三个生命阶段，成长阶段具体包括了企业孕育期、婴儿期和学步期，再生与成熟阶段具体包括了青春期和盛年期，老化阶段具体包括了稳定期、贵族期、官僚化早期、官僚化和死亡期，每一阶段企业将呈现不同行为特征，因而其发展目标和经营方法也有所差异。Ichak Adizes 的生命周期理论得到了学界的广泛关注与认同，它揭示了企业成长的内在规律与组织演变特征，为企业的演进实践提供了理论依据。在 Ichak Adizes 的生命周期理论基础上，国内学者陈佳贵（1995）将企业的生命周期划分为孕育、求生存、高速发展、成熟、衰退和蜕变六个发展阶段，即突破了之前生命周期研究止于衰退或死亡阶段的探讨，将蜕变纳入企业生命周期范围，以蜕变实现企业生命周期的新循环。之后，不同学者基于具体企业类型或研究方法对企业生命周期进行了不同划分，如章卫民等（2008）认为科技型小企业发展一般经历种子期、初创期、发展期、成熟期、衰退期五个阶段，高松等（2011）则将科技型中小企业的生命周期划分为种子期、初创期、发展期、成熟期，而徐凤敏等（2018）基于综合指标的 Logistic 曲线，将企业的生命周期划分为初创期、成长期、成熟期和衰退期四个阶段。

事实上，目前学界关于企业生命周期阶段的划分并无统一标准，但学者们基本认同企业生命周期是一个具有若干阶段的连续过程，虽具体划分阶段有所不同，但基本都归置在典型企业的自初创、成长、成熟到衰退转折的企业生命框架中。

2.3.2　企业生命周期与创新发展

抛开企业生命周期阶段的划分之争，以企业生命周期理论研究企业创新领域相关问题，已成为一个重要的动态研究视角。

一些学者认为，随着企业生命阶段的演变企业的创新能力也随之改变。如 Koberg（1996）指出在同样的组织结构内，企业生命早期阶段的创新能力弱于生命晚期阶段的创新能力，但更多学者却持相反观点，认为随着企业年龄增长企业的创新能力将随之递减。事实上生命周期内的企业创新能力变化不能以单纯的增长或递减来简单概括，因为创新能力是一个复杂概念，它涉及了探索式创新、开发性创新等不同方式的创新能力。为此，刘新同（2015）通过理论探索指出，企业初创期和成长期探索性创新强度低于开发性创新强度，而在成熟期和衰退期探索性创新强度高于开发性创新强度。蒋舒阳和庄亚明（2019）则进一步实证分析了探索式与利用式双元创新能力的生命阶段差异，即成长期企业的双元创新能力呈现高效率、低效果特征，成熟期呈现高效果、低效率特征，而衰退期则呈现创新效率与创新效果的双重改进特征。由此，企业基于所处的生命阶段，应采取适宜的创新方式，并倾斜性地分配优质资源，以提高持续性创新能力。

另外一些学者发现，随着企业生命阶段演变，企业创新和影响因素之间的关系也在发生变化。首先，这些变化表现在财务因素等方面，如 Liao（2006）通过对台湾 45 家制造业公司的实证研究发现，企业发展早期财务控制因素可有效推动企业创新，而在企业发展后期战略控制因素更能推动企业创新，Coad 等（2016）则认为成长期企业的研发投入更具风险性，而成熟期企业的研发收益更加稳定。其次，表现在政府补助因素的影响变化，如周海涛和张振刚（2016）、车德欣等（2020）指出企业初创期多为技术创业，成长期亟须加大研发投入，成熟期要保持行业地位，衰退期多是被动研发，所以政府科技经费在成长期和成熟期的引导效果最好，而在初创期和衰退期企业次之。另外，表现在智力资本投资因素的影响变化，如曹裕等（2016）通过对中国 197 家上市公司的面板数据实证发现，智力资本投资因素对企业生命周期内的创新绩效正向作用显著，但是由于投资存在滞后效应，所以对成熟期的作用更为明显，当然具体的智力资本要素在不同阶段表现也有所不同。除此之外，网络关系、社会资本、组织学习模式等因素对创新的影响关系变化也有学者探讨。

可见，随着企业生命阶段的演变，无论是创新模式还是创新影响因素，以及所展现的企业创新绩效都在随之改变。由此，如何随着生命周期的变化对创新进行有效的管理将是企业所面临的重要挑战，也是学界需进一步思考和探索的重要议题。

2.3.3 企业生命周期与竞争优势来源

生命周期理论不仅为创新发展研究开阔了一个动态研究视域，也为企业竞争优势研究提供了新视角。但是目前，从生命周期这一动态视角探讨企业竞争优势来源的研究并不多，文献数量相对有限。

部分学者基于竞争战略与生命阶段特征的适配，探讨了生命周期内企业竞争优势的来源。如甘胜军和王玉（2014）通过实证分析解析了生命周期内企业竞争战略类型的转换规律，即在企业初创期差异化战略更适合提高企业的竞争优势，在企业成长期和成熟期差异化和低成本的战略组合则更有助于提高企业的竞争优势，而在企业衰退期差异化战略仍有助于企业提高竞争优势。当然企业类型不同，即使在同一生命阶段其获取竞争优势的战略重点也将有所不同，祁顺生和蔡海中（2016）分析了处于"首创"和"弯道超越"两种不同路径上的企业，如在初创期"首创"路径上的企业强调以企业家导向、聚焦战略导向和创新导向为重点，以有效配置资源，并培育核心竞争力；而在"弯道超越"路径上的企业则强调聚焦战略导向、企业家导向、市场导向和战略导向的协同，以促进其生存发展。

其他来源方面，胡美琴等（2006）认为企业家管理周期与企业生命周期的匹配是企业持续竞争优势的重要来源。即在创建期主要表现为企业家的社会资本；成长期虽仍依赖于"异质性"的企业家能力，但企业的内部制度建设和组织学习成为获取竞争优势的主要来源，这需要企业家拥有一定的战略定位和制度规范等能力；变革期企业家的个体学习能力和个体创新能力则成为企业获取竞争优势的重要保障。朱文莉和王奥运（2018）则探讨了企业生命过程中财务弹性与产品竞争优势的关系，认为由于企业在不同生命阶段的资本需求和资本使用成本不同，财务弹性对企业产品竞争优势的贡献也将有所不同，如与成长期和衰退期相比，成熟期剩余负债能力更有利于产品市场竞争优势，而成长期的超额现金持有对产品市场竞争优势的影响则大于成熟期和衰退期。而李宏贵等（2017）认为新创期的技术创新和强关系网络，生存期的技术创新、组织制度创新和弱关系网络，成长期的组织制度创新和强关系网络，将分别成为创新优势的主要来源。

总之，目前从生命周期这一动态视角探究企业竞争优势来源问题，无论是从研究数量还是从研究深度上都还有待扩展，尤其缺乏对新竞争环境下资源、能力、知识、网络、产业结构等这些竞争优势来源要素在企业不同生命阶段作用变化的探索。

2.4　文献述评

关于创新生态系统研究，学术界对创新生态系统的探索正如其实践活动一样，是一个不断推进和深入的过程。创新生态系统的提出及对其认识，不仅丰富了创新管理研究，还将创新范式由"产业链创新范式"转向"创新生态范式"，以创新生态系统为主的"竞争范式3.0"时代即将来临。关于竞争优势研究，主流竞争优势理论的演进经历了从关注外部产业环境到注重企业内部资源与能力，再到重视外部网络关系的发展历程，而无论是外部产业分析、内部资源能力还是网络关系，每一种竞争优势理论的提出都具有鲜明的时代烙印，都克服了之前竞争优势理论的不足，进而有效地适应了当时的经济发展环境，并成为当时竞争优势的重要来源。关于企业生命周期，为探索企业发展机理提供了一个动态研究视角，开阔了企业创新管理以及竞争优势问题的研究视域。但是，研究还存在以下几个方面的问题：

第一，未能对创新生态系统特质、价值共创、演化方式等进行更加深入的理论挖掘。

目前运用生态学理论研究创新问题还属于起步期，作为一个领域尚未建立起完整统一的研究框架，仍主要限于对创新生态系统概念内涵、框架构成、演化机制、生态治理等方面的一般性研究。这具体表现为，首先，已有研究虽从不同视角探讨了区域、企业等形态的创新生态系统问题，但缺乏对具体形态的创新生态系统特质性，如外部创新生态系统的核心要素与生态机制、良好企业创新生态系统的特殊本质等方面的深入探讨。其次，已有研究虽意识到了创新生态系统的集体行动行为，但是只限于对这种行为的一般性描述，缺乏对其价值共创内在机理的深入挖掘。最后，已有研究虽强调了创新生态系统的演化特性，但主要限于创新生态系统本身从形成到衰落的过程描述，缺乏对创新生态系统具体演化方式等方面的理论探索。而这正是本书4.4.1小节、5.4节、6.1节所分别要关注的问题。

第二，未能将创新生态系统的形态演变、特性发展与企业生命周期动态联系起来。

创新生态系统不是静止不变的，它应是随着企业发展而不断演变，这包括其形态特性。但是已有研究存在着孤立化、静止化看待创新生态系统形态特性问题，未能将外部创新生态系统、企业创新生态系统、创新生态的演化特性等与企业生命周期发展动态联系起来，未能关注到创新生态系统形态特性间的变化联系。即随着企业的生命过程发展，企业所需的创新生态系统形态和特性到底应如何演变，而这种生态系统演变又如何影响企业生命周期发展，或者说创新生态战略应如何与企业生命周期需求相匹配。而这正是本书3.3节和3.6节所要关注的问题。

第三，存在着静态化看待企业竞争优势问题，企业的竞争优势是动态发展的，应从生命周期角度去考察。

已有竞争优势问题研究，无论是基于外部产业环境、企业内部资源与能力还是外部网络关系理论方面的分析，都将企业置于一个相对静态框架中，即使是动态能力理论或是竞争优势可持续性问题研究，也多是考虑如何保持竞争优势，未能将竞争优势纳入企业生命周期这一变化框架，即存在着静态化看待企业竞争优势问题。事实上，企业尤其是科技型企业的竞争优势都是动态发展的，在企业的初创期、扩张期、成熟期等不同生命阶段，由于其生命特性和发展需求不同，其所追求和所展现的竞争优势也将不同，或者说在企业的生命历程中竞争优势要经历若干次重大转变。因而，后续研究可从生命周期视角去考察企业的竞争优势发展问题，而这也正是本书3.3节、3.5节、3.6节和后续第四章（初创期）、第五章（扩张期）、第六章（成熟期）所分别要关注的问题。

第四，存在着孤立化看待企业竞争优势问题，企业的竞争优势获取应置于一定的外部环境中去考察。

以往企业竞争优势研究多关注企业自身，即基于企业所拥有的资源、能力、关系等探讨竞争优势的获取。但是任何企业的发展都不是孤立的，尤其对于科技型技术企业，在当前更加复杂的经济环境下，其创新发展的过程不再仅发生于企业内部，它依赖于外部可栖息、可协同的创新环境，依赖于内部发展与外部环境变革的及时适配。这涉及如何有效利用外部的支持性环境要素实现自身创新能量积累，如何在与环境的交互中获取可协作的外部力量，如何将自身演化发展与外部产业技术变革协同起来。因而，企业的竞争优势获取应置于一定的外部环境中去考察，而这正是本书第四章（外部可栖息环境）、第五章（外部协同环境）、第六章（外部环境变革）所要逐次关注的问题。

第五，存在着片面化看待创新生态系统对企业竞争优势的影响问题，缺乏更加全面地揭示其对企业发展的影响机理。

目前学者们已经开始逐渐认识到了创新生态系统作为一种新创新范式、一种新竞争方式对企业发展战略的影响，但是已有的少量研究仅仅是初步注意或初步涉及了创新生态成员协作对企业发展的影响和可能带来的资源能力整合效应。但事实上，创新生态系统对企业发展的影响，无论从企业的生命周期维度还是从内容维度上都不止于此，它对竞争优势的影响远比这丰富和深刻。而且，现有研究多局限于某单一视角、某单一形态的创新生态系统对创新主体绩效关系的影响上，未能将外部创新生态、以自身为核心的企业创新生态以及创新生态系统的演化特性等，整合在企业竞争优势发展的统一框架中，以更加全面、深刻地揭示创新生态系统对企业发展的影响机理。而这也正是本书 3.3 节至 3.6 节所要关注的问题，并在后续第四、五、六章所要分别展开分析的问题。

综上所述，企业尤其科技型企业竞争优势理论亟须克服孤立化、静态化问题继续发展，而创新生态系统正成为企业竞争优势发展演化的新趋势、新视角，以创新生态系统为主的"竞争范式 3.0"时代即将来临。但目前理论界从创新生态系统视角探寻科技型企业竞争优势发展的深度和广度不足，需更加深入地探索和理论挖掘，以此揭开创新生态系统对科技型企业竞争优势影响的"黑箱"。

已有理论研究存在的问题为本研究提供了研究空间。本书将基于创新生态系统和科技型企业成长的动态发展关系，沿着企业竞争优势发展这条主线，探寻创新生态系统对生命周期内科技型企业竞争优势的影响机理，以此丰富、拓展竞争优势理论和创新生态系统理论。

第三章　创新生态系统与科技型企业竞争优势的
动态关系分析

创新生态系统的提出，高度契合了企业创新竞争的"新常态"。创新生态系统建设，作为一种更加明晰的新竞争思维、新发展方式变得愈加重要，可以说目前已进入以创新生态系统为主的"竞争范式3.0"阶段。

本章从企业视角对影响竞争优势的创新生态系统进行框架界定，进而在对不同生命阶段科技型企业的生命特征以及创新生态系统的竞争优势影响的理论分析基础上，采用结构方程方法实证检验出企业生命周期内创新生态系统与竞争优势的主要影响关系，由此构建基于创新生态系统的科技型企业竞争优势理论模型。

3.1　对创新生态系统的再认识

当前在组织模式发生变化、环境作用凸显、产业技术变革以及价值共创的新趋势下，认识创新生态系统必须与企业所嵌入的情境特征相结合。同时，还需从创新主体参与和动态发展的视角解析创新生态系统。

3.1.1　创新生态系统情境维度与框架界定

创新生态系统作为一个比较宽泛的概念，强调从自然生态视角重新认识创新，以生态学演化规律更深刻地揭示创新过程。已有研究基于认识的层次或维度不同，一般将创新生态系统划分为企业创新生态系统、区域创新生态系统和产业创新生态系统。如以 Adner（2017）和张运生（2008）等为代表的学者关于企业创新生态的认识，强调围绕核心技术或产品，将集成创新企业、上游生产配套商和下游应用互补商及用户共同纳入生态系统形成参与者网络。以黄鲁成（2004）和 Hwang（2015）等为代表的学者关于区域或产业创新生态的认识，强调一定空间或产业范围内由创新者相互依存、创新能量相互作用而形成的一个可栖息的"热带雨林"式创新环境。同时，以 Adner 和 Kapoor（2016）、Still（2014）等为代表的学者还强调了创新生态系统的变化发展，以及由此引发的新旧技术生态系统更迭。可见不同层次的研究强调了创新生态系统的不同范围要素和结构框架，不同视角的认识则强调了不同的生态隐喻和生态特性，这拓宽了创新生态系统的研究范围和认识视野。

当然，不同层次视角的创新生态系统的划分取决于理论目标和研究对象，即关注个体行为、产业的整体行为还是一定空间的组织群体行为，这有益于多角度认识创新生态系统的特征与功能。但是创新生态系统其最终目的是服务于创新型企业，促进创新的培育和发展，这种不同层次的划分研究容易割裂创新生态系统对企业影响作用的整体认识。所以研究打破基于层次维度的划分，并兼顾系统的变化发展等特征，站在作为生态系统"核"的企业视角，重新认识创新生态系统。

"核"企业视角的创新生态系统着重强调以企业为中心，与外部所处环境相作用，并融入一定的产业技术结构中，以激发和促进创新的发展变革。因而，综合 Adner、黄鲁成和 Hwang 等学者对创新生态系统概念内涵的认识，并参照王伟楠等（2019）从不同情境化视角对创新生态系统的内涵梳理，研究从企业管理变革引发的组织情境、企业创新基因培育所需的环境情境、技术创新所引导的市场情境三个维度进一步认识创新生态系统架构。

（1）组织情境与企业创新生态

聚焦创新组织情境，开放式创新、协同创新和共享创新成为创新生态系统的主导逻辑，它强调产业内的创新企业集合，强调产业节点间的技术依存、产业组织治理和共同价值创造，具有自组织、多样性生存、伙伴共生等特征，并以平台、网络等形式展现，体现的是一种产业间的组织协同，或者说是一种产业创新生态。当然对于某一具体生态系统"核"企业来说，这种产业间的组织协同是在打破组织边界、践行合作创新的趋势背景下，以该企业的核心技术产品为中心，延伸到上下游企业及相关异质性伙伴，形成的合作互补可将多产业节点的相关创新成果整合成一套整体解决方案的价值协作网络。所以聚焦创新组织情境，"核"企业视角的创新生态系统侧重于企业个体行为分析及其主导作用，是产业创新生态系统中以某一具体企业或其技术产品的价值创造为中心的产业组织协同行为，可以称其为企业创新生态系统。

（2）环境情境与外部创新生态

聚焦外部环境情境，创新源与创新基因输入、创新催化与涌现、创新能量传导与创新培育成为创新生态系统的主导逻辑，它强调基础设施、创新生态因子、经济自由度、外部响应度、政策临界条件、偶发事件、要素活跃度等创新条件，强调一定空间或产业的产业链、创新链、金融链、服务链、价值链的融合，具有复杂且难以复制、繁荣而多产等特征。它既是一定空间范围内，由创新实践主体、创新服务主体、相关支撑机构和创新环境共同构成的，充满有形创新物质资源和无形创新知识、创意、文化资源的区域创新生态体系；又是一定空间范围内的产业集聚，即由拥有"相似知识或技术"的创新企业集合，以及技术发展所依赖的创新元素共同构成的产业协作生态体系。所以聚焦创新环境情境，企业视角的创新生态系统体现的是对"核"企业创新的外部区域和产业网络支持，是创新政策、政府行为、科技中介、市场竞争和产业协作等复杂力量的环境催化推动，由此可将这些区域、产业外部环境要素构成的创新生态体系称为"核"企业的外部创新生态系统。

（3）市场情境与创新生态演化

聚焦市场情境，技术进步与变革、主流与新流生态更替、产业结构变化与社会进步成为创新生态系统的主导逻辑，它强调创造性破坏与新价值空间创造，具有演化适应性、调节修复性、协同进化等特征。因而创新生态系统必须置于一定的市场情境去考量，如基于某一具体产业技术所形成的生态，可能因为适配了市场情境而成为主流生态系统。但是产业变革，将推动技术跳跃"S"形曲线跃迁至新的发展轨道，创造新的价值空间，而这将推动主流创新生态系统更替，衍生出新流创新生态系统。如苹果的智能手机颠覆了功能手机产业，Uber打车变革了整个计程车行业，电子商务革新了传统零售行业，所有这些市场产业情境变化推动了主流与新流创新生态系统的更替。目前随着新技术革命的到来，技术变换与产业正飞速发展，人工智能、虚拟现实、大数据、工业互联网等新技术不断出现与更迭，这加速了生态系统的市场情境变换速度。所以聚焦市场情境，"核"企业视角的创新生态系统必须是一个不断发展、不断演化的系统，是在"核"企业的主观能动下，通过对创新资源的重新调整和对创新参与者们的协同改变来优化系统的结构和功能，以形成新的创新能力甚至更替为新的生态系统，从而适应新的市场环境与产业变革。因而演化体现了与市场环境的适配，影响着作为创新生态系统主体的"核"企业的持续发展，是"核"企业视角的创新生态系统所需关注的根本特性。

综合以上分析，企业视角的创新生态系统强调了三个方面（见图3.1），一是聚焦组织情境，围绕产业生态中某一具体核心企业及其关键技术产品，并由此延伸至产业供给端与需求端而形成的协同创新网络，即企业创新生态系统；二是聚焦环境情境，由一定空间的区域创新生态环境与产业生态网络构成的外部创新体系，即外部创新生态系统；三是聚焦市场情境，以生态系统的动态演化实现与市场环境变革的适应发展，即创新生态系统的演化。当然创新生态系统架构的这三个方面未必同时等同作用于生态系统"核"的企业整个生命周期内，或者说在企业生命的不同阶段强调不同情境维度的创新生态战略对企业的发展影响，而这将在本章第三节展开分析假说。

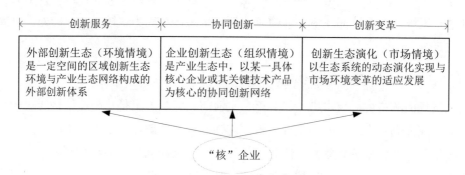

图3.1　企业视角的创新生态系统框架

3.1.2　创新生态主体与系统发展过程

创新生态系统的形成发展是一个渐进的过程，这个过程离不开创新生态系统构成要素的集结与互动。从创新主体的角度，创新生态系统应按照"创新源—创新组织—创新物种—创新种群—创新网络—创新生态系统"这样一条主线构建，即由点到群到网络到系统。创新生态系统的形成发展过程如图 3.2 所示。

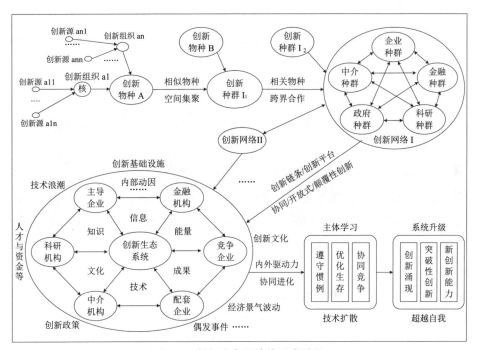

图 3.2　创新生态系统的形成过程

首先，创新生态集聚主体包含了核心企业、配套技术企业、科研服务机构、竞争企业和客户，而其中具有竞争优势转型能力的企业为系统"核"，最初它表现为基于某个人、某个群体或某个机构的创新源，进而形成具有一定带动关联能力的创新组织即"核"。"核"企业或具备他人难以模仿的核心技术能力，或具备选择、吸引和领导其他企业创新的能力。

其次，"核"企业对创新生态系统的形成起着主导作用，创新生态系统最初的形成往往始于一个或几个如谷歌、阿里巴巴等"核"组织。因为，"核"组织在由点到群再到网络的集聚过程中，会形成错综复杂的技术创新关系，并且随着主体间复杂的创新关系演化，这一过程带动了不同创新物种的出现，相似物种的集聚进而形成创新种群，不同创新种群相互交织、跨界合作，构建起了创新网络。在网络的构建过程中，会形成由"核"企业领导的或以"核"企业为中心的创新平台，如谷歌基于其 Android 操作系统构建起了联系开发者、手机生产商和终端用户的创新应用平台，阿里巴巴围绕自身商业模式搭建起了协同买家、卖家、金融、物流和技术服务的商务平台。创新平台是创新生态系统中的桥梁，围绕这一平台成员间沟通合作，形成相对稳定的协作关系，并占据适宜生态位。围绕创新平台，还会形成创新要素的传导，即创新能量、创新成果、知识、信息等汇集并在成员间传递，实现资源互补和最优配置。生态位的形成和创新要素的传导又会促使创新方式由产业链创新发展为创新网络，由个体创新发展为协同性创新。由此可见创新平台的构建是创新生态系统形成过程中非常重要的一步，它是创新主体合作的黏合剂，是创新要素传导的媒介，是新创新方式形成和转换的推动力量。

另外，仅有创新主体集聚和创新平台的系统还没有形成真正的创新生态系统，因为真正的创新生态系统是一个有生命力并能不断发展演化的系统，所以创新生态系统的形成还需要有演化动力。其内部演化动力来自创新成员的技术依赖和合作，外部驱动力来自创新环境中的政府、市场、经济发展等因素。在内外驱动力的催化下，内部成员按照遵守惯例、协同竞争、优化生存的演化机制，相互学习、协同发展，不断进行着创新的扩散与捕获，进而进行突破性创新，并实现创新涌现。实现创新涌现和突破性创新的过程是整个创新生态系统演化升级、超越自我的过程，同时也是不断循环往复的过程。整个创新生态系统及其成员在获得突破性创新后，会继续演化、学习、技术扩散与创新捕获，形成新的创新能力。

3.2　科技型企业的生命周期与判定标准

本研究关注科技型企业不同生命阶段的竞争优势获取，关注企业由初创、发展、成熟到下一个生命周期的成功跃迁。因此，结合科技型创新企业的发展特征，参照 Adizes（1997）、高松等（2011）对企业生命周期的划分（见第二章关于企业生命周期划分的文献综述），根据本研究所关注的企业竞争优势构建的阶段性，将科技型企业的生长划分为初创期、扩张期和成熟期。企业衰退期由于成因复杂，且研究中关于成熟期创新生态战略探讨的正是如何避免企业由成熟走向衰退，因此本研究暂不考虑衰退期。

关于科技型企业生命阶段的判定标准，本研究做以下两点说明。一是现有企业生命周期理论主要是基于工业经济时代传统企业特征的阶段划分，而当今新竞争时代，随着技术的快速变革和产品生命周期的缩短，一些高科技企业，尤其是互联网科技企业的生命历程正在加快。这些企业虽然在相应生命阶段仍有着与以往企业类似的生命特征和需求，但其生命曲线正在由平缓变为急速陡坡。如以前钢铁、水泥、纺织等传统制造企业需上百年或几十年才能达成的规模和体量，而对于快速变革、技术飞速发展时代的新科技企业可能仅需十几年甚至几年，这使一些企业从初创到成熟的生命周期大大缩短。如腾讯、Facebook、谷歌、字节跳动等互联网科技企业，其经济体量的成长速度远快于传统产业领域企业，其所主导的关键技术产品的成长、成熟和被颠覆的周期远短于传统制造企业。二是良好发展企业的生命周期是循环演进的，企业在基于某关键技术产品或某发展战略历经扩张期发展后，将进入成熟稳定发展阶段，而后又是基于新关键技术产品或发展战略的扩张性发展，继而又是新的成熟期。比如海尔，单纯依据其成立年限和家电产业技术的成熟状况来看，海尔应属于成熟期企业，但是从近些年海尔所采取的一系列扩张期性政策和所进入的智慧家电新技术领域看，海尔正处于新的扩张发展阶段。

所以，对一个科技型企业所处生命阶段的判定很难以其存在的时间等单方面因素简单认定，要结合企业的成长背景，以及当前所处的产业环境、技术发展、企业战略等因素综合考虑。而这将影响本研究不同生命阶段案例企业样本的选取。

3.3　理论分析与研究假设

本书第二章关于创新生态系统与企业战略部分的文献综述，已梳理了创新生态系统与企业发展的关系，Williamson（2012）、柳卸林（2016）、Martínez（2016）等学者的研究已理论分析或实证检验了创新生态系统对企业发展的影响。本章从企业视角将创新生态系统粗略地划分为外部创新生态、企业创新生态和创新生态演化三个维度，创新生态系统与企业发展关系紧密，不同情境维度的创新生态系统同样会对企业在自身生长、外部整合协同、变革环境适配等方面的优势获取产生影响。而现有研究多通过具体案例或企业截面数据差异考量创新生态系统对企业发展的影响，而忽视了企业生命周期维度上的潜在异质性。企业在不同生命周期阶段其发展特征、发展需求等明显不同，由此可以合理预期，生命周期内的创新生态系统战略重点也存在异质性，创新生态系统对企业竞争优势的影响方式、影响显著性等方面也会因各生命周期阶段的差异性而存在不同表现，以下进行分析并提出待检验的理论假设。

3.3.1 初创期生命特征、创新生态系统与竞争优势

初创期科技型企业主要是指还处于孵化生长阶段的企业，类似于研究者们所说的创建期、存活期，或者孕育期、婴儿期、学步期、青春期，或者种子期、初创等，即企业形成前的种子期孕育、企业创建期的幼稚生长、企业少年期的学习稳固三个阶段，总体可称为企业的初创生长期。在种子期孕育阶段，创业者已经洞察到市场商机，主要任务是寻求志同道合的合作伙伴、制订创新创业的商业计划，并依靠自有资金或天使基金等进行产品技术的研发。幼稚生长阶段经过种子期孕育，已经拥有了一定的可以面向应用的技术成果，或是已经开发出了科技产品原型，形成一定的商业模式与发展思路，重点是组建企业框架与运营，即企业人员架构的形成、科技成果转化、产品生产、市场销售等。学习稳固阶段企业已经搭建运营起来，此阶段虽然企业成长绩效的绝对指标并不一定令人满意，但其人力资源、社会网络关系、技术资本、客户市场等能力已经有了显著提升，企业能够持续地生存下去，并形成产业关键技术或产品。

但是，这一时期无论是种子期的孕育、苗期的生长，还是学习期的稳固，企业由于尚未形成企业形态或自身力量较弱，其自立成长的能力较差，抗风险的能力较低，更容易遭受外部政策、市场需求、知识人才缺乏等发展障碍。各种外部生长障碍和不确定性很容易"侵蚀"企业的生长动力，企业很容易"胎死腹中"或"苗期夭折"，可以说初创期是科技型小企业的"死亡谷"。据统计，美国从1998年到2016年，只有78%的中小微科技型企业存活超过1年，仅41%的企业存活超过5年，同时在环境日益不确定性的今天，中小微科技型企业的五年生存率还在缓慢减少。所以，初创期科技型企业需要一个能够孕育和支撑其生长的支持性环境，需要在商业、金融、专业人才、法律、会计、战略伙伴、基础要素等方面获取更多外部给养，需要在政策、创业服务、创业者网络、用户流量、文

化激励等方面获得生长扶持。

基于这一阶段的发展特征与发展需求，在创新生态系统的三个维度构成中，相比于构建一个以自身或其关键技术产品为核心的企业创新生态系统或推进创新生态演化，初创期科技型企业更需要一个类似"苗圃城市"的外部支持环境，而外部创新生态系统恰恰充当了这一"孵化"生境。外部创新生态系统对科技型企业发展的影响，体现为在一个相对良好的创新创业环境里，更容易促进企业创新能量积累和创新绩效提升。良好的外部支持性创新生态系统，不仅包括鼓励创新创业的社会人文要素，还包括由产业创新组织、创新物种、创新种群、创新群落相互连接，并奔涌着人员、信息、资金等流动的生态网络，他们共同形成创新创业者的栖息地。一定空间的创新生态系统就如同自然生态中的养分一样，为创新企业提供市场资源、文化激励、制度政策等必要支持，多样性的、适应性的栖息环境容易促进初创期科技型企业自身的孵化生长。除此之外，企业也因栖息于这样一个产业、高技术公司等密集的"孵化"生境，而实现其与外部创新资源的连接，以及与其外部伙伴的协同关系培育，从而可能一定程度上提升对外部的共生整合能力；同时企业也因栖息于这样一个高技术密集且新知识不断出现的科技环境，而易于感知外部技术风向和科技趋势，从而可以及时调整自身和变革再造创新能力，以适应环境变化。

根据以上理论分析，研究提出以下假设：

H1 相比于其他创新生态战略，在初创期最主要体现为嵌入外部创新生态对科技型企业自身的孵化生长、外部的共生整合、环境适应的变革再造竞争优势的显著性影响。

3.3.2　扩张期生命特征、创新生态系统与竞争优势

扩张期主要指科技型企业顺利度过初创期，进入高发展、高成长的青壮年阶段。这一阶段企业自身能量已有效集聚，有了较强的独立发展能力，其企业规模与市场份额不断扩大，外部可融资数量与融资渠道宽松，企业资金不再是主要难题。并且企业核心的竞争支撑点已经形成，其技术创新、商业模式创新所带来的产品优势和高收益优势在市场上得到充分体现。可以说，这一时期的企业已进入高扩张、高提升阶段。

但是，就像彼得·圣吉在《第五项修炼》中所提出的企业成长上限，企业在发展到某种程度时，会因某些因素抑制其发展，遭遇生长瓶颈。对于高生长期的科技创新企业来说，自身的增长能力已进入佳态，进一步的成长限制来自市场的复杂性和自身能量的有限性。企业要想突破自身瓶颈实现进一步的突破性、扩张性成长，需积极地获得一些持续性生长因素，而这些生长促进因素来自外部合作网络，来自互补协同的商业伙伴。可见，科技型企业进入高速扩张期后，其主要任务已由原来的"谋生存"转向"谋发展"，其需要解决的首要问题不再是如何把原创的思想技术商业化，不再是如何使企业持续地生存下去，而是如何基于自身的核心资源能力，搭平台建网络，有效整合外部技术、资源和服务，有效激发和带动以自身主要技术或产品为核心的产业环节，共同为用户提供更加完善的市场方案，实现仅靠自身不能完成的复杂创新，实现仅靠自身不能创造的更多市场价值。

基于这一阶段的发展特征与发展需求，特定区域或产业空间生态系统所固有的比较优势已无法满足企业的发展需求，企业对外部"孵化"生境的依赖性明显降低，而需协同外部力量实现网络化、平台化发展。所以，创新生态系统对竞争优势的影响虽贯穿企业整个生命周期，但相比于嵌入外部创新生态系统和推进创新生态演化战略，扩张期科技型企业更需要形成一个以自身及关键技术产品为核心的企业创新生态网络。从资源能力理论与关系理论出发，企业创新生态系统对扩张期科技型企业发展的影响，体现为创新生态网络是企业获取并整合外部技术和资源服务的重要渠道，它强调对自身所不拥有的外部资源和能力的连接管理，即通过平台和有机、分散式的生态网络，将相关利益群体和创新要素整合协同起来，以此增加企业创新过程中所需的技术、人力、资金、信息等创新资源的获得率。进而可以通过与配套供应群落和后端应用群落的共生协同，以及对拥有多样化独立成员的变换重组，为不断扩大的一系列问题和市场创造更有价值的整体创新性解决方案，即突破自身瓶颈形成对外部的共生整合效应。除此之外，企业创新生态系统还强调参与者基于群体利益的共赢、共享的合作式竞争，或以共同成长、共同进化替代竞争，这种竞合共生实现了生态主体间资源、能力、产品、技术等的互补性增值，从而有益于企业自身的技术提升和知识创造，促进其在规模、能力等方面进一步孵化成长；也可使其在企业生态的外部连接与竞争协作中易于感知产业环境变化，以能力的变革再造加速与外部环境适配。

根据以上理论分析，研究提出以下假设：

H2 相比于其他创新生态战略，在扩张期最主要体现为构建企业创新生态对科技型企业自身的孵化生长、外部的共生整合、环境适应的变革再造竞争优势的显著性影响。

3.3.3　成熟期生命特征、创新生态系统与竞争优势

成熟期科技型企业在经历扩张期的发展壮大后，将进入稳定与健康发展的最佳阶段。此阶段企业已成为本领域的灯塔型企业，积累了非常丰富的发展经验，可进行各方面的资源配置，拥有较强的研发能力和稳定的外部合作关系，产品、技术和商业模式已获得广泛的市场认可，可以说具有较高的商业价值占有力。由此，前期形成的成功经验模式和战略路径容易被惯例化，企业已经形成稳定的优势基因和发展惯性。

但是稳定往往意味着惰性和危机，意味着缺乏变革或突破性创新的勇气，缺乏打破现有成规的魄力。因而，一方面，这一阶段企业固有的优势和有条不紊的创新速度可能会下降，甚至后期出现停滞；另一方面，其他后进企业的不断学习和超越，或者外部出现的新颠覆性技术、新商业模式等，都可能将企业固有的核心优势颠覆掉，从而使得用户对其产品黏附度下降，市场需求疲软，进而企业衰落或消亡。如摩托罗拉、诺基亚、柯达等这些成熟大企业，皆是遵循已有惯例、缺乏适应变革而被外部力量颠覆掉的典型代表。所以，进入成熟稳定期的科技型企业，为了避免由生命成熟阶段渐入生命的衰老、衰退期，其主要任务已由扩张期的"谋发展"转向"谋变革"，这样企业才有可能适应环境变化进入下一个跃迁性的生命周期。

基于这一阶段的发展特征与发展需求，特定区域或产业空间所固有的比较优势要素以及以自身为核心的企业生态网络虽仍对企业创新发展起到一定作用，但是这一生长期的科技型企业需要突破惯性，形成变革发展的新力量，而创新生态系统的调节修复、非连续性颠覆再造的演化特性恰恰迎合了成熟期企业的发展需求。所以，相比于嵌入外部创新生态系统和构建企业创新生态战略，成熟期科技型企业更需要推进企业创新生态系统演化。创新生态系统演化对科技型企业发展的影响，体现为强调以外部开放和内部学习激发企业创新变革，使得生态系统不

断从外部吸收新的创新伙伴、创新知识资源，形成新的认知和能力变异，并孕育创造出新关键技术和产品；强调以新关键技术和产品实现原生态系统基础上的吐故纳新和整个生态系统的再创造，从而可能形成更高级、更具活力的全新创新生态系统。基于复杂适应系统理论认知，这是一个从混沌环境到系统感知、适应学习、突变、涌现到再次稳定的过程，也是适配外部产业环境变化，甚至创造引领产业结构演进的过程。生态学上的突变体现了不连续性，因而创新生态系统的超越自我式演化是一种非连续性演化，是再造内部异质性资源能力、形成新外部生态协同能力的过程，它将易于促进企业与外部变革环境的动态适应，促进企业能力的变革再造。除此之外，由于企业的生命周期是循环演进的，它也将可能在生态系统所承载的资源能力演化中不同程度地影响企业自身新一轮的创新孵化生长，并在演化中通过对外部相关利益群体和创新要素的调整，形成更为强大的外部协同共生能量。

根据以上理论分析，研究提出以下假设：

H3 相比于其他创新生态战略，在成熟期最主要体现为创新生态演化对科技型企业自身的孵化生长、外部的共生整合、环境适应的变革再造竞争优势的显著性影响。

综合以上分析与假设，构建生命周期内创新生态系统与科技型竞争优势影响关系的概念模型，如图 3.3 所示。

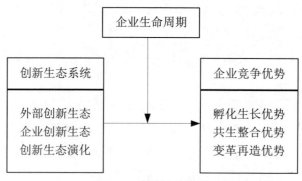

图 3.3　基本概念模型

3.4 实证研究设计

3.4.1 数据收集

为了保证数据收集质量和研究的可靠性,研究问卷的发放对象主要为熟知本企业发展战略和经营状况者,如企业创建者、企业高层管理人员、核心产品项目负责人、研发经理或业务技术骨干等。问卷主要采取以下渠道发放,一是通过本学校历届 EMBA 班成员直接或邮件发放,二是课题组成员实地访谈和调研期间直接向企业发放,三是通过与有关部门合作,委托京津冀地区的科技园区发放,四是通过同学和朋友有针对性地发放。研究共发放问卷 1 100 份,回收问卷 913 份,其中剔除填写信息不完整和企业年龄为 2 年以下的问卷 62 份,最后得到有效问卷 851 份,有效回收率为 77.4%,样本分布如表 3.1 所示。

表 3.1 样本分布情况统计

类别	题项	频数	占比 /%
企业年龄	3~8 年	334	39.2
	9~20 年	257	30.2
	20 年以上	260	30.6
企业地理位置	北京	465	54.6
	天津	220	25.9
	河北	166	19.5
企业所属产业	电子信息技术领域	457	53.7
	新材料技术领域	226	26.6
	航空航天技术领域	168	19.7

3.4.2 变量测度

根据理论假设及所构建的概念模型,研究变量主要包括"创新生态系统"和"企业竞争优势"两个核心变量。由于这些变量多不易客观化度量,研究采用 5 级李克特量表对变量度量,对所陈述事实的判断从完全不符合到完全符合,对应分值为 1 到 5。为了保证问卷的有效性,在正式调研前,课题组先咨询了相关企业界管理者和学界专家,进一步对变量测量指标进行了修正和完善。

（1）创新生态系统

本章 3.1.1 节的分析表明，目前学界对创新生态系统的认识并没有形成一个统一架构，而是基于所关注的个体行为、产业的整体行为或一定空间的组织群体行为等，从不同维度不同视角认识创新生态。由此，对创新生态系统架构和概念内涵认识的不统一，使其变量测度也呈现多元性。

如在创新生态环境层面，有学者把创新生态看作企业可以获得的外部环境支持，故从机会识别、资源获取和共生耦合三个方面对其进行衡量测度，当然这种测度不仅是基于生态环境本身的测度，还体现了环境对企业创新的支持关系；而更多研究则强调创新生态环境本身的要素指标构成，如从创新创业的资源体系、创新创业的支持体系和创新创业环境体系三个方面进行度量，或将创新主体、创新资源、创新环境等基础要素，以及协同共生和适应性协调的生态机制作为测度指标。在企业创新生态网络层面，有研究从生态系统核心企业视角，将开发新商业模式、吸引外部企业加入创新平台、成为技术标准的制定者、在产业协作中具有整合决策能力分别纳入测量量表，也有研究基于创新生态参与者的价值共同创造和相互依存特性，将上下游协作互补的参与者纳入测度范围。可见不同维度不同视角的创新生态测度指标、测度内容呈现较大差异性，并且作为一个相对较新的研究对象，现有的创新生态系统变量测度在结合生态理论的同时，多借鉴或参照了区域创新环境、企业创新联盟、企业创新网络测度方面的研究成果。

本研究关于"创新生态系统"研究变量，根据本章 3.1 节企业视角的创新生态系统框架界定，将其划分为"嵌入外部生态""构建企业生态"和"创新生态演化"三个维度。对"嵌入外部生态"的题项测度，主要参照陈强等（2018）对京沪独角兽企业成长环境研究中城市创新创业生态体系构成，以及借鉴李晓娣和张小燕（2018）对区域创新生态系统构成要素的指标衡量，从"嵌入到创新创业资源丰富（如人才、资本等）的体系中""嵌入创新创业服务良好（如政策、服务等）的体系中""嵌入创新创业环境良好（如文化、营商环境等）的体系中"和"嵌入创新创业网络良好（如合作伙伴、市场机会等）的体系中"四个方面进行测量。对"构建企业创新生态"的题项测度，参照柳卸林等对营造生态战略的测度，以及 Adner 和 Kapoor（2010）的企业创新生态量表，从"形成具有一定吸引力的价值命题""建立吸引企业加入的创新平台""与利益相关者形成紧密协同的网络关系"和"是产业创新平台和协作网络中的核心企业"四个方面进行测量。对"创新生态演化"的题项测度，目前可直接借鉴的研究成果并不多，故主要参照突破性创新、企业惯例演化方面的研究，从"关注外部产业变革""提出新的共同价值创造方式和协作愿景""研发形成完全不同的颠覆性技术产品""构建新的创新平台和外部协作体系"四个方面进行测量。

（2）企业竞争优势

国内外学者根据研究需要，已对企业竞争优势建立了相当多的测度指标，主要可概括为客观指标和感知指标两大方面。客观指标方面，主要以企业财务绩效值表征竞争优势，如资产收益率、产品销售利润增长率等，这些绩效指标值越高，企业的竞争优势越强。客观财务指标的好处在于数据容易收集度量、可信度高，但是也存在两方面的问题：一是客观财务绩效很难衡量企业的整体经营情况，而竞争优势是对企业全面发展情况的衡量；二是学界对将财务绩效指标等同于竞争优势的研究存在较大争议，有学者指出这混淆了竞争优势与企业绩效概念，企业的财务绩效水平并不等同于企业竞争优势，竞争优势只是一个前因变量，它不一定会产生高绩效水平。由此，感知类指标被越来越多的学者采用，并日渐成为竞争优势的主流测度指标。关于感知指标，学者们认为竞争优势是相比于竞争对手的绩效度量，是比竞争对手更好的市场表现，其内容主要包含了相对财务绩效指标和相对非财务绩效指标两类。相对财务绩效指标如比竞争对手更高的市场占有率、更高的利润增长率、更低的产品成本等。相对非财务绩效指标则使用更加广泛，如有学者从生产效率、产品质量、创新速度、市场反应速度、顾客满意度五个方面对竞争优势进行衡量，也有学者把为客户以较低成本较高性能提供服务、灵活适应变化的市场、重视客户需求等纳入测度范围，其他相对非财务绩效指标如活得好、活得久、效率、持续性、技术先进性、价值创造能力等。

综上，竞争优势的测度并没有统一指标，研究者们多是根据研究需要而有偏向性地选取。同时梳理发现，现有多数研究对竞争优势的测度并没有区分或者忽略了企业所处的生命阶段问题，而基于本章3.3节的分析，科技型企业在不同的生命阶段的发展特征和发展需求不同，其"竞争优势"的内涵与表征也将不同。因此，研究考量企业的整个生命历程及发展需求，将科技型企业的竞争优势划分为自身的"孵化生长优势"、对外部的"共生整合优势"、针对环境适应的"变革再造优势"三个维度，理论预判竞争优势的这三个维度未必等同体现于企业生命周期的每一阶段，而可能是在不同生命阶段竞争优势内涵体现与表征重点会有所不同。

"孵化生长优势"实质为积累创新内能，形成内部异质性资源能力差异，故参照计东亚（2013）对创业企业成长能力的研究和维度划分，将从"不断创新""持续生存下去""不断实现生长阶段的进阶"和"积累异质资源能力而占有一定市场地位"四个方面进行测度。"共生整合优势"实质为企业借助外部力量形成完整的市场解决方案，是一种外部协同关系差异，故参照 Adner 和 Kapoor（2010）对创新生态系统技术结构如何相互依存影响公司业绩的研究，以及 Williamson 和 Meyer（2012）对如何管理外部伙伴力量获取生态优势的研究，将从"拥有更强大的用户基础""更快速地创造更先进、价值量更高的技术产品""提供更完善、更丰富的产品应用场景"三个方面进行测度。"变革再造优势"实质为与外部产业环境相适配，是企业自身异质性资源能力和外协同关系差异的动态更新，所以将从"更新形成与外部产业环境相适配的新技术产品""围绕变革创新先发更新形成新的外部协同研发生产能力""围绕变革创新先发更新形成新产品应用场景""围绕变革创新先发更新形成新用户基础"四个方面进行测度。

3.4.3　按生命周期样本分组

根据研究设计，本研究首先按照科技型企业所处的生命周期对其进行样本分组。企业生命周期通常可分为初创期、扩张期、成熟期和衰退期，但如前所述企业衰退成因复杂，对成熟期创新生态系统的演化研究也恰是研究避免企业由成熟走向衰退的方法，因此本文仅研究企业在初创期、扩张期和成熟期的创新生态系统与竞争优势关系行为。

关于"企业生命周期"的测定与划分，根据 3.2 节关于企业生命周期的判定标准，并主要参照张美丽等（2015）对企业生命周期的判定标准与打分判定方法，选取企业的资本支出率、销售收入增长率、留存收益率与企业年限四个指标进行测定。对于初创期企业，由于自身能力有限，其销售收入增长率和资本支出水平较低，而留存收益较高，企业的发展水平与扩张程度相当有限。对于扩张期企业，相比于其他发展阶段，由于企业核心技术产品和企业战略的快速扩张性发展，其资本支出率、销售收入增长率迅速提升，而留存收益率开始迅速下降。对于成熟期企业，由于已进入稳定发展阶段，销售收入增长率趋于缓慢发展，其资本支出比率呈现下降趋势，留存收益率则开始增长，企业开始寻求机会等待进入下一个扩张期。而一般情况下，随着企业生命周期增长，企业年龄逐渐增大。

具体操作为，首先考虑行业差异，对样本按行业进行分组，然后采用 K- 均值聚类方法分行业对样本进行生命阶段划分归类。即使用 SPSS 17.0 对样本企业近三年资本支出率、销售收入增长率、留存收益率、企业年龄四个指标数据进行聚类分析，考虑以往研究中通常将企业划分为初创期、扩张期、成熟期和衰退期，故将聚类的类别数目设置为4。以电子信息技术领域行业样本为例，其最终聚类结果如表 3.2 所示。表中聚类 2 样本相比于其他 3 类样本，留存收益率相对较低，而资本支出率和销售收入增长率明显较高，尤其销售收入增长率为 37.1%。根据学者们对扩张期企业销售收入增长率通常超过 15% 的判定识别，以及结合聚类 2 样本的企业年龄 14，可认定聚类 2 样本应属于扩张期。聚类 1 样本和聚类 3 样本相比于聚类 2 样本，资本支出率和销售收入增长率较低，而留存收益率较高，结合初创期和成熟期企业特征以及样本聚类年龄，可认定聚类 1 样本应属于初创期，聚类 3 样本应属于成熟期。聚类 4 样本资本支出率、销售收入增长率和留存收益率明显低于前 3 类样本，而企业年龄最大，据此判断应处于衰退期。

表 3.2　聚类中心

聚类指标	聚类 1	聚类 2	聚类 3	聚类 4
资本支出率 /%	13.4	42.3	13.0	8.7
销售收入增长率 /%	9.7	37.1	12.9	4.5
留存收益率 /%	29.8	16.2	32.9	10.9
企业年龄 / 年	4	14	25	34
样本数	161	165	118	20

最后将不同行业聚类结果再按行业汇总，其分组结果如表 3.3 所示（由于本研究不考虑衰退期企业，表中未显示衰退期样本数量），可发现研究样本多处于初创期或扩张期，成熟期样本相对少一些。

表 3.3　样本企业的生命周期分布

	A 组：初创期企业	B 组：扩张期企业	C 组：成熟期企业
电子信息技术领域	161	165	118
航空航天技术领域	89	58	60
新材料技术领域	49	53	57
样本数量	299	276	235

3.4.4　信度与效度检验

研究采用 SPSS 17.0 对问卷数据进行信度分析，其中变量信度采用一致性指数 Cronbach'a 值来检验。如表 3.4 所示，各变量的 Cronbach'a 均大于 0.8，而初创期、扩张期和成熟期整体量表的 Cronbach'a 值分别为 0.838、0.852 和 0.805，都在可接受范围内，因此本调查获得了具有一定可信度的数据。

表 3.4　量表的信度分析

潜变量	测量 题项数	初创期 Cronbach'a 值	扩张期 Cronbach'a 值	成熟期 Cronbach'a 值
嵌入外部生态 EQ	4	0.922	0.838	0.921
构建企业生态 EG	4	0.801	0.940	0.857
创新生态演化 EY	4	0.933	0.802	0.930
孵化生长优势 AI	4	0.915	0.803	0.829
共生整合优势 AS	3	0.852	0.904	0.865
变革再造优势 AR	4	0.811	0.817	0.904
问卷整体	23	0.838	0.852	0.805

内容效度和结构效度是效度分析的主要内容。关于内容效度，本研究量表中的多数测量题项参照了以往研究，并且通过咨询学界专家和企业管理人员进行了修订完善，可以认为量表具有较高的内容效度。关于结构效度，本研究采用学界普遍认同的因子分析法，即先进行 KMO 和 Bartlett 球度分析检验，再进行探索性因子分析和验证性因子分析。

研究对初创期样本分析所得的 KMO 的值为 0.826，Bartlett 近似卡方为 4 497.229，显著性概率为 0；扩张期样本分析所得的 KMO 值为 0.825，Bartlett 近似卡方为 3 592.463，显著性概率为 0；成熟期样本分析所得的 KMO 值为 0.834，Bartlett 近似卡方为 3 625.068，显著性概率为 0。根据检验标准，由于本研究的 KMO 值都大于 0.7，且在 0.001 水平上检验显著，变量内部各测量题项之间相关性较强，适合做因子分析。研究采用主成分分析法进行探索性因子分析，基于特征根大于 1 的原则，采用最大方差法正交旋转进行因素抽取，每个生命阶段样本数据均萃取出 6 个特征根大于 1 的因子，对应于量表中的 6 个潜变量，这与理论预设相符。如表 3.5、表 3.6 和表 3.7 所示，不同生命阶段样本各观测变量在对应成分上的因子载荷均大于 0.5，累积方差贡献率分别为 75.512%、71.927%、77.046%，说明本研究的变量定义合理。

表 3.5　初创期旋转成分矩阵

	1	2	3	4	5	6
EQ1	0.812	0.098	-0.076	0.362	0.086	0.033
EQ2	0.892	0.044	-0.014	0.255	0.084	0.023
EQ3	0.871	0.058	-0.037	0.303	0.027	0.057
EQ4	0.821	0.068	0.002	0.204	-0.047	0.083
EG1	-0.066	0.747	0.082	0.067	0.049	0.216
EG2	0.119	0.731	0.088	0.009	0.073	-0.011
EG3	0.047	0.876	0.037	-0.007	0.089	0.052
EG4	0.103	0.754	0.054	-0.067	0.054	0.153
EY1	0.005	0.079	0.887	0.044	0.110	0.078
EY2	-0.049	0.070	0.921	0.055	0.041	0.045
EY3	-0.013	0.040	0.915	0.046	0.081	0.031
EY4	-0.037	0.095	0.900	0.011	0.011	-0.014
AI1	0.265	0.021	-0.018	0.894	0.062	-0.034
AI2	0.265	-0.041	0.078	0.870	0.024	0.020
AI3	0.243	-0.016	0.016	0.866	0.023	0.060
AI4	0.265	0.023	0.104	0.779	-0.047	0.059
AS1	0.083	0.074	0.080	-0.019	0.880	0.146
AS2	0.045	0.115	0.078	-0.021	0.824	0.226
AS3	-0.023	0.076	0.071	0.094	0.830	0.198
AR1	0.020	0.088	0.021	0.086	0.226	0.774
AR2	0.100	0.055	0.069	0.020	0.167	0.836
AR3	0.002	0.135	0.011	0.012	-0.021	0.745
AR4	0.065	0.121	0.036	-0.022	0.303	0.733

表 3.6　扩张期旋转成分矩阵

	1	2	3	4	5	6
EQ1	0.751	0.027	0.072	0.042	0.074	0.225
EQ2	0.753	0.152	0.092	0.093	0.063	-0.022
EQ3	0.887	0.062	0.033	0.094	0.022	0.071
EQ4	0.824	0.059	0.090	0.117	0.016	0.084
EG1	0.121	0.820	-0.027	0.110	0.373	0.046
EG2	0.080	0.900	0.006	0.128	0.213	0.069
EG3	0.067	0.887	-0.013	0.047	0.292	0.084
EG4	0.093	0.890	0.020	0.005	0.145	0.053
EY1	0.052	0.050	0.780	0.074	0.048	0.165
EY2	0.049	0.014	0.852	-0.015	-0.010	0.055

续表

	1	2	3	4	5	6
EY3	0.100	-0.015	0.741	0.103	-0.019	0.105
EY4	0.063	-0.046	0.750	0.033	0.072	0.009
AI1	0.121	0.120	0.106	0.878	0.036	0.110
AI2	0.094	0.122	0.028	0.702	0.012	0.255
AI3	0.110	0.014	-0.042	0.703	0.128	0.240
AI4	0.039	-0.001	0.110	0.787	0.015	-0.055
AS1	0.094	0.328	0.020	0.097	0.864	-0.003
AS2	0.000	0.298	0.080	0.067	0.860	0.062
AS3	0.089	0.301	0.016	0.022	0.842	0.059
AR1	0.100	-0.004	0.037	0.202	0.117	0.770
AR2	0.038	0.103	0.053	0.107	0.064	0.854
AR3	0.109	0.055	0.170	-0.045	-0.020	0.721
AR4	0.097	0.061	0.100	0.284	-0.043	0.757

表 3.7　成熟期旋转成分矩阵

	1	2	3	4	5	6
EQ1	0.872	0.066	-0.043	0.221	0.106	0.042
EQ2	0.883	0.060	-0.021	0.189	0.097	0.059
EQ3	0.908	0.075	0.027	0.115	0.045	0.102
EQ4	00.872	0.026	0.079	0.034	0.017	0.007
EG1	0.096	0.789	-0.079	-0.022	0.086	0.078
EG2	-0.007	0.850	-0.030	-0.005	0.083	-0.036
EG3	0.055	0.894	-0.031	-0.060	0.041	-0.002
EG4	0.053	0.788	0.077	0.024	0.081	-0.038
EY1	-0.010	-0.018	0.845	0.015	-0.083	0.312
EY2	0.014	-0.068	0.853	-0.047	-0.076	0.363
EY3	0.057	0.019	0.818	-0.008	-0.105	0.392
EY4	-0.001	-0.012	0.873	-0.107	-0.098	0.176
AI1	0.080	0.047	-0.027	0.877	-0.027	-0.046
AI2	0.096	-0.014	-0.044	0.843	0.004	0.060
AI3	0.122	0.030	-0.109	0.844	0.090	0.012
AI4	0.213	-0.133	0.064	0.626	-0.073	0.122
AS1	0.115	0.050	-0.084	0.005	0.896	-0.019
AS2	0.059	0.174	-0.127	0.043	0.842	0.014
AS3	0.053	0.074	-0.057	-0.052	0.881	0.084
AR1	0.059	-0.025	0.333	0.051	0.054	0.842
AR2	0.046	-0.047	0.263	0.040	0.037	0.879

续表

	1	2	3	4	5	6
AR3	0.047	0.045	0.188	0.041	-0.053	0.791
AR4	0.078	0.023	0.363	0.045	0.099	0.802

在探索性因子分析基础上，对变量结构效度进行验证性因子分析，其结果如表 3.8 所示，三个阶段的 X2/DF 分别为 1.732、1.638、1.310，在 1 到 3 范围之间，RMSEA 均未超过 0.05，其他拟合指数 GFI、NFI、TLI、CFI 指标值都大于 0.9，根据检验标准判定量表验证性因子分析模型拟合较好，可做结构方程模型检验。验证性因子分析的结果显示，观测变量在潜变量上的标准化因子载荷均大于 0.5，在 0.001 水平下显著，说明量表收敛效度较高；量表的组合信度 CR 均大于 0.7，各潜变量的平均变异数抽取量 AVE 均高于标准值 0.5，说明量表潜变量解释程度较好，即验证性因子分析结果理想，本研究关于嵌入外部生态、构建企业生态、创新生态演化、孵化生长优势、共生整合优势和变革再造优势所选取的题项内部一致性较好。

表 3.8　各变量验证性因子分析

维度	题项	初创期			扩张期			成熟期		
		因子载荷	CR	AVE	因子载荷	CR	AVE	因子载荷	CR	AVE
嵌入 外部 生态	EQ1	0.879	0.924	0.755	0.689	0.846	0.581	0.877	0.924	0.752
	EQ2	0.919			0.671			0.895		
	EQ3	0.910			0.885			0.907		
	EQ4	0.757			0.785			0.784		
构建 企业 生态	EG1	0.689	0.809	0.519	0.892	0.942	0.802	0.706	0.860	0.609
	EG2	0.628			0.922			0.810		
	EG3	0.873			0.925			0.908		
	EG4	0.668			0.839			0.675		
创新 生态 演化	EY1	0.849	0.933	0.778	0.738	0.805	0.511	0.867	0.931	0.771
	EY2	0.920			0.811			0.933		
	EY3	0.904			0.666			0.893		
	EY4	0.852			0.629			0.815		
孵化 生长 优势	AI1	0.921	0.918	0.739	0.950	0.817	0.536	0.835	0.836	0.566
	AI2	0.896			0.623			0.776		
	AI3	0.858			0.626			0.823		
	AI4	0.753			0.680			0.538		

维度	题项	初创期			扩张期			成熟期		
		因子载荷	CR	AVE	因子载荷	CR	AVE	因子载荷	CR	AVE
共生整合优势	AS1	0.848			0.925			0.871		
	AS2	0.812	0.854	0.662	0.873	0.908	0.767	0.790	0.867	0.685
	AS3	0.779			0.827			0.820		
变革再造优势	AR1	0.766			0.757			0.902		
	AR2	0.801			0.805			0.897		
	AR3	0.576	0.818	0.533	0.605	0.823	0.541	0.697	0.908	0.715
	AR4	0.756			0.758			0.868		

注：初创期 X/DF=1.732，GFI=0.906，RMSEA=0.050，NFI=0.920，IFI=0.964，TLI=0.958，CFI=0.964；扩张期 X/DF=1.638，GFI=0.901，RMSEA=0.048，NFI=0.905，IFI=0.961，TLI=0.953，CFI=0.960；成熟期 X/DF=1.310，GFI=0.908，RMSEA=0.036，NFI=0.925，IFI=0.981，TLI=0.978，CFI=0.981。

3.5 实证建模检验

3.5.1 描述性统计分析

按照企业所处的生命阶段分组后，样本企业的创新生态系统战略的描述性统计结果如表 3.9 所示。初创期嵌入外部生态的均值高于构建企业生态和创新生态演化的均值，扩张期构建企业生态的均值高于嵌入外部生态和创新生态演化的均值，成熟期创新生态演化均值高于嵌入外部生态和构建企业生态的均值。同时，初创期研究样本的孵化生长优势变量均值明显高于共生整合优势均值和变革再造优势均值，而扩张期研究样本的共生整合优势变量均值明显高于孵化生长优势均值和变革再造优势均值，成熟期研究样本的变革再造优势变量均值明显高于孵化生长优势均值和共生整合优势均值。这一定程度表明，在不同生命阶段科技型企业的创新生态战略重点和竞争优势水平存在明显差异。

表 3.9　描述性统计分析

变量	初创期样本		扩张期样本		成熟期样本	
	均值	标准差	均值	标准差	均值	标准差
EQ	3.687	0.830	2.860	0.967	2.927	0.916
EG	2.692	0.957	3.643	0.914	2.600	1.037
EY	2.804	1.037	3.193	0.840	3.511	1.130
AI	3.764	0.738	2.561	0.788	2.973	0.813
AS	2.424	0.946	3.675	0.802	2.428	0.918
AR	2.553	0.831	2.642	0.791	3.237	0.961

3.5.2　结构方程模型检验

（1）模型拟合与修正

为了检验企业生命周期内的创新生态系统战略匹配以及对科技型企业竞争优势的影响，研究建立如图 3.4 所示的创新生态系统影响企业竞争优势的初始结构模型，并使用 AMOS21.0 分别对初创期、扩张期和成熟期样本进行模型检验。

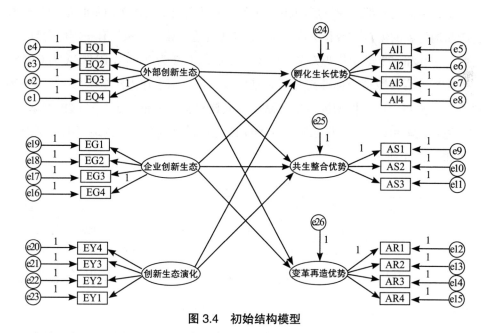

图 3.4　初始结构模型

经 AMOS 21.0 分析，样本在初始结构方程模型中的拟合指数如表 3.10 所示。分析发现，初创期拟合参数 GFI 和扩张期拟合参数 GFI、NFI 略小于 0.9，而 RMSEA 均大于 0.05。这说明初创期和扩张期模型适配度还不够好，需要进一步修正。

表 3.10　模型初始拟合指数

	X	X/DF	GFI	RMSEA	IFI	NFI	CFI	TLI
初创期	431.191	1.951	0.894	0.056	0.952	0.907	0.952	0.945
扩张期	386.206	1.748	0.894	0.052	0.953	0.896	0.952	0.945
成熟期	297.104	1.344	0.904	0.038	0.979	0.921	0.978	0.975

根据 AMOS 21.0 所列出的修正指数，对初创期的 e20 和 e23 进行修正。e20 和 e23 分别为"时刻关注外部产业变革以及可能带给企业的冲击""基于新技术产品主动构建新的创新平台和外部协作体系"两个测量变量的误差项，理论上对于科技型企业关注外部产业变革与基于新技术构建新创新平台和协作体系存在一定相关性。即企业时刻关注外部产业变革及对其可能造成的冲击，容易使企业发现自身是否偏离外部产业发展趋势，进而为了避免被市场淘汰而及时基于新技术新产品构建新的创新平台和协作体系，所以两者建立相关关系具有一定的合理性。由此对 e20 和 e23 建立共变关系，模型修正后的 GFI 为 0.896，RMSEA 为 0.055，依据结构方程参数拟合标准需对其做进一步修正。依上述方法继续对 e25 和 e26 建立共变关系，以对模型进行二次修正。同样对扩张期依次进行三次模型修正，分别建立 e24 和 e26、e7 和 e13、e16 和 e17 之间的共变关系，其最终的模型拟合指数如表 3.11 所示。

表 3.11　模型拟合指数

	X	X/DF	GFI	RMSEA	IFI	NFI	CFI	TLI
初创期	370.816	1.693	0.906	0.048	0.966	0.920	0.965	0.960
扩张期	352.646	1.618	0.902	0.047	0.961	0.905	0.961	0.955
成熟期	297.104	1.344	0.904	0.038	0.979	0.921	0.978	0.975

（2）路径分析

结构方程模型的拟合结果如表 3.12 所示，研究发现在不同生命阶段创新生态系统对科技型企业竞争优势的影响存在明显差异。

表 3.12　结构方程模型拟合结果

	路径			标准化系数	S.E.	C.R.	P
初创期	AI	<---	EQ	0.614	0.053	11.215	***
	AS	<---	EQ	0.108	0.073	1.726	
	AR	<---	EQ	0.127	0.066	1.991	*
	AI	<---	EG	-0.080	0.053	-1.525	
	AS	<---	EG	0.207	0.082	3.062	**
	AR	<---	EG	0.258	0.076	3.693	***
	AI	<---	EY	0.112	0.039	2.219	*
	AS	<---	EY	0.155	0.058	2.458	*
	AR	<---	EY	0.092	0.053	1.449	
扩张期	AI	<---	EQ	0.214	0.071	3.264	**
	AS	<---	EQ	0.027	0.049	0.491	
	AR	<---	EQ	0.196	0.062	2.809	**
	AI	<---	EG	0.193	0.070	3.104	**
	AS	<---	EG	0.636	0.057	10.593	***
	AR	<---	EG	0.157	0.061	2.381	*
	AI	<---	EY	0.144	0.089	2.152	*
	AS	<---	EY	0.062	0.062	1.098	
	AR	<---	EY	0.225	0.080	3.066	**
成熟期	AI	<---	EQ	0.337	0.079	4.735	***
	AS	<---	EQ	0.179	0.077	2.548	*
	AR	<---	EQ	0.130	0.072	2.388	*
	AI	<---	EG	-0.064	0.080	-0.913	
	AS	<---	EG	0.167	0.081	2.299	*
	AR	<---	EG	0.008	0.151	0.880	
	AI	<---	EY	-0.097	0.061	-1.407	
	AS	<---	EY	-0.179	0.061	-2.559	*
	AR	<---	EY	0.673	0.068	10.388	***

注：***p<0.001，**p<0.01，*p<0.05。

初创期科技型企业嵌入外部生态对孵化生长竞争优势的标准化路径系数为 0.614（p<0.001），达到了显著性水平，即在初创期嵌入外部创新生态系统明显有利于科技型企业突破初创期生长瓶颈，形成孵化生长优势。此生命阶段嵌入外部生态对变革再造优势的影响路径系数为 0.127（p<0.05），构建企业生态对共生整合和变革再造优势的影响路径系数分别为 0.207（p<0.01）、0.258（p<0.001），创新生态演化对孵化生长和共生整合竞争优势的影响路径系数分别为 0.112（p<0.05）、0.155（p<0.05），以上表明在初创期嵌入外部生态对变革再造优势，以及其他创新生态战略对竞争优势不同维度也都有一定影响，但其影响效应相对较弱，而嵌入外部创新生态对共生整合优势、构建企业生态对孵化生长优势、创新生态演化对变革再造优势影响路径则未通过检验。由此识别出，在初创期嵌入外部创新生态系统对企业竞争优势的影响效应最为明显，这部分验证了 H1，因为外部创新生态系统并不是对竞争优势的所有维度都影响非常明显，而主要是有利于形成孵化生长优势。

扩张期构建企业生态对共生整合优势影响的标准化路径系数为 0.636（p<0.001），达到了显著性水平，即扩张期构建以自身为核心的企业生态系统明显有利于科技型企业提升其外部协同整合能力，形成共生整合优势。而此生命阶段，构建企业生态对孵化生长和变革再造优势的影响路径系数分别为 0.193（P<0.01）、0.157（P<0.05），嵌入外部生态对孵化生长和变革再造优势的标准化路径系数分别为 0.214（p<0.01）和 0.196（p<0.01），创新生态演化对孵化生长和变革再造优势的影响路径系数为 0.144（P<0.05）、0.255（P<0.01），以上表明在扩张期构建企业生态对孵化生长和变革再造优势，以及其他创新生态战略对竞争优势的不同维度也都有一定影响，但其影响效应相对较弱，而嵌入外部创新生态和创新生态演化对共生整合优势的影响路径则未通过检验。由此识别出，扩张期构建企业创新生态系统对竞争优势的影响效应最为明显，这部分验证了 H2，因为企业创新生态系统并不是对竞争优势的所有维度都影响非常明显，而主要有利于形成对共生整合的竞争优势。

成熟期创新生态演化对变革再造优势影响的标准化路径系数为 0.673（p<0.001），达到了显著性水平，即成熟期推进创新生态演化明显有利于科技型企业适配变化的外部产业环境，形成变革再造优势。这一阶段，创新生态演化对共生整合优势的影响路径系数为 –0.179（P<0.05），出现了负向影响效应，对孵

化生长优势的影响则未通过检验，究其原因可能是成熟期的生态系统演化更强调于创新技术路径的跃迁等以构建新竞争优势，而这会对原外部整合优势造成一定程度破坏，并且这与企业的继续生长关系不大。嵌入外部生态对孵化生长、共生整合和变革再造优势的标准化路径系数分别为 0.337（p<0.001）、0.179（p<0.05）、0.170（p<0.05），构建企业生态对共生整合优势的影响路径系数为 0.167（P<0.05），以上表明在成熟期其他创新生态战略对竞争优势不同维度也都有一定影响，但其影响效应相对较弱，而构建企业生态对孵化生长和变革再造优势、创新生态演化对孵化生长优势的影响路径则未通过检验。由此识别出，成熟期推进企业创新生态系统演化对竞争优势的影响效应最为明显，这部分验证了 H3，因为推进企业创新生态演化并不是对竞争优势的所有维度都影响非常明显，而主要是有利于形成变革再造的竞争优势。

3.6 实证结果的进一步阐释

以上实证检验识别出企业生命周期内创新生态系统对竞争优势影响最为显著的三条路径，即初创期嵌入外部生态对孵化生长优势的影响、扩张期构建企业生态对共生整合优势的影响、成熟期创新生态演化对变革再造优势的影响，而其他影响路径要么没有通过检验，要么通过检验但影响效应相对较弱。这证实了企业不同生命阶段的创新生态系统战略重点及对竞争优势影响存在异质性，初创期主要通过嵌入一个既有的外部生态系统而更好地孵化生长，扩张期主要通过建构主导一个企业生态系统而协同创造更大价值，成熟期主要通过推动生态系统的不断演化而实现更好的外部环境适配。因此，不同生命阶段的科技型企业需要相应的创新生态战略与之匹配，而动态适应的创新生态系统战略将对不同生命阶段的科技型企业发展产生促进作用。

在这个过程中，企业初创期由外部良好创新生态系统的支持给养，积累初创期创新能量，"孵化"出企业内部异质资源能力差异；扩张期由企业创新生态系统整体的协同撬动，形成在资源能力差异基础上的外部生态协同关系差异；成熟期由创新生态系统的主动变革演化，以监测和引领外部产业结构演进，进而更新再造为新的内部资源能力差异和外部生态协同关系差异。研究关注创新生态系统对竞争优势关系的最主要方面，基于三条最主要的影响路径，创新生态系统对不同生命阶段科技型企业发展的影响如图 3.5 所示。

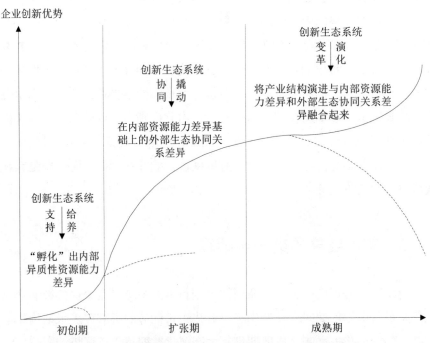

图3.5　创新生态系统作用下的科技型企业生长曲线

注：图中虚线为没有创新生态系统作用下，每个生命阶段容易出现的情况。

3.6.1　初创期重点嵌入外部支持性创新生态

（1）创新生态系统与初创期科技型企业发展的战略匹配

对于初创期科技型企业，一方面，由于自身资源和能力缺乏，尚未形成行业需求的关键技术或关键产品，此时无力对外部创新要素或创新组织产生影响，使其与自身的创新过程和创新内容协同，无法整合外部相关利益者及资源，构建一个自身主导的创新生态系统。另一方面，由于自给维持和自立成长能力较弱，创新绩效较低,需要一个类似硅谷、"北上深杭"创新生态的支持性环境和保护空间，这个环境空间就如弥漫着营养素的热带雨林环境一样，成为企业成长、建立协作网络和毁灭性创新的"孵化室"。所以，初创期科技型企业需要嵌入一个既有的外部良好创新生态系统，这个外部支持性创新生态系统可能是一个区域生态系统，也可能是一定空间内的产业生态系统，或者是兼具区域、产业特性的创新生态混合体。当然由于新生弱性，初创期企业无力对外部生态系统产生以自身为目的的主张性影响，而主要是嵌入栖息，适应性利用外部创新生态系统。

因此，基于企业初创期情境，嵌入或栖息依赖于一个预先存在的外部支持性创新生态系统，将对初创期的科技型企业发展起主导作用。

（2）嵌入创新外部生态与孵化生长优势

对于存在新生劣势和对外部环境依赖性较强的初创期科技型企业来说，既有的外部支持性创新生态系统内有着组织临近性、知识学习、创新服务、有效率的制度等"先天"外生比较优势要素，有着信息流动、战略伙伴、创新文化、专业性公司、创业资本、技术人才、创新政策、多样化需求、邻近大学的知识外溢等交织作用的外生比较优势环境。嵌入这样一个外部支持性创新生态系统内，一方面，初创期企业更容易提升对市场变化的警觉意识，挖掘新的未经证明的价值创造机会，发现可能合作的商业伙伴并提升往来频率；另一方面，易于获得初创期生存过程中所需的各类资源和知识，不仅促进其从创业萌芽到企业形态的形成，还促进其内部创新资源和能力的累积，从而提升自身创新能量，初步研发出行业需求的关键技术或关键产品。所以科技型初创企业通常会选择能为其带来生长所需的政策、资金、服务、合作者、产业集群、创新平台、金融支撑的创新环境而居。如我国建立了典型的创新生态系统"北上深杭"，设施完善、政策优惠、融资便捷、创业文化浓厚，生长出比其他区域更多的独角兽企业，初创期企业在这样的区域内可以更容易获得高水平的孵化培育绩效，更容易积累和形成自身的异质性资源和能力。同样，硅谷作为创新创业者的栖息地，不仅为栖息于此的众多新创企业在资金获取、专业服务、市场进入方面提供了便利，使其容易克服新生劣势，获得创新内能积累的速度优势，还使他们更容易接触到"飘荡在空中的行业秘诀"，创新创业者知道自己缺少什么，什么东西将出现，新的机会和科技趋势是什么，从而获得与初期创业相关的知识，使其拥有创新积累的生长优势。

所以，初创期利用已有外部创新生态系统内的比较优势要素环境，吸纳成为自己的创新基因和创新路径，这是企业克服新生劣势、获取比较优势生态组的"孵化生长"过程。由此初创期科技型企业的竞争优势主要体现为，通过嵌入栖息外部支持性生态系统，"孵化生长"出内部资源能力差异，即实现企业内部创新能量的快速积累，形成内部异质性资源能力和产业所需的关键技术产品，而这将是扩张期企业能够构建和主导一个企业创新生态系统的本源。

3.6.2　扩张期重点构建以自身为核心的创新生态

（1）创新生态系统与扩张期科技型企业发展的战略匹配

随着企业自身创新内能累积，初步拥有了行业关键技术或关键产品，随之由初创期进入扩张期。进入扩张期的科技型企业，由于在比较优势基础上的自身创新能力提升，对外部环境有了更多话语权，表现为不仅对所嵌入生态系统内的部分创新要素和创新组织产生了影响力和轴心力，还突破当前产业与空间限制，将这种影响和联系向更多外部创新体和创新要素拓展。此时，初创期的嵌入性或栖息依赖性作用将让位于市场和企业自身的外部整合协同能力，因为特定区域或产业空间嵌入性联系所固有的范围和比较优势，已无法满足企业的扩张需求。企业需要按自己的需求寻找并培养可能的合作伙伴，形成以自身技术产品为核心的整体竞争优势。因此，基于已形成的创新根基，扩张期科技型企业将协同原所嵌入生态系统内的部分创新要素和支持者，以及培养吸纳进来的产业空间外的创新要素和伙伴，形成以自身关键技术产品为核心的企业创新生态系统，以此放大企业撬动外部优越能力的合作空间。

所以从企业发展视角，扩张期的创新生态战略重点已由外部支持性创新生态系统重点演变为以自身技术产品为核心的企业创新生态系统，并对这一时期的企业发展起主导作用。这是一种主动性地利用创新生态系统的战略。

（2）企业创新生态系统与共生整合优势

对于自身生长能力已进入佳态，而急需进一步突破自身能量的有限性进而实现扩张性成长的扩张期企业来说，以自身为核心的企业创新生态系统通过外部的生态协同，将内部异质资源能力外部化，或者说以生态企业内部能力与生态网络下协同效应加杠杆的协同，扩展了对外部环境的影响力和支配力。这提升了扩张期企业的整体性创新能量，以外部生态协同关系差异放大了与竞争企业的价值创造差异,进而加大了与竞争者优劣势的分野。如进入扩张期的苹果手机,200 000 外部协同创新参与者与黑莓手机 8 000 外部协同创新参与者的巨大差异,加速了其与曾备受欢迎的黑莓手机市场吸引力的分野,2011 年苹果手机市场占有率与黑莓手机平分秋色,而 2012 年黑莓市场占有率迅速下降为 1%。事实上,构建起创新生态系统的扩张期企业,在以创新参与竞争上,其企业战略已从个人主义和原子主义转向关系、生态和系统主义。因为,市场需求趋势的快速变化、技术开发的日益复杂性以及市场方案的系统集成性,使得原子行为者的创新竞争范式正在变得不那么充分,企业的竞争优势战略需要建立相互关联的参与者网络,需要将其他经济行为者的资源、专业和能力嵌入进来。即企业的竞争力不再仅取决于它的内部能力,不再仅取决于成本和核心技术,更依赖于它与外部组织的互动协同能力,不是仅以更好的创新产品、更好的创新技术、更好的创新商业模式战胜对方获取竞争优势,而是需要围绕创新的产品、技术、商业模式或应用场景等构建生态,形成创新的生态系统,以生态系统获取整体的竞争优势。

所以,以自身关键技术或产品为核心的企业创新生态系统,它借助外部生态协同杠杆放大了企业的内部异质性资源能力差异,形成对外部环境的影响力和支配力,实现了企业整体性创新能量的提升,实现了从嵌入外部支持性生态的比较优势向主导企业生态系统的竞争优势转换。由此,扩张期科技型企业的竞争优势主要是通过构建和主导企业生态,将内部异质性资源能力与外部生态效应结合起来,形成共生整合的竞争优势生态租,体现的是在自身资源能力差异基础上的外部生态协同关系差异。

3.6.3 成熟期重点以生态演化重构创新生态

(1)创新生态系统与成熟期科技型企业发展的战略匹配

企业创新生态系统不是固定不变的,它是不断演化发展的。演化是企业创新生态系统最重要的特性之一,是生态系统惯例能动地与环境适应协调,通过主动搜寻和市场选择摒弃与当前竞争环境匹配度低的创新惯例,修正或创建为更能匹配当前市场特征的新组织惯例,以提升整个创新生态系统效能。演化一直发生于创新生态系统内,但是对于成熟期科技型企业更加强调其演化特性,因为经过长时间发展所形成的稳定为其带来主要收益的价值网络体系,在技术、价值创造方面形成一定的发展惯性和路径依赖，规模经济、协调效应、学习效应、适应性预期等因素的存在，容易使生态企业在认知、技术、行动上受制于既定的价值生态网络，使得生态系统沿着某个连续性的发展路径不断自我强化。在一定时期它的发展实现了与某一环境框架的连续性适配，但是外部变革的到来，稳固的发展惯性很难使生态企业发生突变，可能使企业生态系统被锁定在某种无效率的状态之中，进而其创新生态壁垒坍塌或不再起作用。

所以在该阶段为了继续保持创新活力，在企业外部整合协同的基础上，更加强调企业创新生态系统的变革与演化，以积极的创新生态系统演化实现创新生态系统重构。这是一种主动变革性利用创新生态系统战略，并对成熟期的科技型企业发展起主导作用。

（2）创新生态系统演化与变革再造优势

对于已处于长期稳定发展状态，且需突破现有惯性、形成变革发展新力量的成熟期核心企业来说，创新生态系统的变革适应、调节修复、协同进化等演化特性，有益于其突破成熟期的优势创新生态惯例，及时对其内部资源能力和外在整体协同能量进行更新升级，从而可以避免在生命成熟阶段渐入生命的衰退期。表现为随着外部产业环境变化，创新生态系统的不断演化将致使成熟期企业的内部异质性资源能力变异与外在生态网络重构，以此适配变革的外部产业环境，或者直接主动以生态变革引领外部产业结构的演进。这决定了成熟期企业竞争优势的持续与否，或者说决定了在外部环境激烈变革、产业技术不断被颠覆的竞争形势下，成熟期企业生态系统能否突破 S 型技术轨道和在原有技术产品基础上的"小修小补"，实现所承载的结构、行为和认知的跳跃性演化，实现生态系统在价值主张、创新网络及获取方式方面的颠覆性转变，进而形成新的价值空间。

所以，成熟期科技型企业基于其在生态系统内的核心领导者地位，引领创新生态系统的演化发展，以重构创新基因和创新路径，获取变革再造的新竞争优势生态。这是一个关注外部产业演进，以主动的内部生态演化，突破异质性资源能力转换升级门槛，并再次获取外部生态协同杠杆效应，进而实现由原竞争优势向新竞争优势转换的过程。由此，成熟期科技型企业的竞争优势主要体现为，更加关注外部产业环境对企业竞争优势的影响，以颠覆性变革演化形成与外部环境适配的新资源能力差异和新生态协同关系差异，即将以产业结构为代表的外部环境对企业竞争优势的影响、内部资源能力差异对企业竞争优势的影响和外部生态协同关系对企业竞争优势的影响融合起来，并协同演进，以变革再造为新竞争优势。

由以上阐释可知，一是随着企业不断发展，科技型企业所依赖的创新生态系统也在演变，创新生态系统战略发展和科技型企业生命周期形成一个共同演变过程。表现为随着企业生命阶段的变化，需要相应的生态系统和生态系统特性与之匹配，这将带动企业不同生命阶段的创新生态系统形态和特性的演变。即在初创期，科技型企业主要需要嵌入一个外部支持性创新生态系统，在扩张期则重点构建以自身为核心的企业创新生态系统，在成熟期关键是推进企业创新生态系统的演化。二是不同生命阶段的科技型企业竞争优势内涵与表征重点有所不同，企业生命周期与创新生态系统的共同演变过程推动了企业竞争优势三次大的转换，初创期由新生劣势到获取比较优势，这是嵌入一个适应性利用外部生态获取孵化生长优势的过程；扩张期由比较优势转化为竞争优势，这是一个通过协同外部生态力量获取共生整合优势的过程；成熟期由原竞争优势再造成为新竞争优势，这是以生态演化重构创新生态系统获取变革再造优势的过程。由此，本研究后续有两条逻辑研究线索，一条是创新生态系统的发展逻辑，另一条是企业的生命周期逻辑，而这两条逻辑交叉融合在一起共演匹配，形成本研究企业竞争优势发展的主逻辑，具体如图 3.6 所示。

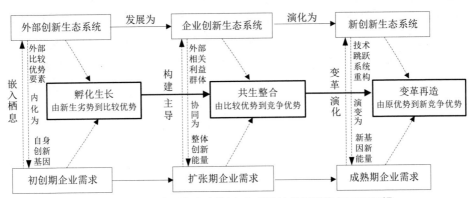

图 3.6　企业生命周期与创新生态系统的共同演化与匹配逻辑

3.6.4 基于创新生态系统的竞争优势模型构建

创新生态系统的出现改变了企业的发展战略。基于创新生态系统的竞争战略，要以生态孕育、协同共生、演化变革的生态学思维，以生态栖息、生态协同、生态演化的发展战略，应对外部竞争和环境变化。创新生态系统契合了企业不同生命周期阶段的生长及竞争优势需求，改变了人们对企业传统竞争优势的认识，改变了企业竞争优势的内涵与框架。企业竞争优势不再是产业结构、异质性资源、核心能力、知识或组织间关系的单方面优势，也不再是企业自身发展视角或相对静态视角的竞争优势。

研究关注检验识别出的创新生态系统对企业竞争优势影响的三条最主要路径。所以综合以上理论分析、实证检验和实证结果阐释，可构建创新生态系统战略下的企业竞争优势新理论模型，如图 3.7 所示。模型表明，创新生态竞争范式下企业生命周期内的竞争优势是变化发展的，是不同生命阶段引发的新竞争优势：是嵌入外部支持性创新生态系统，获取资源、机会、学习、动力的比较优势要素给养，以此突破幼期困境，初步形成关键技术和产品，从而加速企业创新内能积累，形成内部异质性资源能力差异，即对初创期企业形成了孵化生长优势；是围绕其关键技术或产品构建起创新生态系统，以此突破生长瓶颈产生协同共生能量，为市场提供更完整的竞争性解决方案，从而提升企业的整体性创新能量，形成内部差异基础上的外部生态协同关系差异，即对扩张期企业形成了共生整合优势；是突破成熟期变革演化困境，以生态系统主动变革式演化形成与外部环境适配的新技术、新产品、新解决方案和新生态系统，从而激发企业创新变革，形成产业结构演进基础上的内部资源能力差异和外部生态协同关系差异更新，即对成熟期企业形成了变革再造优势。可以说创新生态系统实现了熊彼特创新租金的升级，从一定意义上说，它将异质性资源能力、外部网络关系、产业结构融进企业的整个生命周期，为企业创造了生态租金。

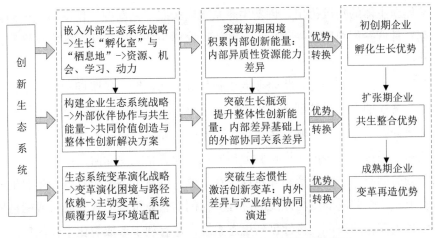

图 3.7　基于创新生态系统的企业竞争优势理论模型

以上研究，将生命周期理论纳入企业的创新生态系统与竞争优势讨论，不仅拓展了该主题的研究，更揭开了创新生态系统对科技型企业竞争优势影响的第一层"黑箱"，尤其识别出生命周期内创新生态系统影响企业竞争优势最为明显的三条路径，粗略地明确了在企业每一生命阶段主要应以什么样的创新生态战略适配，以及主要有利于形成什么样的竞争优势。研究关注问题的最主要方面，因此依据这三条最主要影响路径，初创期外部创新生态具体如何有利于形成孵化生长优势、扩张期企业创新生态具体如何有利于形成共生整合优势、成熟期创新生态演化具体如何有利于形成变革再造优势，其更加细致的影响过程和机理是什么，还需进一步在第四章、第五章、第六章分别展开深入探索。

3.7　本章小结

本章在对创新生态系统再认识和对生命周期内企业成长需求探讨的基础上，通过理论分析与实证研究，讨论了创新生态系统发展与企业成长的共演匹配关系，进而从企业生命周期视角提出了基于创新生态系统的科技型企业竞争优势理论模型。

首先，从企业视角，基于管理变革引发的组织情境、创新基因培育所需的环境情境，以及技术创新所引导的市场情境三个维度进一步解析了创新生态系统。

同时从创新主体的角度指出，创新生态系统应按照"创新源—创新组织—创新物种—创新种群—创新网络—创新生态系统"这样一条主线构建，即由点到群到网络到系统。

其次，参照已有研究，将企业的生长划分为初创期、扩张期和成熟期，并由此基于生命周期内的科技型企业生命特征，对不同生命阶段创新生态系统对企业竞争优势的影响方式、影响显著性等进行分析，提出待检验的理论假说。

最后，通过进一步的实证检验分析发现，随着企业生命阶段的发展变化，企业所依赖的创新生态系统形态和特性也在演变，创新生态系统发展和企业生命周期成长形成一个共同演变与匹配的过程。初创期企业重点体现为嵌入或栖息依赖于一个预先存在的外部支持性创新生态系统，这有利于形成孵化生长优势；扩张期重点由外部嵌入生态系统演变为自身构建和主导的企业创新生态系统，这有利于形成协同共生的竞争优势；而扩张期创新生态系统主要表现为企业创新生态系统演化，这有利于形成变革再造的竞争优势。由此，提出了基于创新生态系统的竞争优势理论模型。

第四章　创新生态系统与初创期科技型企业的孵化生长优势

初创期企业由于自身弱势和外部依赖性，既无力对外部创新要素或组织产生主张性影响，也无力构建或主导一个以自身为核心的创新生态系统。故本阶段主要是嵌入栖息于一个已经存在的外部支持性生态系统，采取适应性利用创新生态系统的发展战略，并对这一时期的企业生长起主导作用。

沿着第三章所提出的科技型企业生命周期与创新生态系统发展的共演匹配逻辑和研究脉络，本章对验证识别出的第一条主要影响路径展开细致探索，即对嵌入外部创新生态系统战略以及对初创期科技型企业竞争优势的影响逻辑进行解析。研究选取中关村创新生态系统，以及速感科技、蚁视科技和钛方科技3个典型企业案例，采用生态场方法、扎根理论和多案例研究方法，试图发现嵌入什么样的外部创新生态系统更容易促进初创期科技型企业的创新内能积累，这个创新生态系统形成了什么样的创新生态场，它又如何作用和影响初创期科技型企业的孵化生长优势。

4.1　分析框架

（1）初创期科技型企业的孵化生长障碍与外部依赖性

初创期是企业的重要发展阶段，尤其是对以创新为主要特征的新生科技型企业，他们需要通过技术产品创新等获得创建企业、进入市场和生存壮大的机会。这一阶段的企业虽灵活性、创新性较高，但企业自身力量薄弱，承受能力较差，不仅存在着"新生弱性"与"小而弱性"，还面临着外部不确定性问题，如市场、人力资源、金融资本、机会机遇等各种信息来源缺乏，对外部市场不熟悉不了解，因而经营失败的风险要高于成熟期企业。尤其对于处于新生阶段的科技创新型企业，往往深受"新进入困扰"和"外部资源约束阻碍"，在"干中学"的过程中更容易遭受失败的风险。为此，有学者强调外部环境对企业生长的影响，并将环境因素纳入影响新创企业成长的约束框架，把外部环境看作影响初创企业成长的关键性约束之一。

可以说，从种子期孕育、幼稚生长到学习稳固这一初创时期，企业自身力量较差，容易遭受支持政策、金融资本、机会机遇、市场需求、知识人才缺乏的外部发展障碍，容易受到政策、市场、社会事件、政治因素等的冲击波动，科技型企业发展带有鲜明的不确定性和脆弱性。因而，新生科技企业对外部生长环境的依赖性较高，不仅表现在新生企业对外部研发投入的依赖程度高于成熟型企业，还表现在新生企业对外部环境中创新网络的依赖性支持上，其原创性研发和持续高投资需要外部资本的及时补给，其创新过程需要外部组织和市场要素的协同支持，其创新技术产品需要外部制度激励和社会认同。由此，董晓芳和袁燕指出，初创期企业更需要一个类似"苗圃城市"的生长环境，以获得更多外部学习和搜寻机会，从外部生长环境中汲取能量，从而成功孵化、稳固生长。

因而，初创期的科技创新企业急需一个受保护的区域或产业生存空间，以此充当企业的"孵化室"或"苗圃成长基地"。正如学者们所分析，对很多这样的中小微企业来说，外部环境对它们成长的影响远大于企业家进取心和创造力的影响。但是，处于该发展阶段的企业往往高度依赖创新创业个人和企业家精神，而忽略了所孕育栖息的区域环境对企业的生长孕育作用，因而造成外部环境生长障碍，进而影响企业内部生长，甚至会消亡。

（2）初创期科技型企业的孵化生长优势

初创期科技型企业不在于以绝对的市场占有率和经营绩效超越竞争对手，而在于能够不断突破初创期生长障碍，积极获得外部环境中比较优势的要素给养，加速创新内能积累，为企业后续壮大并进入扩张期做好准备。因此，初创期科技型企业的生长优势从创新的发育形式上，体现为能够顺利实现从创新基因到创新细胞再到创新器官和创新组织的生长形态转变。从代表企业创新的主体上，体现为能够顺利实现从技术人员、管理人员、销售人员或大学生到创业者，再到中小微企业家和企业成员的角色形态转变。从企业的演变过程上，体现为能顺利实现从团队组织到起草商业计划书和融资创建，再到步入正轨上市发展的阶段转变，从灵感机会到研发探索再到形成关键技术或产品的产出形态转变。因而，与扩张期和成熟期企业的竞争优势相比，初创期科技型企业生长优势的衡量具有特殊性。一方面，企业的生长是一个过程，通常的横截面会计数据无法准确衡量企业的生长绩效，因而应考虑生长过程能力的衡量，即向高级发展阶段的跃迁能力；另一方面，初创期科技型企业往往还很难具备成熟企业所构建的核心竞争优势，因而由于所处的阶段性特点，不着重考虑相对于其他企业的竞争力，而应侧重考虑企业自身的生存能力、未来成长能力、基于现在和未来的占位突破能力，当然，科技型企业的创新能力贯穿企业发展的始终。

　　基于此，第三章对孵化生长优势的测度研究，并结合借鉴计东亚（2013）对创业企业成长能力的研究，将初创期科技型企业的生长优势构建为不断创新、持续生存、占位突破、阶段跃迁四个方面。不断创新优势表现为以创新为主要特征的企业的创新发展能力，通过知识学习和技术合作，能够不断地产生微创新或突破性创新，即持续地改进原有产品与技术，碰撞出新的思想和方法，实现新技术、新产品和新商业模式的突破。持续生存优势表现为在创立初期的高风险阶段，能够解决资源缺乏、现金断流、市场进入困难、风险控制等企业生存所必要问题，绕过企业倒闭危险而持续发展下去。占位突破优势表现为企业能够准确识别和逐步占有市场、技术和社会网络生态位，并且有力消除初创阶段的突破限制性生长因素，在技术、产品、市场等方面形成重要的发展能力，在基于外生比较优势基础上不断提升自身内部异质性资源能力。阶段跃迁优势表现为初创期企业能够顺利渡过企业死亡谷，成功将创意、思想、理念转化为行动，成功搭建起企业框架将技术和知识转化为产品，成功实现市场、社会关系等的稳固，即能够从种子期孕育到幼稚生长到学习稳固阶段的顺利跃迁，并为进入扩张成长期做好充分准备。

　　事实上，初创期科技型企业不断创新、持续生存、占位突破、阶段跃迁的竞争优势最终体现为企业能够积累起内部异质性资源能力，初步形成自己的关键技术或关键产品，实现从新生劣势到比较优势的转变，从而为进入扩张期做好准备。

（3）自然生态环境中的生态场

自然生态环境是一个生物体之间、生物体与环境间相互作用的空间，生物体正是在这样一个相互作用的空间里孵化成长。但是，经典生物学理论却一直无法完全满意地解决生态系统的核心问题，即生物之间、生物与环境间的相互作用问题。20 世纪 80 年代，生态学家们受物理学中的场理论启发，意识到生物之间、生物与环境间之所以能发生作用是因为生物体周围存在着一种或几种与生命活动紧密联系的场，美国著名生态学家 Hsin-Iwu、Sharpe、Walker 等于 1985 年首次提出了"生态场"概念，并建立了生态场理论。之后部分学者对生态场进一步展开讨论，其主要观点为生态场是生物之间以及生物与生态环境之间相互作用的时空范围，是由生物体的生命活动所引起的综合生态效应的空间分布，生态场的研究内容包括了生态势、生态场强、生态场作用范围等。生态场包括动物、植物、微生物等生物因子和温度、光照、矿质元素、水分等非生物因子，同时它具有混沌性、弥散性、叠加性和可感知性，而其弥散性和叠加性是生物间相互作用的根源，不同生物体对生态场的响应是不一样的，即生物体基因是过程的内因，生态场是过程的外因。生态场为描述生物之间以及生物与其生境之间的相互作用提供了新途径，因此有生物学家指出生态场理论可从根本上解决自然生态环境内要素之间的相互作用问题。虽然因为认识的偏差和生态场模型建立的困难性等问题，近十几年学界对生态场理论的探讨不是很多，但它却为生物与环境的相互作用关系研究提供了新的思路。

（4）分析框架

初创期科技型企业的孵化生长是一个基于微观决策并嵌入空间经济环境的动态过程，会受到多方面因素影响。从微观看，科技型企业孵化生长优势的取得内生于企业拥有的资源、机会和企业家能力，但是企业所生存的外部空间环境同样也会对企业初期成长形成无法逃避的外部影响和约束。空间内各种经济、社会、文化等因素与企业生长进程息息相关，如果企业生存的具体空间内缺乏有利于创新创业的环境，即使企业拥有好的内生天质，外部环境约束也可能会阻碍企业的孵化生长。

环境对企业影响的传统理论认为，企业发展应选择和追求低成本环境，但是诸多科技企业发展的实践证明，在以创新带动增长的高产值经济环境下并不适用。因为对于初创期科技型企业，技术技能的获取、知识成果的取得转化、新产品的研发与市场化会带来巨额成本，因而根植于一个接近人才、接近知识技术和战略伙伴、接近同类型企业的外部创新环境，比仅拥有低工人工资、低土地价格、低成本原材料的传统区域更加重要。一项针对硅谷互联网企业的调研发现，基础设施完备、人力资本丰富可得、邻近关键企业、邻近高校和研究机构、易于获取金融资本的地理区域对成长型企业形成生长优势作用明显。

嵌入栖息于外部良好创新生态系统可促进初创期科技型企业的孵化生长，但到底是具有什么特性的外部创新生态系统才能够促进企业生长，它又是如何作用于初创期科技型企业的？研究初步认为，那些能够满足科技型企业初期生长需求的外部创新生态系统，应该是有着不同于一般创新环境的生态构成。并且根据对自然界生态场理论的理解，同样可以认为基于一定生态要素机制的外部生态系统内存在创新生态场，探寻所嵌入外部创新生态系统对创新主体的成长作用机理，同样也可引入经典生物学理论之外的生态场理论，它在分析系统内隐性要素、效应、关系等重要且用传统研究方法很难明晰的问题上具有明显优势。或者说，所嵌入的外部支持性创新生态系统正是以创新生态场作用于初创期科技型企业，促进其不断创新、持续生存、占位突破和阶段跃迁，加速其由新生劣势向比较优势转变，以实现内部异质性资源能力积累。基于此，本章推导出如图 4.1 所示的分析框架。

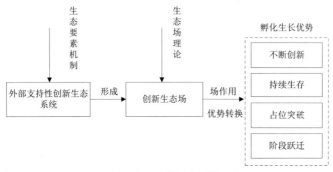

图 4.1　本章分析框架

4.2　研究设计

4.2.1　研究方法

本章采用生态场方法，并辅以案例分析和扎根理论展开研究。

以往研究外部创新环境对创新主体绩效的影响，主要基于所提出的若干理论假设并以计量方法进行数理验证，或者通过复杂系统、网络方法等进行分析。创新生态系统作为初创期科技型企业生长的外生因素，更加强调其生态学特征，强调以生态学思维探讨创新机理和创新关系。而作为经典生态学之外的生态场理论，被生物学界认为是一种新的生态学分析方法，它在生物体间及生物与环境的作用关系研究方面具有传统生态学理论假说所不能代替的优势。本章主要从生态学视角探讨外部支持性创新生态系统内创新要素、创新机制对初创期科技型企业的作用关系问题，更适合借鉴采用生态场方法，它比以往的数理方法更能深入挖掘外部创新生态系统对企业生长的影响机理。

当然，由于本章主要探讨外部支持性创新生态系统"是什么"和"如何"影响初创期科技型企业孵化生长优势构建，属于探索性研究，同样适合采用案例研究与扎根理论，以对研究对象进行厚实分析。但是，仅利用案例分析方法和扎根理论很难直接以生态学思维探讨生态系统内的创新作用机理和作用关系，而仅采用生态场方法则又缺乏具体的企业实践证据。综合以上考虑，本章研究采用以生态场方法为主、以案例研究与扎根理论为辅的研究方法。

4.2.2　理论取样

本章探讨外部支持性创新生态系统对初创期科技型企业生长优势的影响机理，涉及"外部支持性创新生态系统"和"嵌入外部生态系统的初创期科技型企业"。关于案例研究部分的理论取样，基于典型性、数据可取性、适配性等原则，"外部支持性创新生态系统"选取我国最具代表性的北京中关村国家自主创新示范区进行案例分析，"嵌入外部生态系统的初创期科技型企业"选取生于中关村以及成长于中关村的速感科技、蚁视科技和钛方科技3家企业进行分析。第一，中关村国家自主创新示范区是我国第一个国家自主创新示范区和高新技术产业开发区，中关村核心区不仅人才、技术、产业、企业、服务、资本等创新要素高度集聚，而且在激发企业创新创业潜能的政策制度上不断创新，其创新创业氛围浓厚，被誉为"中国硅谷"和"中国的创新雨林"。中关村既是典型的区域创新生态系统，也是完善的高技术产业生态系统，其创新生态环境为企业孵化生长提供了支持，每天约有 90 家科技型企业诞生，并出现了诸多金种子企业、瞪羚企业和独角兽企业。第二，速感科技、蚁视科技和钛方科技分别于 2014 年 7 月、2014 年 3 月和 2015 年 6 月成立于北京中关村，一家是由北航在校大学生陈震创建的以机器视觉为核心的人工智能公司，一家是由航天五院博士退学的谭政创建的专注于虚拟现实的 VR 企业，一家是由科研人员杜朝亮博士辞职创建的以智能触觉技术为核心的高技术公司。从其发展历程和发展成就来看，目前这 3 家公司均属于初创阶段，而且他们从最初的创业萌芽到公司成立再到当前一定成就的取得，都离不开中关村创新创业生态环境的支持，可以说他们是典型的生于中关村、成长于中关村，在中关村创新生态系统支持作用下成长起来的高科技创业企业。由此，案例素材适于探索"创新生态系统对初创期科技型企业的孵化生长优势作用机理"理论。

4.2.3　数据收集

关于案例探索部分的数据收集，研究采用一手资料和二手资料收集相结合的方式，并以二手资料为主。第一，中关村的可获取素材比较丰富，一手资料主要源于 2017—2019 年课题组对中关村创业大街的一系列实地调研，包括对车库咖啡、3W 咖啡孵化器的访谈调研，以及 2019 年 7 月对中关村展览馆的参观等；二手资料主要来源于中关村官方网站、历年《中关村指数》、纪录片《中关村——变革的力量》、中央电视台新闻联播和其他媒体报道等。第二，关于速感科技、蚁视科技和钛方科技的案例资料，一手资料主要来源于 2019 年课题组对 3 家企业的员工访谈，二手资料主要来源于企业官方网站、企业微博、相关新闻报道，以及媒体对创始人陈震、谭政和杜朝亮的采访等。共收集整理案例素材 13 万字。

4.2.4　信效度确保

关于案例分析部分的信效度确保，研究遵循探索性案例研究的方法过程，从以下几个方面进行信效度控制与检验。首先，研究制订了充分的调研计划，并在每次调研结束后将所得资料进行归纳整合，对于数据整理中发现的新问题及不明确之处，及时联系调研对象或通过其他途径求证；同时建立了案例数据库，按照严格的程序范式由多位分析者对数据共同编码，以此多方面保证研究的可信度。其次，对于相同问题，研究通过企业官方网站、媒体报道、现场参观、政府咨询、实地访谈等多种数据来源进行"三角测量"，并从原始数据到概念到范畴再到命题建立完整的证据链，以保证研究的构建效度。另外，课题组多次对数据分析结果进行讨论，并邀请外部专家和企业管理人员对编码结果进行修订，同时采用多案例分析法，以减少内外效度威胁。

4.3　数据分析与编码

4.3.1　数据分析策略

案例研究中数据分析是进行数据压缩和概念升华，以涌现理论框架。研究采用软件 Nvivo10，基于扎根理论的三级数据编码进行数据分析，即通过开放式编码从实践素材中提炼概念，并归纳为初始范畴；通过主轴式编码在初始范畴基础上发现范畴之间的逻辑关系，并归纳为若干主范畴；通过核心式编码将主范畴以及其他概念范畴归纳在一个理论框架下，以故事线的形式将其联系起来形成理论框架。

4.3.2　数据编码

（1）开放性编码

通过对中关村创新生态系统和 3 家案例企业资料分别逐句贴标签，并概念化编码和整合，最终整理出 150 个现象事件，进一步提炼出 87 个概念，归纳形成 28 个副范畴。开放式编码的提炼过程和开放式编码的最终提炼结果分别如表 4.1 和表 4.2 所示。

表 4.1　开放式编码形成过程举例

原始案例素材与概念提取举例	初始范畴
在这里速感科技同时和暴风魔镜、微软和英特尔等公司交流，进行相应合作，而蚁视科技容易获得与滴滴、360、花椒等合作机会（与大公司合作研发）；钛方科技积极配合知名手机厂商、PC 厂商、智能汽车厂商等优化算法，将弹性波压感触控技术用于联想 Pro13s 笔记本，打破了苹果在笔记本压感触控技术上的垄断（为大公司提供特别技术）	大公司接触机会
中关村拥有 159 家国家认定备案的众创空间，有 55 家国家级科技企业孵化器（创新孵化器）；拥有知识产权、技术转移、开放实验室、法律、财会等上千家涵盖全领域、全链条的科技中介服务资源（科技中介服务资源）；中关村有 1490 多家创投机构（创投机构）；中关村有 200 多家专业创新创业服务机构（服务创业企业及团队）	创新的专业性服务
曾就职于国外高科技公司，并成功创办我学网后，李开复创办了创新工场并成为创业导师，专门对创业企业进行孵化，目前中关村的金种子工程，集聚了行业专家、投资机构、上市公司等 50 位创业导师，创业者在孵化器内可获得专业的经验指导（经验反哺）；杨宁、曾李青、徐小平等从早期的创新人才到转为创业，从创业成功再到支持创业发掘创业人才，实现了创新创业人才的持续发展（人才循环）；雷军创业成功后，又转型成为天使投资人，如他所投资的优视科技、小米科技、拉卡拉、米聊、多玩、凡客诚品，都曾或持续获得快速发展（资本反哺）	可持续发展与不断反哺
……	……

表 4.2　开放式编码形成的概念与范畴

范畴	概念
创新的基础设施与科技条件	实验室与孵化器等创新载体、知识人才与金融资本等资源
创新的专业性服务	创新孵化器、科技中介服务资源、创投机构、服务创业企业及团队
创新的技术企业网络	大企业为骨干、中小公司为网络节点
创新的政策与法律法规	知识产权保护与法律建设、政府产业与资本等支持政策
创新的社会人文环境	社会制度、社会传统、产业发展文化
自由生长与鼓励异质	思想活跃、异质物种、自由创造、自由发展
社会关系网络与创新传导	分散网络、能量传递、机会发现、创新扩散与捕获
可持续发展与不断反哺	经验反哺、人才循环、资本反哺
创业精神与创新文化	创业热情、持续升温的创业热情、极客精神、激发创新
多密度高质量企业	内部企业集聚、外部企业联系紧密
创新存量差	创新位势差识别、创新资源的深度差距、创新资源的广度差距
模仿先进企业	攀比创新成果、技术追赶、竞争者学习、模仿先进者
正向追赶效应	超越先进企业、产品不断迭代升级、积累创业知识
创新能力缺口	无法拥有所有知识技能、资源缺乏、创新劣势

范畴	概念
知识效率缺口	产品快速更迭、市场需求快速变化、无法及时推向市场
大公司接触机会	与大公司合作研发、为大公司提供特别技术
网络细致协作	同技术互补者协作、技术单元重要补充、网络协作联系
嵌入网络的密切程度	协作关系逐渐深入、共存共生、关系微弱、关系治理
专业性服务与经验	获得重点孵化、获得隐含性创业经验与发展机会、获得技术知识资源供给
专业性服务相关性	与企业需求有关、与产业相关、创新距离
政策制度供给动力	获得政策支持、政府资本支持、政策激励
社会文化激励动力	影响创新者价值取向、影响思维判断、鼓励创业者追求自我
政治经济变革	政治变革、经济变革、产业技术革命
冲击扰动	产生机会、产生威胁、企业适应性发展、被颠覆
不断创新	创新改进、创新突破、技术创新、商业模式创新
持续生存	获得生存资本、解决资源缺乏问题、绕过企业倒闭危险
占位突破	提升自身异质性资源能力、突破限制性生长因素、市场生态位
阶段跃迁	完成种子期孕育、进入幼稚生长阶段、进入学习稳固阶段

（2）主轴性编码

为了发现数据间的深层结构和逻辑推理关系，结合场理论，并依据"因果条件→现象→脉络→中介条件→行动策略→结果"的典范模型，把开放式编码形成的28个副范畴纳入8个主范畴，分别为外部生态要素、外部生态机制、追赶竞争力、合作外溢力、专业服务力、政策文化根植力、生态场外力和孵化生长优势，具体如表4.3所示。

表4.3　主轴式编码结果

主范畴	对应副范畴
外部生态要素	创新的基础设施与科技条件、创新的专业性服务、创新的技术企业网络、创新的政策与法律法规、创新的社会人文环境
外部生态机制	自由生长与鼓励异质、社会关系网络与创新传导、可持续发展与不断反哺、创业精神与创新文化
追赶竞争力	多密度高质量企业、创新存量差、模仿先进企业、正向追赶效应
合作外溢力	创新能力缺口、知识效率缺口、大公司接触机会、网络细致协作
专业服务力	嵌入网络的密切程度、专业性服务与经验、专业性服务相关性
政策文化根植力	政策制度供给动力、社会文化激励动力
生态场外力	政治经济变革、冲击扰动
孵化生长优势	不断创新、持续生存、占位突破、阶段跃迁

（3）核心编码

主范畴外部生态要素和外部生态机制共同表明了外部支持性创新生态的核心特征，故将其归纳为"外部创新生态系统要素机制"核心范畴。而主范畴追赶竞争力、合作外溢力、专业服务力、政策文化根植力、生态场外力共同表明了外部支持性创新生态系统中的创新要素主体以类似场力的形式发生相互作用，故将其归为"创新生态场力"核心范畴。而主范畴孵化生长优势不再归入任何范畴，单独为"孵化生长优势"核心范畴。根据核心范畴之间的逻辑关系，研究构建出这样一条故事线：拥有良好生态要素与机制的外部创新生态系统，形成创新生态场，并主要以类似场的创新生态场力作用于初创期企业，使其形成孵化生长优势。编码得到最终数据结构如图 4.2 所示。

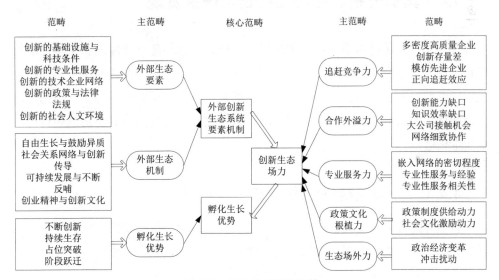

图 4.2　扎根编码数据结构

4.3.3　理论饱和度检验

关于扎根编码的理论饱和度检验，研究对中关村以及速感科技、蚁视科技和钛方科技 3 家案例企业反复进行数据的搜集和补充，并继续按照编码逻辑进行概念和范畴提炼，直到经验数据和既有文献达到吻合，不再涌现新的范畴和关系逻辑。同时，课题组还调研了中关村枭龙科技、智充科技和云道智造科技 3 个处于初创期企业，研究以这 3 家企业的案例素材进行理论饱和度检验，也没有发现新的范畴或逻辑关系。因此，上述外部支持性创新生态系统对初创期科技型企业竞争优势影响的编码结构理论上是饱和的。

4.4　案例分析、生态场构建与研究发现

首先，本章通过对中关村案例编码与分析，探索外部支持性创新生态系统的核心要素与生态机制；其次，在此基础上通过生态场方法，构建创新生态场理论及作用模型；最后，通过案例分析与生态场两种方法，探索解析创新生态场力对初创期科技型企业生长优势的作用机理，以及创新生态场作用下的初创期科技型企业生长过程。

4.4.1　外部支持性创新生态系统构成

自然界良好生态系统非同一般的要素与机制，为动植物提供了疯狂进化、繁荣生长的生存环境。类似于自然生境，能够为初创期企业带来孵化生长优势的外部支持性创新生态系统，一定也有着不同于一般创新系统的特质。北京中关村作为一个区域支持性创新生态系统，已演化为中国的创新创业雨林，这里汇聚着高浓度的创新要素，积淀形成适宜创新、激发创新、培育创新的生态机制。通过对中关村创新生态系统的分析，发现外部良好支持性生态系统的核心要素与生态机制如图 4.3 所示。

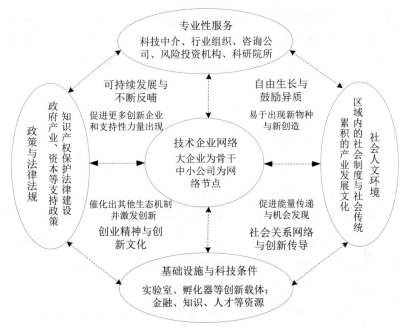

图 4.3　外部支持性创新生态系统核心要素与生态机制

4.4.1.1　外部支持性创新生态系统的核心要素

与工业经济时代不同，新经济和智能经济时代的企业发展对知识资源的要求比较高，对各类专业性服务需求、技术合作伙伴需求比较多，对创新发展所需的基础设施要求比较全，对促进创新的法律法规和人文社会环境的要求也比较强。通过数据编码，归纳出良好外部创新生态系统的核心要素主要包括创新的基础设施与科技条件、创新的专业性服务、创新的技术企业网络、创新的政策与法律法规、创新的社会人文环境几个方面。

（1）创新的基础设施与科技条件

创新的基础设施主要是指创新创业活动必需而企业或个人又无力自行解决的便利场所或设施仪器等，如中关村众多的开放实验室、工程（技术）研究中心、孵化器、教育基础设施、科研基础设施等，他们或是重要的创新载体，或是为创新过程提供重要的技术服务支撑。创新的科技条件包括了科技创新或创业所需的高密度的知识资源、人才资源和多样性金融资源，典型如中关村以清华大学、北京大学为代表的 90 余所高等学校，以中科院为代表的 400 多家骨干科研院所等，他们既是创新人才的培育基地，又是创新的知识源；区域内密集的科技型企业从业人员、4万名海归创业人才和80余万名在校大学生，则成为创新创业的中坚力量和新生力量；众多天使投资人活跃于创业大街及各类创新社区和项目路演现场，如一些大公司高管扮演着天使投资人角色，一些高校老师成为学生的天使投资人，可以说天使投资已成为中关村创新生态中的"腐殖层"。

（2）创新的专业性服务

创新的专业性服务主要指那些不直接参与创新，但却为高技术企业孵化、创办、运营提供支持的专业化服务机构。中关村作为良好的外部支持性生态，拥有1 000余家服务创业企业及团队，240多家新型孵化器，1 490多家创投机构，500多家协会联盟等社会组织，集聚了知识产权、技术转移、开放实验室、法律、财会等上千家涵盖全领域全链条的科技中介服务资源，他们为技术公司等提供专业性服务，同时也起着桥梁作用。如科技中介、专业化的营销和公共机构，通过不定期地举办会议和活动，将科研机构、大学、创业者、公司管理人员聚集在一起，促进行业内企业间的联系，促进供需衔接和研发生产合作。律师、咨询公司在提供专业化的服务同时，通常还可起到商业桥梁的作用，即将他们的客户与商业资本连接起来。风险资本家利用他们已经建立的良好信息通道，为创业者或企业推荐优秀人才，或给予经营指导。

（3）创新的技术企业网络

创新的技术企业网络既是因良好创新生态系统而集聚形成的结果，也是良好创新生态系统的重要构成要素。系统内同一技术产业、相关技术产业的大中小型创新企业，他们以大企业为骨干，以诸多中小公司为网络节点，形成广泛联系的分散性网络。网络内企业处于不同的技术节点或产业链分布，他们在空间上的网络集聚更容易产生专业化协作和交易机会。如中关村拥有的2万家创新型企业，包括70家独角兽企业、340多家上市公司和1 400多家新三板挂牌企业，他们形成了人工智能技术企业网络、计算机软件技术企业网络、移动通信技术企业网络、光电显示技术企业网络等，网络内大企业为中小企业提供资本和订单，中小企业为大企业提供某一细分领域的技术支持，企业通过与其他公司的技术网络联系，更容易获取资源和自身无法产生的新技术新方法。

（4）创新的政策与法律法规

外部支持性创新生态应包含支持性的创新政策与法律法规。即政府以各类政策和法律法规干预技术创新，对区域内的创新起到推动、引导和协调作用，是创新的催化剂。他们为创新主体营造良好的外部环境，制定相关的政策与制度，提供相关的管理和服务，引导企业、高等院校、科研机构等创新主体进行创新合作，推动重大共性技术、基础研究等层面的创新活动，直接或间接提供资本支持。典型如中关村围绕股权激励、股权转让、成果转化、税收等关键创新环节，先行先试出台了30多项试点政策；围绕创业企业发展，建立了"翼"计划、金种子企业培育工程、瞪羚企业扶持等不同类型企业支持计划；围绕产业发展，制定了人工智能、智能网联汽车等高科技产业支持政策；围绕知识产权保护，成立了中关村知识产权法庭和北京知识产权法院，并与北京市知识产权局等签署了《知识产权合作框架协议》。

（5）创新的社会人文环境

创新的社会人文环境是外部支持性创新生态系统的重要构成，也是持久影响创新发生或创新行为的重要因素。创新需要从文化层面提供精神支持，因此开放、包容、勇于实现自我价值的社会文化环境会从内部思想上影响创业个体和创新群体的创新意愿、创新动力、价值取向和意识思维，也会从外部行动上影响创新者的实践行为和方式。中关村浓厚的创新创业社会人文环境体现为，创业大街上车库咖啡、3W咖啡、天使汇、36氪、联想之星等吸引着怀揣梦想的各类人才在这里交汇碰撞，不断出现的创新创业社区，各类路演、前沿技术创新大赛、涌现出的"21岁现象"以及周边知名高校蔓延的创业热潮等，使空中四处弥漫着"创新创业味道的空气"。北京中关村成为创新创业者的精神家园。

4.4.1.2　外部支持性创新生态系统的生态机制

生态要素是外部支持性创新生态系统的最基本成分，它们共同构成生态系统的有形框架，就如热带雨林中的有机物和无机物构成了整个雨林生境的形一样。但是，并不是所有拥有复杂多样地形、高温潮湿气候、丰富雨水、类型多样土壤的区域都可以形成多产的雨林，都可以为众多生物提供"肆意"生长的生境。同样，那些试图从人才、技术、资本、良好基础设施等要素方面模仿硅谷或中关村的失败案例，说明并不是拥有经济产出基本成分的区域就能够成为硅谷，而是如何将这些要素有机组合到一起，有效"生态反应"，即形成雨林的特殊生态机制。正是这些特殊的生态机制使得创新要素在创新环境里以正确的方式集聚、混合，便于他们之间相互发现、相互连接、相互碰撞，进行创造性地由"要素"到组织架构的重组，提升效率出现创新涌现。通过数据编码，归纳出良好外部创新生态系统的生态机制为自由生长与鼓励异质、社会关系网络与创新传导、可持续发展与不断反哺、创业精神与创新文化。

（1）自由生长与鼓励异质

类比于农场生态环境，人工高度的过程精细化管理，只允许特定植物生长而不会演化变异出新的生命体来。而与此形成鲜明对比的热带雨林生态环境里，没有人工的过程精细化管理，生物可以自由疯狂生长，生物间可以发生错综复杂的生命联系，从而演化变异出意想不到的新生物，出现繁荣的雨林景观。同样，农场式创新环境里高度的控制化、精确化管理，每一发展阶段产出都有准确的目标和可控步骤及规划，容易造成创新者对不确定的慌张和恐惧，造成创新主体限制性框架内的过度竞争。而区别于农场控制式创新环境，中关村作为中国的创新雨林，"1+6"政策、"京校十条""新四条""一企一策"等不断先行先试的创新政策破除了束缚创新的思想观念与体制机制障碍，而由此形成由百度搜狐等领军企业、速感科技等新兴创业企业、陈震等众多初出茅庐而思想活跃的大学生、杜朝亮等拥有不同技术背景的海归创新创业者等异质物种构成的创新空间。所以热带雨林式的创新生境强调宽松而非管控，强调只将技术、人才、服务、资本等创新要素融合在一起，不控制特定的创新创造过程，只培育正确而适当的环境来激发创新的产生，不铲除抑制各种不可预料的未知"异质物种"，而鼓励其自由发展，鼓励在创新要素富饶的创新环境里自由创新创造。

（2）社会关系网络与创新传导

创新生态环境中的关系网络不是围绕单个企业或某一服务机构而建立的控制性网络，而是围绕产业、专业技术、社会关系而建立的分散网络。网络内通畅的传导机制可以实现创新要素的自由流动和快速集结，可以使企业对偶发事件、经济景气波动、技术浪潮保持较强的感知力和转化力，可以及时识别那些可能对社会产生颠覆性影响的创新变革，提升组织对创新活动的参与度。这体现为中关村电子信息、先进制造、环境保护、新材料、集成电路等十大行业之间形成的紧密扁平式空间联系网络，体现为在小米等众多科技企业、清华北大等高校、车库咖啡等创业空间、中科院等科研院所间形成的如合伙人、师生、同事、同学、朋友等广泛交织的关系网络，以及通过这些社会关系形成的知识、商业信息、人才、资本、行业走向等创新能量的传导流动。中关村这些广泛的社会关系网络和快速即达的创新传导，更容易激发创新的萌芽和成长，容易把每个潜在关系变成一个互惠的经济交易和交流学习，把某些经济环境变动和技术事件的出现转换为真正的增长机会。并且社会关系网络与创新传导之间相互促进，信息、物质和能量的自由流动强化了簇群社会关系网络，而密集合作的关系网络又融通了群体之间技术、机会等的传导活度，加速了创新扩散与捕获。

（3）可持续发展与不断反哺

良好的外部支持性创新生态系统通常有着强劲的可持续发展潜力，而这来自早期支持壮大起来的创新种群对系统的不断反哺，这种反哺包含了思想反哺、资本反哺、经验反哺、技术和基础设施反哺。如中关村最早期创业者柳传志以及中科院科研人员等的创新实践，使后期凝练出更多不同凡响、改变世界的创新思想，实践对思想的反哺，使生态系统内出现更多如小米、百度、旷世科技等具有引领效应的创新"灯塔"。中关村后续创业者如雷军、杨宁、徐小平等科技创业成功后，又以天使投资、风险投资等形式支持系统内的种子企业和新创企业发展，从创业者到投资人的创新循环，使新技术、新企业、新产业源源不断在中关村诞生。同时前期成功企业家们如李开复的创新梦工场等的创业孵化，以及他们在北京各高校的创业讲座、创业经验分享，在双创大赛上给予创业项目商业模式、风险规避方面的指导等，也会反哺于经验不足的创业者，这被 Hwang 等形容为"热带雨林因'免费'而繁荣成长"。而早期对新产业、新企业和新技术的培育支持，所产生的丰厚资本又以技术支持、创业基础设施改善反哺于整个中关村生态环境，进而将优秀的创新人才、优质的创新要素吸引过来。所以前期的创新力量不断反哺于所在创新生态，孕育、延续出更多的创新力量再次反哺于母体，从而形成一种良性的可持续发展循环。

（4）创业精神与创新文化

在以创新为竞争主题的时代，一定经济空间内的比较优势要素不再是天然赋予的物理要素,一定程度上已演化为素质和能力,而决定素质能力的是其背后隐藏的创新文化与创业精神,或者说文化与精神成了某一经济空间内的比较优势机制。中关村的创业精神与创新文化体现在整个区域尤其创业大街空前活跃的创业活动与持续升温的创业热情上,这催生了中关村的创客运动和黑客群体,形成了极客精神;同时注重聚会和分享的北京社交文化,以及集聚于中关村的知名投资人和投资公司对创新创业者的鼓励和包容性态度,使得中关村率先产生了创业大街、众创空间等,率先发展为中国的高质量科创集散地。所以良好的创新文化和创业精神可充分激发创新者的创造力、拓展创业者的思想疆界,它们共同构成外部支持性创新生态环境异质性核心。创新文化和创业精神抽象模糊但却极为重要,它虚泛但作为隐形的动力所释放出的影响却更加持久深刻,同时正是良好的创新精神文化才能催生出生态系统内"自由生长与鼓励异质、社会关系网络与创新传导、可持续发展与不断反哺"的其他生态机制。

4.4.2　生态系统中的创新生态场构建

根据 4.1 节自然生态环境中的生态场理论,自然生态系统作为一个诸多生态物种和系统内生态要素、生态机制间相互作用的生态空间,形成生态场。生态场内发生相互作用的生物因子,以对生物生长有影响的阳光、水分、矿质元素等非生物因子共同构成场源,生物因子间以及生物因子与非生物因子间的相互作用,将会产生生态场力。对于生物来说,生态场体现了所处外部环境下的生物生长能力,因为在生态场作用下会产生生物营养获取、发育生长、光合作用等场效应,它可能会抑制或促进生物生长。

由自然生态场理论推演,企业所嵌入的外部支持性创新生态系统,是一个创新要素、创新组织之间,以及创新要素、创新组织与创新环境相互作用的空间,包括与企业成长相关的一切要素以及要素之间的相互作用关系,可以认为创新生态系统内同样存在着创新生态场。故依据自然生态场理论,并主要借鉴王国红等关于集成创新的"知识场""成长场"的研究成果,研究尝试推演建立创新生态场。

(1) 创新生态场内涵

自然生态场既是生物间、生物与环境间相互作用的产物,又是相互作用的媒介和处所。基于外部支持性创新生态构成,生态系统内包含了创新生长的基本要素和特殊生态机制，创新生态场正是创新企业同这些生态要素间相互影响和作用的空间范围，生态机制是发生作用的重要媒介和催化剂。创新生态场为创新企业提供了分享、创造及运用知识的动态共有情境，提供了创新企业保持持续生长力所需具备的物质、网络、文化和政策环境。

外部支持性创新生态系统内强调创新要素的集聚，创新网络的构建，强调创新组织和创新要素的协同作用，以及创新资源的有效配置、组合和共享。当协同作用的创新有机体和无机要素在一定的区域空间里聚集叠加并达到一定规模，在系统中发散、相互作用和碰撞，形成某种动态的、具有指向性的场力特征时，便随着时间发展出现不同的场态效应。因此创新生态系统具有生态场特征，①强调一定的时空范围；②在一定的区域内集聚了诸多资源要素；③要素间动态地相互作用和联系，从而实现一定特征的分布。

（2）创新生态场源

创新生态场中的场源（S）是场力的源头或发起者，创新生态环境中任何层面、任何形态的（有形或无形）要素均可成为场源，按照层次可划分为创新组织、创新物种、创新种群、创新网络；按照形态可划分为有机的创新组织和无机的创新要素，即生态构成的核心生态要素都将成为重要场源，具体表现为企业、科研机构、科技中介、金融机构、政府、用户等有机的创新组织，政策、制度、基础设施、资本、实验室、文化、人才、体制等无机的创新环境。

（3）创新生态场力

创新生态场中充满着要素间的相互作用力，它源于场源因子发射出的场波，并受周围环境因素作用影响。这种力可以称之为创新生态场力（F），但与自然生态场力不同，由于创新生态系统内种类多样、功能不同的场源存在，创新生态场力更加多样。并且由于生态系统内自由生长与鼓励异质、社会关系网络与创新传导、可持续发展与不断反哺、创业精神与创新文化这些特殊生态机制的存在，将对要素间的相互作用产生催化和媒介传导的功能，这尤其有利于促进创新体生长的正向场力的产生。主要体现为不同时刻创新生态场内创新资源、创新主体间的吸附和整合，不同创新企业之间的合作、竞争、知识流动及追赶拉拨，体现为关系连接和社交网络内的学习促进，以及制度环境整体对创新创业的激励、催化。生态作用力构成了整个创新生态场的脉络神经，在不同要素场源的叠加作用下，可以引发生态场内资源优化配置、组织结构及其创新关系格局的演变，而当场内信任、目标、利益一致时，便可产生场波共振，进而迸发出巨大的场力，对包括初创期企业在内的整个创新生态体系产生深刻影响。科技型中小企业正是在这样一个复杂、交织、多变的生态场力空间中孵化、生长起来的。

（4）场内创新距离

创新生态场中的创新主体间会存在一定的创新距离（R），体现为两个创新组织间的创新差异程度，即相互之间形成创新共生体的阻碍程度，它受两者间空间距离（r_1）、网络信任距离（r_2）、能力差异（r_3）、创新相关性（r_4）、技术互补性（r_5）的影响。空间距离、网络信任距离和能力差异越小，创新距离越小；而创新相关性、技术互补性越强，创新距离越小。两个创新组织之间的创新距离可表示为公式（4.1）。

$$R = f(r_1, r_2, r_3, r_4, r_5) = \sqrt{(a_1 r_1)^2 + (a_2 r_2)^2 + (a_3 r_3)^2 + (a_4 r_4)^2 + +(a_5 r_5)^2} \quad (4.1)$$

其中，a_1, a_2, a_3, a_4, a_5 为空间距离、网络信任距离、能力差异和创新相关性、技术互补性对创新距离的影响因子。

（5）创新存量

每一个创新组织自身都拥有一定的创新存量（q），即内部资源积累。在外部叠加的场力作用下，容易出现创新能量的流动和创新主体间的碰撞、交互，可提升创新组织的内部资源积累，扩充可获得的外部创新资源。

（6）场层次

按其作用强弱，创新生态场可分为内场和外场两层。内场是由创新生态系统的内部主体基本要素叠加作用产生，它体现为内部创新主体间的契约网络关系，以及内部创新主体与内部环境间的相互影响和促进，由于内部场源的多元性和集聚性，内场空间具有更强的场势，其知识、信息、技术、成果、资源、能量流动更加频繁和迅速，网络创新力和竞争力也更强。外场一部分是内场越过创新生态系统的物理组织边界，形成的场力和场势作用范围的外延，一部分是由创新生态系统外部要素和环境作为场源产生，外场中两者相互叠加下的场力作用更加弥漫，作用对象更加动态和模糊。创新生态系统的变化发展是内场和外场相互作用的结果，随着创新生态系统的演化，其内场会延伸至外场，即体现为创新生态系统物理边界的扩张，而外场也会向更宽的范围拓展。

（7）创新生态场效应

生态场内创新要素间以力的非线性叠加方式相互作用，以人的主观能动性进行选择性感应和有目的性优化作用方向，从而促进了创新资源的集聚和组合变换，促进了创新主体的创新创造及生长变化。创新生态场的存在"活化"了创新生态环境，它使得创新生态要素间可以相互碰撞，实现由"基本要素"到组织架构的创造性重构，进而发生催化出现创新涌现，实现创新个体、创新企业的孵化生长和阶段性转变。所以，对科技型创业个体或企业而言，创新生态场作用下的场效应体现为个体生长状态、生长形态、生长阶段的转变，即生长能量的积累或生长优势的创建。

基于以上创新生态场理论，可以认为中关村这一良好支持性创新生态，其高端人才、高校院所、创业金融、企业网络、创业服务和创新创业文化等核心要素作为场源相互叠加、碰撞和连接，在破除禁锢的政策制度、为梦想而创业的双创文化、从创业者到天使投资人的反哺循环、产业企业间的松散连接等生态机制的催化下，形成了高浓度、高作用度的创新生态场。而中关村给予企业的种种孵化生长优势，主要是通过创新生态场的场力作用，并以生态效应体现出来，即产生了创业企业多产、高质量生长的场效应。

4.4.3　生态场作用机理与孵化生长优势获取

根据对中关村和速感科技、钛方科技、蚁视科技 3 家案例企业的数据编码，并结合创新生态场理论，研究将作用于企业生长过程的场力抽象综合为创新组织间追赶竞争力（F_1）、创新组织间合作外溢力（F_2）、专业网络服务力（F_3）、区域政策文化根植力（F_4）四种生态场内力，以及来自区域生态环境外部的外力（$F_外$），并建立基于生态场的初创期型企业孵化生长优势关系模型，具体如图 4.4 所示。模型表明，外部支持性创新生态系统中的基本要素与生态机制形成创新生态场。丰富的生态要素在生态机制的催化媒介作用下，以生态场力的形式将资源、知识、机会、动力作用于企业成长过程，形成企业不断创新、持续生存、占位突破和阶段跃迁的创新生态效应，它促进了科技型企业初创期创新能量的积累，形成企业的孵化生长优势。

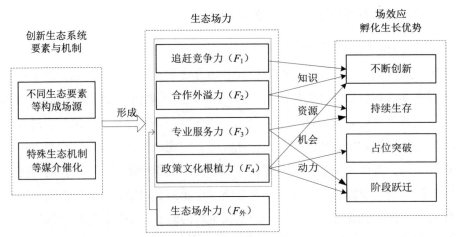

图 4.4　基于生态场的初创期企业孵化生长优势关系模型

4.4.3.1　基于知识的追赶竞争力（F_1）作用与孵化生长优势影响

中关村创新生态系统是一个充满知识的高质量空间，一方面，场内聚集着 2 万家创新型企业，创业萌芽者、初注册企业、金种子企业、展翼企业、独角兽企业等密集而交互碰撞；另一方面，系统内企业的高质量创新，使其与中关村外如硅谷、以色列等区域的高质量企业产生了千丝万缕的联系。这对栖息于中关村生态系统内的初创企业来说，更易于感知到所在产业或相近产业领域的最新发展趋势，更易于发现周边企业的知识进步与技术动向，感知到与先进者的创新差距，从而督促其不断追赶或竞争学习。如中关村作为 VR 领域创业最前沿，有布润科技、亮亮视野、第一视频、虚实科技等众多具有一定影响力的 VR 企业，而国内外企业在北京的 VR 实体体验店、新品发布会、产品推介会以及众多 VR 企业的中关村路演等，使案例企业蚁视科技可及时识别 VR 技术和 VR 商业应用发展的新动向，近距离感知布润科技、亮亮视野这些 VR 竞争企业的前沿技术与商业创想，从而发现差距和可学习之处，促使其在手机、眼镜、PC 头盔等产品上不断创新迭代出新产品。而同样在智能硬件公司云集的中关村，案例企业钛方科技对智能触觉技术有着更深入的认知和理解，易于识别苹果 3D 触控技术的先进性和产业布局，进而激励其在笔记本触觉技术上的追赶和竞争性创新，实现了弹性波技术在笔记本上的低成本应用。速感科技 CEO 陈震和他的创业团队则正是受益于中关村正在发展起来的人工智能产业和相关创新企业，对外部的知识学习、追赶竞争等使创业团队明晰了以视觉算法为载体的软硬件一体化发展思路，并沿此不断推出三维传感器模组、扫地机器人视觉传感器等创新产品。

由以上案例分析，并结合创新生态场理论，可以认为科技型创新企业密集的生态场内，不同创新体间所掌握的创新资源的深度、广度存在着差距，即创新存量不同，从而导致了多种可识别、可感知的创新位势差的存在，这种差距使得落后企业不断学习、模仿先进企业的技术、知识，吸收其先进的思想，攀比其创新成果，继而产生了创新主体间对知识追赶和竞争的场力（F_1）。它促使初创企业在追赶竞争中快速积累创业知识，在其产业核心技术产品上不断迭代升级，甚至超越先进企业，从而形成了不断创新的竞争优势。

基于生态场方法进一步分析，生态场内追赶竞争力（F_1）的大小与组织间的创新存量差（Δq）有关，根据创新存量差对追赶竞争力的影响，可如下表征 F_1 与 Δq 间的函数关系与函数曲线，具体如公式（4.2）和图 4.5 所示。

$$F_1 = f(\Delta q) = \begin{cases} f(\Delta q) \leqslant 0, \ \text{且} f'(\Delta q) > 0, \ \Delta q \in (0, \Delta q_1] \\ f(\Delta q) > 0, \ \text{且} f'(\Delta q) \geqslant 0, \ \Delta q \in (\Delta q_1, \Delta q_2] \\ f(\Delta q) > 0, \ \text{且} f'(\Delta q) < 0, \ \Delta q \in (\Delta q_2, +\infty) \end{cases} \quad (4.2)$$

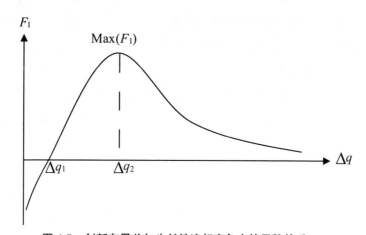

图 4.5　创新存量差与生长性追赶竞争力的函数关系

追赶竞争力与创新存量差之间的函数关系和曲线表明，当初创期企业与周边创新体处于同样发展水平或业务单元时，相互间创新存量差距较小，即在 $(0, \Delta q_1)$ 范围内时，相互间的创新生态位相似，容易引起在资源利用和相互干涉性方面的竞争，甚至是恶性竞争，此时 $F_1 \leq 0$，给初创期企业的生长带来了负效应，降低了企业的生长速度；而且创新存量差距越小，创新生态位越相似，产生的副作用力越大。因此在较小的创新存量差范围内 F_1 为负值，且是关于 Δq 的递增函数。但是，由于初创期科技型企业生长的重点在于自身知识能力的积累、新创意新技术的市场化和生长优势的构建，而不是成熟稳定期相对竞争优势的比拼和市场占比，所以对于处于初创阶段的企业来说，虽然会存在恶性竞争的可能，但其发生的可能性较小，因而对其生长产生的副作用力也较小。

当初创期科技型企业与周边创新体间创新存量差距较大时，即在 $(\Delta q_1, \Delta q_2)$ 范围内，由于彼此的接近了解而又有可供知识学习与借鉴的差距空间，在攀比心理和保持竞争优势思想的驱动下，容易引起后进者基于知识的学习性竞争，即正向的追赶效应，此时 $F_1 > 0$；且这种差距越大，所产生的追赶竞争力也越大，引发相互追赶学习行为，从而较快地提升初创期企业的知识能量和创新能力。因此，在适当创新存量差范围内 F_1 为正值，且是关于 Δq 的递增函数。它体现为相同生态场域内，企业对一定创新距离内同产业领域或相关领域竞争者的新产品发布或新技术成功的意义理解比他人更快、更深刻，因而生态场内初创期企业比外部企业能够采取更快速的知识学习或竞争超越行动。并且在良好外部支持性环境的创新生态场内，由于创新创业种群的质量和密度均较高，周边能与初创期企业发生竞争性追赶作用力的主体较多，因而容易发生的知识竞争性追赶作用力推动企业实现螺旋式不断创新增长。

当创新存量差大到 $\Delta q = \Delta q_2$ 时，追赶竞争力达到最大，随后随着存量差据 Δq 的增大 F_1 逐渐变小，即在 $(\Delta q_2, +\infty)$ 范围内，F_1 是关于 Δq 的递减函数。表明，当创新存量差距过大时，创新组织间的竞争性学习效应减弱，更多的可能体现为初创期企业作为后进者向先进者的追赶学习效应，督促其不断技术创新，缩小与先进者差距。

基于以上案例分析和生态场分析，本研究提出以下命题：

命题4.1：创新组织间追赶竞争力（F_1）基于知识学习作用于初创期科技型企业，有利于其获得不断创新的孵化生长优势。

4.4.3.2 基于知识、资源与机会的合作外溢力（F_2）作用与孵化生长优势影响

对于创新企业来说，一方面，总是无法拥有某一创新创业工程所需的所有知

识、技能和资源，即存在着创新能力缺口；另一方面，即使企业拥有所需的全部知识和资源，但由于创新的复杂性、风险性和创新产品的快速更迭性，仍无法按照市场需求快速地研发出新产品并推向市场，即存在着创新效率缺口。企业的能力缺口和效率缺口需要外部合作补足，这使中关村创新生态空间内网络集聚的大小企业，容易碰撞出多样化的专业化协作和交易机会，而这为那些社会资本缺乏的初创企业创造了同区域内外技术企业发生联系和产业链协作的契机。如中关村区域内的高技术企业基于互补能力的链接交互，使蚁视科技获得了与周边联想、360、滴滴、花椒等大小企业合作的机会，而生态场的高质量外部连接也使其有机会参与海信、英伟达、一加等外部企业的产业配套中。这不仅使蚁视科技获得了可以持续生存下来的商业资源，也使其在协作中跃升为国内外知名 AR 企业。同样，中关村生态系统作为连通全球创新源的"桥头堡"，吸引了诸多国外知名大企业来此寻找技术匹配伙伴，这使速感科技在凭借自身核心算法基础上，获得了与英特尔、Shark Ninja 等公司进行战略合作的机会，其不仅成为英特尔的官方供应商和机器人生态平台合作伙伴，还与 Shark Ninja 进行品牌战略整合，以彼此优势联手打造更多世界级机器人消费产品。所以中关村与知名大企业的多种连接，使速感科技可碰触到较多的商业机会并积累了可以持续生存的资本，合作中的知识外溢与资源积累使其可能成为工业传感器技术领军者。而栖息于中关村留学生创业园的钛方科技，凭借其弹性波智能触控技术，也以与大企业的近距离优势获得了与中关村大企业联想的合作机会，并由此成为全球第二家能够量产一体化触控板的高技术企业。

由以上案例分析，并结合创新生态场理论，可以认为不同创新型企业密集的生态场内，创新能力和知识效率缺口的出现，以及对外部机会的不断探求，会使处于生态场内的初创企业周围存在许多将其场源知识、资源、机会推向该主体的生态场力线，这使初创企业有机会与那些存在能力缺口、效率缺口的创新源进行创新匹配，即相互间产生吸附而形成了类似电场中正、负电荷间的吸引力，这种吸引力表现为生态场内企业间的密集创新协作，可称为创新协作力（F_{21}）。它使初创期科技企业在与外部协作中获取更多商业机会，积累更多市场资源，进而提升自身知识能力，从而获得持续生存和阶段跃迁的发展优势。

基于生态场方法进一步分析，不同创新组织间的创新协作力（F_{21}）可用物理学中的库仑定律表示，具体见公式（4.3）。

$$F_{21} = \eta \frac{q_i q_j}{R_{ij}^2} \qquad (4.3)$$

其中，η代表对创新协作动力的影响系数；R_{ij}的表达式见公式（4.1），表示创新组织i与j之间的创新距离，但此处R_{ij}中的系数$a_3=0$，因为创新协作能否进行往往和创新组织之间的创新能力差异关系不大，关键是两者之间的空间距离、网络信任程度、创新领域的相关性和技术的互补性，尤其网络信任程度和技术互补性对力的影响更为明显。作为合作的正向力$F_{21} \geq 0$，且当q_i、q_j一定时，R_{ij}越小F_{21}越大，即创新组织合作的可能性和默契度越大，创新合作的效益越大。这主要表现为创新生态场内，还处于初创期的中小企业，通过区域内的企业网络链，更容易同技术互补者，尤其是那些与全球伙伴和供应商接触的大公司发生联系，而这些大公司往往不会与初创型小公司发生直接的竞争，而是同它们发展复杂细致的联系，将它们作为其某一业务单元或技术单元的重要补充。在同大公司的这些联系和合作中，创业型小公司不仅获得了业务上的拓展和支持，获得持续生存下来的市场资源，还获得了与先进者学习知识的机会，以及与全球伙伴和供应商合作的可能性机会，进而提升自身的技术水平和业务能力，逐步占有一定的市场、技术和社会网络生态位，获得占位突破式发展优势。

但随着主体间创新协作的开展，会同时形成合作吸引力之外的副作用力，即合作风险力（F_{22}），它主要表现为合作过程中初创期企业由于与其合作的大企业差距较大，容易产生技术依赖风险、信息不对称风险、专用性资产投资风险、资源流失风险、收益分配不公风险等，作为协作过程中的副作用力$F_{21} \leq 0$。F_{22}的产生会抵消一部分组织间积极的合作引力，甚至有可能完全抵冲合作收益，重创企业的生长优势。合作风险力不容易定量测量，但它与网络制度的完善性、创新能力的差异性、创性关系的紧密性、创新者的道德等多方面有关。从创新协作开始其抑制企业生长的风险力就存在，只是随着协作关系的深入，这种力更加显现，但是当企业与合作的大企业间真正形成了共存共生、共同进化的关系时，合作风险力会相对弱化。

因此，创新协作的企业生长过程是吸引力与风险力动态博弈的过程，它们共同构成了创新合作外溢力（F_2），且有公式（4.4）成立。

$$F_2 = F_{21} + F_{22} \qquad (4.4)$$

对于F_2的取值，当F_{21}远大于$|F_{22}|$时，$F_2 > 0$，合作引力起主要作用，表

现为初创期企业与周边创新者尤其大企业之间形成较强的稳定共生进化关系，生态协作效应明显，获取资源、知识、机会，促进企业不断创新和占位突破，加速其孵化生长；当 F_{21} 远小于 $|F_{22}|$ 时，$F_2<0$，表现为过多的协作风险不仅完全抵消了协作收益，还产生了负效益，虽开始获得了资源和机会，但却形成路径锁定，对企业的孵化生长造成伤害；当 F_{21} 与 $|F_{22}|$ 大小相当时，F_2 接近于 0，表现为过多的协作风险抵消了协作收益，所以此时的共生关系微弱或不稳定，但由于小企业生长的需要和大企业某一业务能力补充的需求，创新者间通常会主动重新进行合作机制设计和生态场治理，以抵制风险力的产生。所以总体来说初创期企业所获取的合作外溢力主要为正向作用。

基于以上案例分析和生态场分析，本研究提出以下命题：

命题 4.2：创新组织间合作外溢力（F_2）基于知识、资源与机会作用于初创期科技型企业，有利于其获得持续生存与占位突破优势的孵化生长优势。

4.4.3.3　专业网络内基于资源、机会的专业服务力（F_2）作用与孵化生长优势影响

中关村生态系统内技术咨询、会计、法律、成果转化等领域密集的专业服务者，拥有设备、资本、营销、人才、市场等资源的专业公司，以及熟悉区域、产业技术发展的个人，构成为高技术企业服务的专业网络，他们共同将资源和机会作用于创新企业发展过程。因而相比于生态系统外企业，速感科技、蚁视科技、钛方科技等初创企业更容易获得创业所需的服务支持，如蚁视科技在公司成立的第一年就获得了红杉资本千万美元的 A 轮融资，第二年又获得高新兴 3 亿元人民币的 B 轮融资，所以中关村生态系统内丰富的资本资源帮助蚁视科技解决了在孵化期间的生存约束难题，使其由创建期的幼稚生长发展到现在的学习稳固阶段。速感科技在跃迁成长中感受到的不仅仅是中关村天使资本、风险资本的助力支持，还有清华、北航尤其是东升科技园在人才、技术、服务等多渠道全方位的资源保障体系，以及国内外权威媒体的年度榜单评选排名报道和多次商业路演经验储备机会。不断被提升的知名度使速感科技在吸引高端人才方面更有竞争力，在技术产品的销售方面更容易获得用户认可，使企业易于实现发展阶段的跃迁。同样钛方科技作为"海淀胚芽企业"，享受到了海淀创业园融资对接、产业对接、媒体宣传、政府项目申报、创业培训等专业服务，以及知投"他山苑"的重点孵化，在其资

本成长之路上获得全程陪伴式辅导。这使钛方科技不仅获得了与知名大企业对接合作的机会，积累了后续发展的资本，也使其弹性波触控技术及产品获得广度认可，实现了从当初的创业萌芽到弹性波触控技术领先者的华丽转变。

由以上案例分析，并结合创新生态场理论，可以认为创新生态场内完善的创业服务机构、众多高校院所和高端人才等作为场源，形成诸多指向创新企业的专业网络服务力（F_3）。它以资源、机会等服务作用于初创期科技企业，使企业能够获得在生态系统外不易获取的生存资本与专业服务支持，获得无法通过市场交易获取的隐性创业经验与发展机会，获得不完全竞争市场的战略要素资源，以及科技创新创业所必需的高端人才与技术知识资源供给。这使面临诸多不确定性的初创期企业不仅解决了资本生存难题，获得持续生存的发展优势，而且提高了创新成功的可能性，提升了创新效率和创新绩效，获取了阶段跃迁的竞争优势。

基于生态场方法进一步分析，假设专业性服务组织的创新存量为 q_i，它表示为专业性服务组织自身在企业咨询、市场营销、会计、法律、风险融资等方面所具有的专业性知识和服务经验，在促成企业连接、科技成果转化等方面所具有的专业能力。假设生态场中初创期企业的创新存量为 q_j，那么企业所受到的某一专业组织的专业性服务力 F_{3i} 仍可用库仑定律来表示，具体如公式（4.5）所示。

$$F_{3i} = \beta \frac{q_i q_j}{R_{ij}^2} \tag{4.5}$$

此处 β 为创业人员或创业企业嵌入专业性服务网络的密切程度，或对专业服务的有机感应度。企业和专业性服务组织间的创新距离 R_{ij} 只与公式（4.1）中的 r_4 有关，即只与专业性组织服务领域的相关性以及企业的需求性有关，相关性与需求性越强，创新距离越小。如中关村创新生态系统中的专业性服务组织主要以服务高科技企业为主，一个以传统家具制造为主的公司对他们的业务需求度较低，因而和这些专业性服务组织的创新距离相当遥远。由公式（4.5）可看出，专业性服务组织和创新企业的创新存量越大、创新距离越小，企业所受到的专业性服务力越大。

由于创新个体或企业在创新生态场中，会受到来自风险资本、会计、律师、猎头公司、咨询机构、行业组织等多方面的专业性服务力，因此企业生长过程中所受到的专业性服务总力 F_3 具体可表示为公式（4.6）。

$$F_3 = \sum_{i=1}^{n} F_{3i} = \sum_{i=1}^{n} \beta \frac{q_i q_j}{R_{ij}^2} \qquad (4.6)$$

当生态场所有专业服务力都指向企业生长方向时，专业服务合力 F_3 将加速企业生长，它将创业者思想才能与资本、人才、市场等资源结合起来，将潜在的关系转化为交易机会，使研究成果工程化、市场化，从而有力地突破初创期生长的限制性因素，促进初创科技企业渡过死亡峡谷而持续生存发展，促进其由种子期孕育到幼稚生长再到学习稳固阶段的顺利跃迁。而相反，倘若初创期科技型企业无法获得专业服务力的有效作用，无法获取外部金融资本、科技中介、会计法律等专业特性服务资源，无法获取助力企业发展的有效管理人员、战略伙伴、商业思想等战略资源，以及媒体宣传、产业对接、企业协作等机会，即使拥有最先进的技术，拥有原始性创新能力，也依然难以获得商业上的成功。

基于以上案例分析和生态场分析，本研究提出以下命题：

命题 4.3：专业网络服务力（F_3）基于资源、机会作用于初创期科技型企业，有利于其获得持续生存、阶段跃迁的孵化生长优势。

4.4.3.4　系统内基于动力、资源的政策文化根植力（F_4）作用与孵化生长优势影响

中关村鼓励创新创业的政策支持和高浓度双创文化，成为创业者"凭能力起家,凭智慧创业"的圆梦家园。因而相比于生态系统外企业，速感科技、蚁视科技、钛方科技等初创企业在中关村消除体制羁绊的政策文化环境中，更易于被浓厚的创业文化所激励，也更易于获得来自政府的政策性资源支持。这体现为覃政在中关村"科技创富""勇于颠覆"的创业精神的鼓舞下，毅然"叛逆"地从航天五院博士退学，创办蚁视科技。虽在创业初期屡遭遇融资困难，甚至其产品 ANTVR KIT 在美国著名众筹平台 Kickstarter 遭遇质疑，但整个团队仍勇于坚持而最终获得成功融资。同样，钛方科技创始人杜朝亮也是在中关村"敢为人先"的创业动力推动下，辞职创立钛方科技，投入由弹性波技术向智能触觉技术进化和产品化的持续研发中。初期整个钛方团队虽存在研发资本不足、固定办公场所缺乏等困难，但在周边不断涌现的技术创业成功故事的激励下，成功实现从研发设想到技术再到产品化的不断创新突破。而陈震则在周边同学火热的创业氛围熏陶下，在北航所在的中关村核心区域浓厚的创业文化影响下萌发创业想法，在读大

学期间就创建了速感科技。其团队坚持不懈地克服初期市场合法性不足、企业生存等发展难题，在机器视觉算法方面不断研发创新，实现了在机器人、AR、安防监控等领域的广泛市场应用。同时，3 家案例企业共同得益于中关村良好的政策环境，分别获得了政府"金种子工程"、国家创新人才推进计划、留学人员创业资助项目、系列创新创业大赛、政府外交推荐、冬奥会产品采用等政策资源支持，从而不断创新前行。

由以上案例分析，并结合创新生态场理论，可以认为中关村创新生态系统内创新创业主体与政府政策、社会文化环境的相互作用，产生了政策文化根植力（F_4）。它表现为以创新为主要特征的科技企业的种子期孕育、幼稚生长、学习稳固过程需根植在一定的政策、制度与社会文化中，根植在拥有政策支持、硬件设施完善、支持创新、勇于创新的雨林环境中。其具体又可划分为生长性政策制度供给动力和生长性社会文化激励动力。来自政府的政策制度供给力，表现为对企业创新行动、创新产品等给予的政策支持，对良好市场规范、社会制度创新、社会风气改善方面所做的努力。良好政府政策供给对创新者和创新企业产生的吸附和影响，为创新企业提供了人才、资金、政策上的资源支持，以及创新发展的政策动力，促使其获得持续生存和不断创新的发展优势。来自社会历史的文化激励动力以一种看似无形而又确实存在的力量强势介入企业生长过程，进而影响创业个体和创新企业的思维判断、价值取向及行为方式。它推动创业者挑战传统、颠覆性创新创业，鼓励创业者对自由和实现自我的追求，它为创新创业提供了社会正能量，推动其不断追求新技术、新突破，使其形成不断创新和占位突破的发展优势。

基于生态场方法进一步分析，政策文化根植力对初创期企业的影响效应，与由政策文化所集成产生的场强度有关。将整个创新生态环境里有形的政府、基础设施、资源要素，以及无形的市场制度、社会文化、机制政策等抽象集成为一个大的场源，这个集成场源对企业所产生的场力，根据场强与场力关系，可以表示为公式（4.7）。

$$F_4 = f + \omega q E^u \qquad (4.7)$$

其中，f 为和主体创新存量无关的，只要客观潜入这一生态场中即可感受到的力；ω 代表具体区域环境内承载系数，取值 0 到 1，当实际主体数量超过区域所能承载的主体数量时，系数值小于 1；q 为初创期科技企业的创新存量；E 为集成场的场强；u 为创业人员或创新企业嵌入区域社会文化、政策体制方面的紧密程度，或对环境能量的感知程度。公式表明，当场强越大、企业潜入程度越大、企业创新存量越高时，企业所被作用到的根植力越大。受场强矢量方面的影响，政策与文化作用于企业的根植力可能为正也可能为负。当区域政策与历史文化鼓励创新创造、鼓励企业成长时，作用力为正；当区域政策及政府不适当行为干预企业发展，区域历史文化拘于传统惧于失败时，作用力为负。而对于良好外部创新生态系统的生态场内，主要基于创新资源、创新动力的正向场力作用于创新企业，促使其能够越过科技企业的"死亡谷"而持续生存、不断创新，从而在技术研发、产品生产方面实现突破式发展。

当然，对于根植在一个特定生态环境中的初创期企业来说，政策文化所集成产生的场强度是一定的，所以企业可感受到的根植力与自身创新存量基本成正比。但这仅限于企业初创生长期，政策文化根植力在随着生长企业创新存量的增大而增大到一定程度时，不会再线性正相关地增长下去，而是保持原力或是以一种非常微弱的速度增长，具体如图 4.6 所示。因为在环境给予创新企业足够创新能量后，企业会在保持对原有生态环境的依赖基础上，拓展向更广阔的空间寻求发展，即不再完全根植于具体区域或空间，如中关村的许多企业在随着自身羽翼丰满后，继续根植于中关村的同时又走出中关村，构建了更广阔的事业。

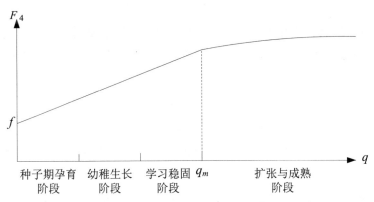

图 4.6　政策文化根植力与企业创新质量关系曲线

基于以上案例分析和生态场分析，本研究提出以下命题：

命题 4.4：政策文化根植力（F_4）基于资源、动力作用于初创期科技型企业，有利于其获得不断创新、持续生存和占位突破的孵化生长优势。

4.4.3.5 基于机会与风险的生态场外力（$F_{外}$）作用与孵化生长优势影响

外部支持性创新生态系统是一个开放的环境，其发展除了来自生态场内部的 4 种力量作用之外，还受系统外部力（$F_{外}$）的影响，它主要表现为大的经济政治变动，突破性的产业技术革命，颠覆性的商业模式出现和威胁性的竞争对手挤压等。$F_{外}$ 直接作用于生态场内各种场源，通过对创新组织、专业服务网络、政策文化等场源发出的追赶竞争力（F_1）、合作外溢力（F_2）、专业网络服务力（F_3）和政策文化根植力（F_4）的冲击影响，作用于初创期企业。外力的作用从短期看很难判断对整个创新生态环境影响的好与坏，因而也无法判断它对初创期企业生长优势的影响，但它确实会对整个生态场及内部创新企业产生大的冲击和扰动，可能是机会也可能是威胁，可能会促进生态系统内企业适应性或颠覆性的创新发展。如 3 家案例企业在 2014 年和 2015 年都分别选择了智能硬件领域作为创业方向，可是当初资本市场角逐的独角兽主要是 App、OTO 类企业，单纯的技术企业并不被看好。但随着产业变革以及全球 O2O 热度的即将褪去，VR、智能视觉、智能触觉等人工智能开始火热，这影响了中关村的资本追逐风向，影响了生态系统内的企业布局，以及政府的产业政策支持。速感科技、蚁视科技和钛方科技等不断技术研发、推出新产品、蛰伏于潜在市场，如今都恰好站在了科技风口之上，成为资本追逐、政府支持、专业组织孵化的重点企业类型，与外部产业风向的精确适配促进了这些企业的快速发展。

基于以上案例分析和生态场分析，本研究提出以下命题：

命题 4.5：生态环境外力（$F_{外}$）基于机会或风险扰动作用于生态场内力，给初创期科技型企业带来适应性或颠覆性的创新发展机会。

基于以上五个方面的分析，生态场内部来自创新组织间的追赶竞争力、合作外溢力，来自内部专业网络的服务力与来自政府社会文化的根植力，以及来自区域环境外部的扰动力共同构成创新生态场力对初创期企业孵化生长的作用模型，具体如图 4.7 所示，它推动着创新者由企业创建前的种子期孕育阶段迈向企业幼稚期的苗期生长阶段，进而进入企业少年期的学习稳固阶段。实现了初创期企业由初级发展阶段向高级发展的阶段演化，由初期劣势向比较优势的转化，从而构建起了持续生存、不断创新、占位突破和阶段跃迁的生长优势。

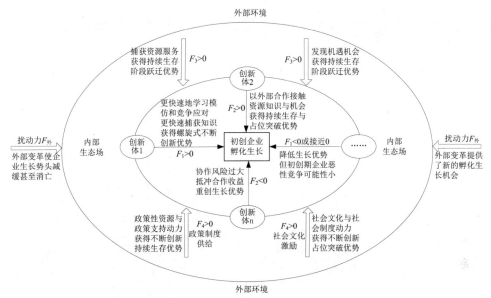

图 4.7　创新生态场力对企业孵化生长优势的具体作用模型

4.4.4　生态场作用下的初创期企业生长过程

梳理速感科技、蚁视科技和钛方科技 3 家案例企业的生长过程可知,在生态场力的持续作用下,初创期科技企业不断优化与其他主体的创新关系,获取智力财务资源与知识,获得创新物质精神动力和创新创业机会。从而积累和培育自身异质性资源能力,初步形成产业关键技术或产品,最终获得创新生态系统外无法拥有的发展式成长历程,具体如表 4.4 所示。

表 4.4　创新生态场作用下的案例企业生长过程

成长阶段	案例企业	生态场作用	主要成长事件
企业创建前的种子期孕育阶段	速感科技(2014 年以前)	创业热点变革($F_外$) 中关村浓厚的创业文化(F_4) 创业金融与创业服务(F_3)	在北航接触 SLAM 算法;萌发创业想法;获得 100 万元天使投资;与师兄成立公司
	蚁视科技(2014 年以前)	中关村浓厚的创业文化(F_4) 中关村高校科研机构的知识供给(F_3)	积累 50 多项专利;复眼光学技术诞生;博士退学创立蚁视科技

创新生态战略下的科技型企业竞争优势研究

成长阶段	案例企业	生态场作用	主要成长事件
企业创建前的种子期孕育阶段	钛方科技（2016年以前）	中关村浓厚的创业文化（F_4） 创业热点变革（$F_外$）	在北大接触到弹性波技术；意识到弹性波技术应用非常广泛；于是萌发创业想法，开始寻找合作伙伴；辞职成立公司
企业创建期的幼稚生长阶段	速感科技（2014—2016年）	东升科技园专业服务（F_3） 各类人工智能创新团队（F_1） 中关村浓厚的创业文化（F_4）	明晰视觉算法发展思路；获得创业大赛100万元现金；科技园200万美元投资；东升科技园专业化支持；技术产品产生竞争力
	蚁视科技（2014—2016年）	创业金融创业服务（F_3） 中关村浓厚的创业文化（F_4）	在Kickstarter平台众筹26万美元；获得红杉资本A轮融资、获得B轮融资；蚁视头盔及机器上市；入选最具创意人物100榜单
	钛方科技（2016—2018年）	海淀创业园专业服务与知投系重点孵化（F_3） 中关村浓厚的创业文化（F_4） 各类人工智能创新团队（F_1）	研发出弹性波大尺寸触摸屏；全国移动互联创新大赛特等奖等；完成虚拟键盘等感应模组的研发；获知投资本数千万元投资
企业少年期的学习稳固阶段	速感科技（2016年以后）	企业集聚的产业网络（F_1、F_2） 中关村浓厚的创业文化（F_4） 中关村、北航等支持（F_3）	新合作者加入；收购辰天科技；公司人才规模壮大；成为英特尔合作伙伴；完成B轮融资；被评为最具价值创业公司
	蚁视科技（2016年以后）	中关村内外连接的企业网络（F_1、F_2） 中关村政府支持（F_4）	与联想、英伟达、华硕等合作；发布蚁视VR套装2S、蚁视VR头盔2C等；获得国家副主席等接见；同三国领导人交流
	钛方科技（2018年以后）	与国内外大企业的链接（F_1、F_2） 中关村浓厚的创业文化与政府支持（F_4） 风险资本等专业服务（F_3）	北京市留学人员创业支持计划；获松禾资本等数千万元投资；与联想合作一体式Forcepad笔记本上市；全球首发TAIPS智能碰撞监测系统；北京冬奥自动驾驶巴士安装汽车智能感知系统

4.4.4.1　企业创建前的种子期孕育阶段

这一阶段，创业者的商业计划还处于孕育期，创业者需要识别创业机会，形成原创性思想或进行初始技术研发设计，定位目标市场寻求创业合作伙伴，获得天使资本支持。由案例分析可知，此时创业者或创业团体自身较小的创新存量，主要由政策文化根植力（F_4）、部分专业网络服务力（F_3）和外场力（$F_外$）驱动创新创业者发展，环境追赶竞争力（F_1）和合作外溢力（F_2）几乎为零。

主要表现为生态场内良好的创新创业政策、鼓励创新的社会文化、不断创业成功的励志故事、周边扎实肯干的创业热情对创业者或团体产生精神激励和行动督促，即来自区域政策与社会文化的政策文化根植力（F_4）对速感科技、蚁视科技和钛方科技创始人产生吸附影响，推动其付诸行动，或是博士退学，或是单位辞职，或是在校期间直接创办公司。而且创业者们在这个充满技术知识、创新创业事件的区域里更容易洞察到市场商机，识别创业机会，形成在 SLAM 算法、复眼光学技术和弹性波技术方面的原创性思想与技术，寻求到同门师兄、名校毕业生及留学生等志同道合的创业伙伴，这促进了创业孕育期的发展。但是由于此时创业者的创新存量较小，政策文化根植力（F_4）最开始主要是来自和主体创新存量基本无关的、只要客观潜入这一生态场中即可感受到的供给力和激励力，而随着孕育期创新创业者创新存量的逐渐增加和环境潜入度的增大，所能感受到的政策文化根植力（F_4）也会逐渐增大。同时，这一时期基于强关系的专业网络服务力（F_3）作用于创业者，它体现为熟悉技术研发、拥有资本渠道或拥有创业经验的老师、朋友、天使基金等，从技术、商业模式、资本支持方面助力创业者技术研发与公司搭建。而外场力（$F_外$）影响了案例企业创业者们的创业领域选择，即都判断认为人工智能领域的可能爆发，从而选择了智能硬件创业。

基于以上分析，这一时期初创期企业主要在专业网络服务力（F_3）、政策文化根植力（F_4）和外场力（$F_外$）的作用下，形成种子期孕育的孵化生长优势。

4.4.4.2　企业创建期的幼稚生长阶段

这一阶段，主要是实现由创新创业个体或团体向企业身份转变，试探性运营企业努力使其生存下来，即搭建起企业框架，将原始的技术或产品原形推向市场，并且需要借助外部人力资源、财力资源、技术及知识资源等提高企业成活率。由案例分析可知，此时处于苗期生长的企业已经拥有了一定的创新存量，除了继续由政策文化根植力（F_4）、外场力（$F_外$）驱动生长外，专业网络服务力（F_3）的作用扩大，同时追赶竞争力（F_1）开始驱动企业生长，但合作外溢力（F_2）仍几乎为零。

主要体现为企业创建和运营过程中，需要来自孵化器、会计、法律、营销、研发、管理、金融、政府等相关部门或个人的专业服务及帮助指导，即来自区域专业网络的服务力（F_3）作用开始增大，它全面驱动企业顺利创建和试运营，推动企业人才、资金等必要性资源和专业服务、经验的获取，如东升科技园、海淀留创园、知投系等对速感科技和钛方科技的专业化支持，以及风险资本的 A 轮、B 轮融资支持等。当然，此阶段由于"小规模"和"新进入"劣势，新创企业"合法性"缺乏，社会能力还没有发展起来，产生专业服务力（F_3）的场源相当一部分仍来自以情感信任为特征的强关系网络节点。政策文化根植力（F_4）继续驱动企业生长，且由于创业企业创新存量的增大和主观嵌入性的增加，政策文化根植力（F_4）不断增加，政策供给主要表现为在资金支持、对外宣传、税收优惠、成果转化、部门服务等方面为企业提供一系列的便利条件和创业引导，如中关村对钛方科技的品牌推荐、系列创新创业大赛的奖金激励、覃政入选商业最具创意人物 100 榜单的系列媒体报道等；文化激励表现为对创业挫折的鼓励、对突破性创新的社会推动。同时，追赶竞争力（F_1）开始驱动企业对周边创新企业的技术、知识等产生学习性或模仿性行动，以增加自身知识与技术存量，并且以市场生存和追赶性学习为主。如此时的速感科技、蚁视科技和钛方科技，他们在同外部人工智能创新团队的学习追赶中，研发积累了弹性波、VR、视觉算法等核心技术，并使其成功产品化。同样，处于苗期生长阶段的企业自身发展还不够稳固，产品技术还有待继续完善，市场空间还相对狭小，因而与大企业合作的机会还有待开发，故合作外溢力（F_2）的推动作用还未显现。由于这一阶段的企业非常脆弱，对外场力（$F_外$）的副作用非常敏感，外部产业扰动可能影响企业的创建进程。

基于以上分析，这一时期初创期企业主要在追赶竞争力（F_1）、不断扩大的专业网络服务力（F_3）、政策文化根植力（F_4）和外场力（$F_外$）的作用下，形成幼稚生长的孵化生长优势。

4.4.4.3　企业少年期的学习稳固阶段

这一阶段为企业的持续生长期,新创企业的核心产品或技术服务已初步形成,市场合法性开始增强,但其竞争能力有待加强。企业需要继续提升生长绩效,在保证持续生存的可能性下,为企业能进入成熟发展期积累突破发展的势能。由案例分析可知,此时初创期企业的创新存量从知识、技术、人力、社会关系等方面都有了一定增长,环境追赶竞争力(F_1)、合作外溢力(F_2)、专业网络服务力(F_3)、政策文化根植力(F_4)和外场力($F_外$)共同驱动企业发展。

主要表现为企业对周边创新行动的更多学习性、追赶性和竞争性如何应对,即追赶竞争力(F_1)开始增大,因为此阶段是企业发展的重要学习稳固期,企业在继续研发和产品完善中需通过追赶性学习捕获大量的知识和能量,以提升自己。同时,随着企业自身创新存量的增加和市场合法性的增强,企业初步形成的专而精的技术或产品往往成为大企业重要的技术补充,因而合作外溢力(F_2)开始出现并增加,它推动新创企业同网络内企业尤其与大企业发生合作联系,如钛方科技同联想合作一体式 Forcepad 笔记本上市,蚁视科技同联想、海信、英伟达、华硕、花椒等合作推出 VR 眼镜、VR 相机、虚拟现实巴士手游等,这种合作联系增强了企业的市场能力和现金能力。随着企业自身能力和社会认可度的进一步增强,除了基于强关系的专业网络服务力(F_3)外,基于弱关系的专业网络服务力(F_3)开始推动企业获得 B 轮及 "B 轮 +" 等外部风险资本的青睐,推动企业获得更专业性的技术、市场咨询等方面的服务支持和人才等资源供给,使企业有能力收购其他公司或创办子公司,以扩大发展规模和市场范围。政策文化根植力(F_4)仍有效推动企业生长,如政府通过外交对案例企业的推介,对案例企业汽车智能感知系统的采购等,但此阶段企业所感受到的力的大小开始接近顶峰,因为随着企业发展阶段的跃迁,未来企业自发展能力增强,且很可能将走出所依赖的生态系统,向更广阔的市场拓展,即企业不再仅仅依赖于所生长的原外部生态。本阶段由于企业稳固性的增加,外场力($F_外$)对企业生长的负向干扰作用在有些方面减弱,但大的市场性的经济波动、颠覆性产品技术的出现仍可能导致企业绩效降低或衰落,而整个空间生态场会产生对外场力($F_外$)干扰的响应力,从而起到保护生态场内创新主体的作用。当然,正向的外场力($F_外$)可能使企业弯道超车,直接颠覆掉在位企业的技术市场,从而快速进入扩张发展期。

基于以上分析，这一时期初创期企业主要在追赶竞争力（F_1）、合作外溢力（F_2）、专业网络服务力（F_3）、政策文化根植力（F_4）和外场力（$F_{外}$）的共同作用下，形成了学习稳固期的孵化生长优势。

4.5 本章小结

本章探讨了创新生态系统对初创期科技型企业竞争优势的影响，包括嵌入什么样的外部创新生态系统更有益于初创期企业生长，良好可嵌入的外部创新生态系统如何影响和作用于初创期科技型企业的孵化生长。

首先，探讨了外部良好的支持性创新生态系统的生态构成，即由 5 个基本生态要素和 4 个特殊生态机制构成。

其次，借鉴自然生态场理论，从创新生态场源、场力、场效应等方面构建了创新生态场理论。

最后，建立了基于生态场的初创期科技型企业孵化生长优势关系模型，提出外部支持性创新生态系统对初创期企业作用影响的 5 个基本命题，研究发现创新组织间追赶竞争力（F_1）、创新组织间合作外溢力（F_2）、专业网络服务力（F_3）、政策文化根植力（F_4）、生态环境外力（$F_{外}$）基于知识学习、资源与机会、动力与风险等作用于初创期企业，不同程度地促进了企业创建前的种子期孕育、创建期的幼稚生长、少年期的学习稳固三个阶段的发展，促进了企业自身创新能量积累，实现了持续生存、不断创新、阶段跃迁和占位突破的生长优势。

第五章 创新生态系统与扩张期科技型企业的共生整合优势

科技型企业进入扩张期，已经具有相当的资源和能力，并初步拥有了行业关键技术或产品。此时企业不仅对外部环境有了一定影响力，对其所嵌入生态系统内及外部的创新要素产生了轴心力，而且由于创新的复杂性，仅靠所嵌入外部生态系统的创新支持已无法满足企业扩张需求。企业需要以自身或其所拥有的关键技术产品为核心，协同外部广泛利益相关者，构建起具有相当话语权的企业创新生态共同体。这一时期，科技型企业通常表现为某一技术领域的核心企业，其战略重点已由所曾嵌入的外部支持性创新生态系统演变为以自身技术产品为核心的创新生态系统，并对这一阶段的企业发展起主导作用。

沿着第三章所提出的科技型企业生命周期与创新生态系统发展的共演匹配逻辑和研究脉络，本章对验证识别出的第二条主要影响路径展开细致探索，即对企业创新生态系统战略及对扩张期科技型企业竞争优势的影响逻辑进行解析。研究选取 ARM、台积电、华为和海尔 4 个典型案例，采用多案例和扎根理论研究范式进行探索，试图发现扩张期企业所构建的成功企业创新生态系统的特质是什么，这些战略特质如何形成了协同共生的创新生态能量，这些创新生态战略特质以及协同共生能量如何影响扩张期企业竞争优势构建。

5.1 分析框架

（1）复杂性创新的技术依存性

随着技术创新的复杂性越来越高，随着产业分工越来越细，以及高技术产品长而复杂的产业链分布，创新过程中从上游研发、组件互补到下游应用配套、场景构建的技术依存性更加明显。因而在创新的方式上，由过去单个企业的独立行为甚至只是企业家的偏好，越来越倾向于众多企业协同合作的网络群体行为。当前单一企业，即使是拥有关键技术或产品的核心企业也很难独自拥有完整的市场解决方案，需要围绕其核心技术产品，将研发生产、组件配套、后端应用、客户等相关利益者协同起来，形成耦合互动的技术依存结构。这个技术依存结构是由复杂性创新价值命题定义的活动配置，它需要相互作用的多边合作伙伴的协同结构来定义，以便使一个协调价值命题具体化。根据 Adner（2010）、张利飞等（2014）对创新生态系统的理解，生态系统中复杂性创新的技术依存结构如图 5.1 所示。

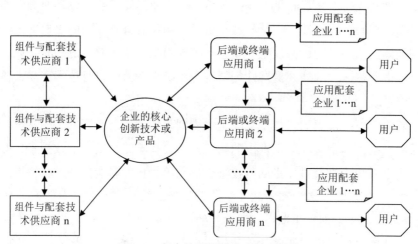

图 5.1　复杂性创新的技术依存结构

负责集成创新的核心企业起到生态网络领导者的作用，他们以复杂的创新产品、核心技术或创新平台，直接或间接将生态成员联系起来，使他们走向共同的愿景，并找到相互支持的角色。这类核心企业组织可以称为基石物种，基石物种的衰落或灭亡会对整个生态网络的生存根基、健康度、生产率产生灾难性影响。核心企业的创新存在着外部依存性，上游技术配套群落的产出作为集成创新的重要配套组件；而集成创新的产品又成为后端应用商的二次开发输入，并且要与后端应用互补配套品无缝衔接及兼容配套，才能创建应用场景和推向市场，形成用户规模。

所以复杂性创新的技术依存性，使得某项核心技术或产品的成功取决于完善的生态和生态中合作伙伴的共同努力。如现代智能手机产品的价值创造与价值实现，至少涉及四个行业的投入，包括电信（用于语音通话和文本）、计算（用于电子邮件和互联网）、媒体（用于内容）和消费电子（用于视频和照片），具体来说涉及移动通信运营商、移动电话制造商、组件和基础架构制造商、系统集成专家、虚拟运营商、软件公司、移动平台/操作系统公司，以及受益于使用该产品和服务的消费者等。事实上，在新技术时代，没有一个行业或企业能够生产出智能手机，必须有大量的公司参与和广泛的技术生态系统投入。因此复杂性科技创新企业的健康与绩效不仅受到自身能力的影响，还与生态网络内其他参与成员的竞争水平和所扮演的角色，与生态网络的整体结构、发展态势和健康度有关。

（2）本章分析框架

根据以上复杂性创新的技术依存性分析可知，科技型企业创新的过程需根植于生产网络或协同群体内，即围绕关键技术或产品形成创新生态系统。企业生态系统战略不仅强调对外部资源的有效利用，通过生态系统实现对生态圈内资产和能力的灵活而又不断重新配置，通过专业合作伙伴网络加快创新、改善服务，以此为客户提供更为复杂和完善的市场解决方案；而且更加强调生态网络中的集体行动、价值共创和互惠共赢，这是一种跨越企业和产业边界的共同发展能力，它建立在由多伙伴关系组成的整个生态网络的集体学习基础上，其生态网络的规模使得传统公司无法应对。由此，有学者认为创新生态系统创建了不同经济租，包括由异质性资源获取的李嘉图租金，由内部合作共生获取的关系租金，由动态性创新获取的熊彼特租金，由集群品牌效应获取的理查德租金。

可以说，企业创新生态系统有利于复杂性创新的实现，有利于提升企业外部能力，形成单个企业无法拥有的共同创新优势。但是，研究不应仅限于企业创新生态战略对传统竞争范式和竞争优势来源理论的颠覆性描述，而是应基于复杂性创新的技术依存性，深入探讨企业创新系统影响企业竞争优势的具体机理。参照何地等的相关研究，本章初步认为企业构建的创新生态系统应该拥有不同于供应链协作、动态联盟、虚拟企业等一般协作关系的生态特质；这种特质使得创新生态系统核心企业和生态成员间会激发碰撞出某种能量，可以称之为协同共生能量；而这种能量在企业内部异质性资源能力差异基础上，可有效提升企业的外部影响力和外部协同关系差异，产生单个企业无法形成的竞争优势效应，即共生整合竞争优势。那么，对于扩张期科技型企业围绕其关键技术或产品等所建立的企业创新生态系统，它的生态特质到底是什么？这种特质激发碰撞出了什么样的协同共生能量？所形成的共生整合竞争优势具体表现为什么？

基于对以上问题的思索，本章推导出如图 5.2 所示分析框架。

图 5.2　本章分析框架

5.2　研究设计

5.2.1　研究方法

目前，由于有关企业创新生态系统理论机制的研究尚处于初期阶段，尤其对企业竞争优势影响的探讨还属萌芽阶段，故案例研究成为企业创新生态系统问题的主流研究方法。通过典型案例，能够描述企业发展中所出现的基于创新生态的新创新范式、新企业关系、新竞争模式、新机理等，既能够精确地分析企业的创新变化又能探讨外部合作伙伴的关系演变，既能够分析企业创新生态系统的因素特质又能够分析它对企业发展的影响机理，从而对企业创新生态系统研究提供复杂性的深入洞见。如 Adner 和 Kapoor 以美国空中客车公司为例解析了企业创新生态系统的价值创造机制，Huang 和 Chen 等以中国高速铁路为例分析了基于动态核心竞争力的企业创新生态系统构建问题等。

本章探讨的是科技型企业创新生态系统与扩张期企业竞争优势的具体关系与影

响机理问题，研究对象是构建了企业创新生态系统并成长为引领者的扩张期企业，研究内容是企业创新生态系统特质"是什么"和"如何"影响扩张期企业竞争优势的构建，适宜于通过案例实践与现象归纳命题，以此构建和形成理论。而且企业创新生态系统对扩张期企业竞争优势的具体影响是一个各种因素交织在一起的非结构化过程，传统数理或计量方法很可能会遗漏掉一些重要质性数据，无法揭示材料中的逻辑线索。所以，研究采用基于扎根理论的多案例分析方法展开探讨。

5.2.2　理论取样

为了更好探究创新生态对扩张期企业竞争优势的影响，案例企业的选取主要考虑以下三点：一是进入扩张期时间相对较长或已拥有扩张期成长的主要经历，且已发展为所属领域的行业领军企业，而非刚进入扩张期，或对外战略扩张的竞争优势还未充分显现的企业；二是无论从理论界还是企业界都被公认为是典型的创新生态型企业，从而使研究论证更有说服力；三是为创新生态系统中的核心企业，即以生态战略为主导缔造了某一创新生态系统，且是这一系统的引领者和操舵手。

基于以上考虑，以及案例选取的典型性和适配性原则，研究选取已经历主要扩张式成长，创新生态战略比较典型和成功，且所处产业技术领域对生态依赖比较强的 4 家科技型企业，分别为 ARM、台积电、华为和海尔，具体如表 5.1 所示。当然，由于创新生态是一个开放的、边界模糊的系统，不同企业的创新生态系统可能会重叠交融。本研究所选取的案例企业在围绕自己的产品、技术或商业平台形成了创新生态系统的同时，很可能自身又是另一个企业创新生态系统的重要合作伙伴，如华为、台积电、ARM 之间的生态系统相互交织。但这并不影响本章对其各自创新生态战略及其竞争优势构建的影响分析。

表 5.1　案例企业介绍与企业生态战略

案例企业名称	企业简介	企业扩张期创新生态系统战略
华为	华为 1987 年成立于中国深圳，是全球著名的智能终端生产商和 ICT 基础设施提供商	华为一直致力于与上下游合作伙伴的战略协同合作，形成由合作伙伴、供应商、开源社区、标准组织、高校院所等共赢的创新生态圈。华为将自己定位于生态圈中的"土壤和能量"，其生态理念是做大蛋糕比做大自己的份额更重要、管理合作比管理竞争更重要。2018 年华为销售收入突破百亿美元，这些收入的 80% 以上来自与生态伙伴的合作

案例企业名称	企业简介	企业扩张期创新生态系统战略
海尔	海尔成立于1984年，是中国知名家电企业，目前定位于美好生活解决方案服务商	海尔注重与上下游伙伴的共赢协作，并于2012年提出生态系统战略。围绕其核心产品，形成HOPE开放式创新平台，它集聚了全球三四百万个创新资源，同时形成U+智慧生活平台、COSMOPlat工业互联网平台，将研发者、应用场景合作伙伴、用户等协同起来。2019年，海尔进入"BrandZ™全球最具价值品牌100强"
ARM	ARM于1990年创立，由原英国Acorn公司等改组创建，目前是世界领先半导体知识产权（IP）提供商	ARM形成"Partnership"开放商业模式，即以授权方式将芯片设计方案转让给其他公司，建立了一个与芯片设计商、芯片制造商、终端设备、软件服务商协同的生态系统，并且随着移动互联网的到来与谷歌的安卓操作系统结成生态联盟。这带动了ARM的快速发展，目前全球95%以上的手机都使用ARM的处理器架构，其移动市场覆盖率达85%。塑造一个能够动员和汇集知识的生态系统一直是ARM成功的核心要素
台积电	台积电于1987年在台湾成立，是全球知名半导体代工企业	台积电特殊的商业模式在于，把IC产业链中对生产工艺要求最苛刻、投资门槛最高的制造环节剥离出来，而专业从事圆晶代工。这一模式改变了IC产业的游戏规则，形成一个以圆晶代工为核心，与IP提供企业、IC设计商、EDA厂家、终端设备商等共赢的开放生态平台。目前台积电为亚洲市值最高的科技公司

5.2.3 数据收集

课题组成员自2014年开始陆续进行数据收集。第一，一手资料方面，主要来源于半结构化访谈与实地参观。依托国家社科基金重大招标课题，2018年课题组分别对海尔和华为2家公司进行了实地调研和访谈，2019年则分别对ARM和台积电在中国的分公司进行了实地调研和访谈（访谈提纲见附录B），访谈对象包括销售部门负责人、技术经理及企业特聘战略专家等，每次访谈不少于40分钟，同时现场收集了企业的发展史、发展战略、发展成就等相关电子或印刷资料。第二，二手资料方面，一是通过4家企业官方网站和企业公众号搜集企业发展状况、企业战略与文化、企业电子刊物、简报、新闻稿等，并按企业分类整理到资料库中；二是通过搜狐、网易、凤凰网等主流媒体收集有效报道120篇，并通过企业的虚拟社区、开发者论坛、用户社区等收集有效评论208条；三是收集了张瑞敏、张忠谋、任正非等企业高层的传记、演讲、访谈视频等；四是通过 CNKI 数据库收集到案例企业相关研究 12 篇。以上两方面共整理文字资料约 16 万字，其中一手资料约占案例研究数据库的 30% 左右，二手资料约占 70%。

5.2.4　信效度确保

为了确保研究的规范性和严谨性，本章主要从以下两个方面进行案例研究的信效度控制与检验。一是制订充分的调研计划，每次调研后及时整理文档，形成备忘录并建立完整的案例数据库等，以确保研究的可信度；二是采用多元数据来源，谨慎分析资料形成完善的证据链，将研究结果反馈给外部专家、企业管理者，并与原始数据进行比较验证，在形成理论后与文献对话等，以减少效度威胁。具体策略如表 5.2 所示。

表 5.2　确保信效度的策略方法

信度与效度指标	所采用数据策略	采用策略的阶段
信度	制订充分的调研计划与研究草案，建立备忘录和案例数据库	研究设计与数据收集
	基于扎根理论研究范式，按照规范流程进行三级编码	数据编码
	多人员编码	数据编码
	引用访谈原话	研究发现
构建效度	多元数据来源，形成证据三角	数据收集
	企业管理者阅读，审核编码结果	数据编码
	建立完整证据链，即从原始数据到范畴，再到故事线和理论发现	数据编码与研究发现
内在效度	课题组讨论，对编码结果进行商讨	数据编码
	邀请外部专家指导，对编码结果进行修订	数据编码
外在效度	梳理文献，指导案例研究	研究发现
	多案例分析	研究发现

5.3　数据分析与编码

5.3.1　数据分析策略

本章继续采用软件 Nvivo10 对所收集材料进行编码，并由对创新生态系统研究和创新生态系统理论比较熟悉的 3 名硕士生协助编码。其过程如下：

第一，在沟通并明确了本研究的编码要求后，3 名硕士生和本书作者分别从 ARM、华为、海尔和台积电 4 家案例企业中选择一家企业，进行编码。整个过程中，采用螺旋式的比较分析法不断对已经形成的编码和产生的新编码进行比较、更正和整合。

第二，打乱企业分配顺序，3 名研究生和本书作者在 ARM、华为、海尔、台积电 4 家案例企业中再重新选择一家企业，再次编码。然后比较同一案例素材两次编码结果的差异性和相似性，通过编码人员集中协商与课题组讨论解决编码不一致问题，从而完成初级编码。

第三，导师课题组的成员和博士生主要为创新生态研究领域，所以邀请他们对编码结果及存在问题集中讨论，以再次进行编码修正。

5.3.2　数据编码

（1）开放式编码

开放式编码是一个基于开放性、原生性、准确性和丰富性原则，将收集的原始资料揉碎打散，再以贴标签的方式进行概念化的过程。即首先形成事件，研究者对宽泛的原始资料逐句逐段进行整理分析，基于所研究的主题提炼现象摘要，形成独立事件；然后建立概念，对分析出的现象事件进行概念抽取，其中抽取出的概念既可以是素材中的原话，也可以是研究者的语言，既可以是一个词，也可以是一个短语或句子；最后提炼范畴，将若干内容类似或指向相同的概念浓缩归纳为范畴。

在软件 Nvivo 中，通过对案例企业资料分别逐句贴标签，并概念化编码和整合，最终整理出 240 个现象事件，进一步提炼出 132 个概念，归纳形成 30 个范畴。开放式编码的提炼过程具体如表 5.3 所示，开放式编码形成的概念与范畴如表 5.4 所示。

表 5.3　开放式编码形成过程举例

原始案例素材与概念提取举例	初始范畴
新的物联网时代到来，用户个性化需求由孤立的信息转变为变化的"需求图谱"（用户需求连续变化）；对于 ARM 来说，需要在移动 Internet 市场上保持极大灵活性，因为移动用户需求变得越来越多样化（用户需求多样化），这致使市场分块化严重，各终端制造商只能使用个性化芯片以提升产品竞争力（个性化）	市场变化

续表

原始案例素材与概念提取举例	初始范畴
华为承诺"上不做应用，下不碰数据，不做股权投资"，克制自己的业务边界，不侵袭伙伴利益是对伙伴的重要承诺……（克制业务边界、自我制约）；华为通过"e+Partner"平台建设伙伴政策中心，旨在建立公正、公平、简单透明的生态伙伴政策（合作政策透明）；ARM 作为一个社会生态系统，其特征是在自己领域合作伙伴可以自己选择怎么玩（给伙伴自由权）；不断简化政策与流程执行，使合作伙伴更易于理解和执行，使其与华为合作更简单（简化协作政策）；我们实际只是一个促成者，而非像英特尔是一个控制者（生态促成者）	治理逻辑
台积电公司的创新平台上拥有 9 家 Value Chain Aggregator（VCA）伙伴、38 家硅知识产权伙伴、30 家电子自动设计化伙伴（不同产业链伙伴）；ARM 商业模式内，既有芯片生产商、芯片制造工具商，又有软件开发企业、设计工具开发商、芯片制造商、移动设备生产商等（伙伴多样性）；用户是海尔 COSMOPlat 平台的重要参与者，通过社群交互，从产品创意到研发到生产制造，用户可全流程参与其中（用户参与者）	异质多元
……	……

表 5.4 开放式编码形成的概念与范畴

副范畴	概念
市场变化	用户需求连续变化、用户需求多样化、个性化
变革适应	提出新价值命题、反思问题、市场调研、用户痛点
共同愿景	目标一致、共同诉求、共同价值目标
技术路径	围绕核心技术、基于关键产品、密度不断增大
商业模式	不和基本价值打架、闭环模式、随意大家怎么玩
用户价值	符合用户需求、用户终身体验、用户需求为导向、为用户创造价值
创新风险	市场分快化、技术连接紧密、创新关联、创新复杂性、创新成本
平台构建	生态平台、平台引领、离心力、生长平台、创新合伙人计划
治理逻辑	自我制约、合作政策透明、克制业务边界、给伙伴自由权、简化协作政策、生态促成者
开放共享	开放灵活、开放式研发、开放的商业模式、开放社区、共享
伙伴赋能	支持合作伙伴、延伸利好政策、提升伙伴盈利、外部伙伴支持、伙伴业务增加、基金支持、开发者免费、核心企业提供"氧气"
生态位	做自己最擅长的事、找准自己核心位置、占据不同生态位、维护生态链平衡、生态管理员、找准自己利益点、专业化分工
学习激励	伙伴间学习进步、激励效应、向先进者学习
相互依赖	依赖协作、伙伴依赖、技术联系紧密、任何一个环节都不能有问题、你中有我我中有你
竞争协作	深度合作、外部参与协作、比对方更好、一起把蛋糕做大、技术超越、从专业上超越竞争者

副范畴	概念
异质多元	用户参与价值创造、吸引众多伙伴、伙伴多样性
松散耦合	正式非正式关系、精准交互、合作匹配、放出控制权、有弹性
连接传导	链群、连接用户企业和资源、连接外部创新者、要素流动、接通应用服务者
边界模糊	没有清晰界限、自由加入退出、不同生态交融
复杂性创新	高投入、多技术环节、技术复杂、技术匹配
创新效率	提升效率、缩短上市时间、缩短各环节时间、减少重复劳动、加速成果面世
创新成本	减少产业研发成本、用户研发成本降低、比单独开发节约成本、降低 SOC 设计成本
创新高价值	专利、产业标准、知识产权
完善应用场景	终端应用程序丰富、易于扩展到其他场景、外部资源完善应用、应用数量迅速增加、区隔较大市场、易于扩展到更广泛产品类别
高价值市场化	合作收入比重大、生态产出丰富、生态收入增长、伙伴收入增长快
终端用户数量	用户基数多、网络效应、更多用户购买
终端用户黏性	用户习惯、留住用户、用户体验、为用户构建完整解决方案
协同共生关系	整体性外部竞争、信任互惠、价值共创、共生体
协同共生资源	外部资源链接、冗余资源激活、资源整合互补、新资源共同创造
协同共生能力	原能力惯性突破、能力系统整合、能力更新迭代、能力碰撞、新能力创造

（2）主轴性编码

主轴性编码是扎根理论编码的第二步，其主要任务是通过不断地思考和整理，理清已经提炼出的各概念范畴之间的关系，依据此关系将已经打散孤立的资料重新整合，进而抽象出若干更高层次的范畴。主轴性编码阶段并不是要把范畴联系起来建立整体性的框架理论，而重点是发展主范畴，依据"因果条件→现象→脉络→中介条件→行动策略→结果"的典范模型将各范畴联系起来。

本研究通过主轴性译码，发现已经建立的范畴之间存在一定的逻辑推理关系。例如，通过开放式编码形成的市场变化、变革适应、共同愿景、技术路径、商业模式和用户价值范畴，可以依据典范模型整合为一条关联轴线：在新竞争时代，用户等外部市场需求不断出现新的变化（条件/背景），扩张期企业为了适应这种新的竞争环境不断变革（现象），在技术产品或商业模式方面提出适应发展的新技术变动或新商业情境，建立用户服务的新价值理念（脉络），围绕与此协同的合作伙伴直接对这种新情境和新变动形成共同价值愿景并产生一致性目标行动（行动/互动），从而满足用户需求，共同为用户创造价值和构建完整解决方案（结果）。基于此故事轴线，将市场变化、变革适应、共同愿景、技术路径、商业模式和用户价值范畴纳入价值主张主范畴。

再如，通过开放式编码形成的创新风险、平台构建、治理逻辑、开放共享、伙伴赋能和生态位范畴，可以依据典范模型整合为这样一条关联轴线：企业在创新的复杂性、创新成本等方面的创新风险不断增强（条件/背景），为此扩张期企业围绕其核心技术产品搭建起创新的平台（现象），为了维护平台的良好运行，以生态系统核心企业为主导，在生态控制、业务边界等方面构建起平台的治理逻辑(脉络)，良好平台吸引来的外部伙伴根据自己的不同核心能力占据不同生态位，并共同进行开放、共享式创新行动（行动/互动），整个平台的良好运作最终实现了为核心企业及伙伴企业的创新赋能（结果）。基于此故事轴线将创新风险、平台构建、治理逻辑、开放共享、伙伴赋能、生态位范畴纳入平台赋能主范畴。

按照典范模式把开放式编码形成的 30 个范畴最终纳入 8 个主范畴，分别为价值主张、平台赋能、协同进化、网络配置、协同共生能量、创新生产、创新应用和终端用户基础，具体如表 5.5 所示。

表 5.5　主轴式编码结果

主范畴	对应副范畴
价值主张	市场变化、变革适应，价值观共同愿景、技术路径、商业模式、用户价值
平台赋能	创新风险、平台构建、治理逻辑、开放共享、伙伴赋能、生态位
协同进化	学习受激、相互依赖、竞争协作
网络配置	异质多元、松散耦合、连接传导、边界模糊
协同共生能量	协同共生关系、协同共生资源、协同共生能力
创新生产	复杂性创新、创新效率、创新成本、创新高价值
创新应用	完善应用场景、高价值市场化
终端用户基础	用户数量、用户黏性

（3）核心编码

核心编码又称选择式编码，主要是对已经建立的概念类属进行系统的分析，识别出一个或几个核心范畴，即以"故事线"的形式将已经建立的诸多范畴整合到一个比较宽泛的逻辑框架中，以形成整体性理论。核心范畴必须在原始资料中出现频繁，在所有概念中占据核心地位，并且具有较强的概念抽象能力和联系能力，能够像渔网的拉线一样起到"提纲挈领"的作用。本章研究围绕"扩张期的企业创新生态系统特质及对其竞争优势的影响"展开提炼和论证，一方面，要搜寻形成企业创新生态系统特质的所有证据链；另一方面，要围绕创新生态系统特质来构建生态系统影响扩张期企业竞争优势效应的一系列故事线。价值主张、平台赋能、协同进化和网络配置是在创新生态系统构建形成方面的类属归纳，它们共同表明了企业创新生态系统的生态特性，故将其归类为创新生态系统特质核心范畴。协同共生能量表明了创新生态成员共生协作所形成的超越单个企业的创新能量，归为协同共生能量主范畴。创新生产、创新应用和终端用户基础分别表明了扩张期企业在创新方面取得的优势效应，即实现了复杂性创新与高价值产品创造，实现了创新产品的广泛市场应用，吸引了足够的终端用户，故将其归纳为竞争优势效应核心范畴。

因此本故事线分析得到的基本逻辑为：扩张期科技型企业为了适应新的竞争形势，依据创新生态系统的特质从价值主张、平台赋能、协同进化、网络配置方面构建起企业创新生态系统，良好的创新生态系统基于新关系、新资源和新能力为企业创造了单个企业无法拥有的协同共生的创新生态能量；而创新生态能量形成了企业的生态租金，提升了企业的创新影响力，进而促成了扩张期企业复杂性、高价值性的创新生产，促进了完善的创新应用场景打造，并形成强大的终端用户基础。故其核心范畴可以简单表述为：企业创新生态系统特质对扩张期企业竞争优势效应的影响，而创新生态能量是影响该过程的内在机制要素，起到中介变量的作用。编码得到的最终数据结构如图 5.3 所示。

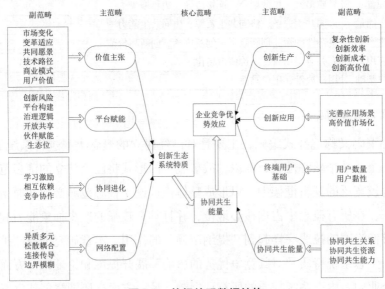

图 5.3　扎根编码数据结构

5.3.3　理论饱和度检验

理论饱和度检验是选用新的案例样本资料进行编码，以是否能提炼出新的概念范畴或发现新的逻辑见解来检验理论饱和度。

除本章 4 个案例企业外，课题组还调研了处于扩张期且实施了创新生态战略的小米科技，故本研究选用小米科技的资料素材进行理论饱和度检验。按照扎根理论编码过程对其分别进行开放式编码、主轴式编码和选择式编码，从创新生态系统特质视角，没有发现新的概念类属，价值主张、平台赋能、协同进化、网络配置 4 个主范畴已涵盖创新生态系统特质。对构成竞争优势效应的创新生产、创新应用和终端用户基础 3 个主范畴，以及形成协同共生能量的新关系、新资源和新能力 3 个范畴，也均没有发现新的主范畴或概念路径。而对于创新生态系统影响扩张期企业竞争优势的总故事线"从创新生态系统特质到协同共生能量到竞争优势效应"同样没有发现新的关系逻辑。

因此，上述"企业创新生态系统特质对扩张期科技型企业竞争优势效应的影响"的编码结构理论上是饱和的。

5.4　案例分析与研究发现

本章通过多案例扎根编码与分析，探索到 3 个主要的理论发现：①企业创新生态系统的特质构成；②企业创新生态系统特质产生协同共生能量的机理；③协同共生能量对核心企业产生竞争优势的影响机理。由于以上理论发现均涌现于具体的案例资料，因此研究结合"故事线"片段和质性案例资料的典型引用进行解释分析。

5.4.1　企业创新生态系统特质构成

企业创新生态系统区别于一般的创新系统，其特质是对成功的企业创新生态系统的特性描述。根据扎根编码得到的结果，价值主张、平台赋能、网络配置和协同进化具有一致性的理论内核，共同构成创新生态系统特质的重要维度，其中价值主张是形成创新生态系统的基础前提，平台赋能和网络配置是创新生态系统构建的必要架构，协同进化是创新生态系统运行发展的动态机制，如图 5.4 所示。

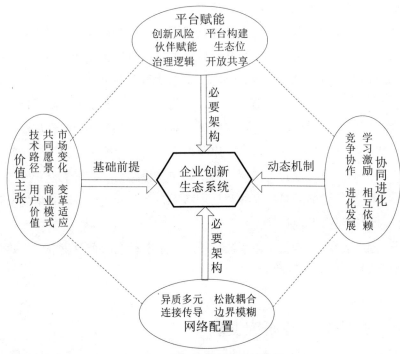

图 5.4　企业创新生态系统特质

5.4.1.1　价值主张

价值主张是对核心企业的价值命题阐释，是构建和形成创新生态系统的基础前提，也是创新生态系统存在的灵魂。创新生态核心企业只有提出明确的、有竞争力的价值主张，才能围绕于此构建平台形成网络，才能吸引外部合作伙伴共同创造价值。

市场变化和变革适应是价值主张提出的背景，即随着外部市场不断变化，用户需求更加个性多样化，适应变革的新环境，企业需要广泛的市场调研和深刻反思，需要发现用户痛点，以基于新市场环境和用户新价值需求提出新的价值命题。如案例企业台积电提出"让客户（IC 设计业及 ICDM 设计部门）在自己的品牌上发挥，台积电负责制造"；ARM 提出以 IP 授权的模式给予客户"随意怎么玩"

的自由成长空间；华为则提出要"构建万物互联的智能世界"，把数字世界带入每个人、每个家庭、每个组织；海尔坚持要"为用户创造价值"的价值信念。由此，核心企业的价值主张可以反映在商业模式上，即企业的价值创造和价值捕获的商业形式，如台积电的芯片代工商业模式、ARM 的 IP 授权商业模式，也可反映在技术路径或核心产品的构建上，即企业产品或技术服务市场用户的目标，如华为的智能终端设备，当然台积电和 ARM 的价值命题同样也体现在其所拥有的核心技术产品上。

进一步分析发现，核心企业作为生态系统的领导者，以上构建的价值命题不仅是着眼于自身利益点，更是兼顾和关注解决基础性系统问题，而这是企业创新生态系统可以持续发展的关键。因为企业生态系统的繁荣和价值主张的实现依赖于外部参与者，需要相互作用的多边合作伙伴的共同努力，才能使一个价值命题具体化。一方面，一个对协作伙伴具有足够吸引力的价值主张，可使合作成员形成共同愿景和共同价值目标，找到相互支持的角色，并为此愿意付出一致性的战略投资；另一方面，生态系统价值主张对协作伙伴们的利益点关注，减少了其脱离生态系统寻求其他平台或资源途径实现目标的可能。这丰富了创新生态系统的价值密集，增加了创新生态系统的价值主张吸引力，实现了生态系统"聚核"。最终使核心企业与利益伙伴在共同愿景基础上，以用户需求为导向，共同为用户提供完整的解决方案和完美的价值体验。以上典型证据举例如表 5.6 所示。

表 5.6　创新生态特质的代表性证据举例

生态特质	数据支持
价值主张	台积电以"让客户在自己的品牌上发挥，台积电负责制造"的商业模式，聚核了华为、高通、苹果等芯片需求企业。 ARM 以精简指令集 ARM 架构为核心技术，以 IP 授权模式的商业模式，聚核了华为、高通、三星等利益伙伴，实现了对芯片客户的共同价值创造。 华为提出"构建万物互联的智能世界"，以 ICT 基础设施和智能终端为核心技术产品，聚核了上游操作系统、芯片生产者等，下游通信、基础设施、软件开发等企业。 海尔提出"为用户创造价值，为用户定制个性化的智慧生活"，即以智慧家居为核心技术产品，聚核产学研技术合作方，聚核建设衣食住行康养医教等协作伙伴

生态特质	数据支持
平台赋能	华为构建了 HMS 全场景智慧生态平台，并于 2019 年对开发者全面开放；打造一块肥沃黑土地，这块土地上可以种土豆、玉米……让伙伴的成功更加高效。 台积电实施了 OIP 开放创新平台计划；定位于芯片代工做到极致而又不涉足芯片研发；使设计伙伴的创新成果可以快速实施，尤其是降低了初创公司们进入 IC 产业的门槛
网络配置	海尔生态网络汇聚了 2 万多个不同专业社群，链接资源节点 380 万家；跨界连接了爱奇艺、易果生鲜等应用场景资源供应商等；由小微引爆升级为链群合约。 台积电生态网络伙伴，有 EDA 合作伙伴、IP 合作商、关键设备与材料供应商等不同类型合作者，合作成员基于芯片产业链耦合在一起，形成正式和非正式关系。 华为生态网络包括销售、解决方案、服务、投融资、人才 5 类生态伙伴，以快速迭代的技术和客户需求耦合在一起，实现资源技术的相互链接，这扩展了其能力边界。 ARM 生态网络包括 DEA 供应商，芯片设计公司、芯片生产商和终端设备制造公司等，他们以 ARM 技术体系耦合在一起，并进行标准、架构的传递交互
协同进化	张瑞敏谈到 "真正的生态是共同进化"，在 COSMOPlat 平台上 10 万名开发者间、建陶业内、服装业内等是竞争与追赶性学习关系，而在共同的用户应用场景打造上展开合作，他们共同依赖于海尔的 COSMOPlat 平台。 Steve 指出，高通的发展前行和台积电的发展重叠；苹果、华为的芯片生产、设计越来越依赖台积电和 ARM，而台积电生产工艺的提高、ARM 芯片架构技术的进步有赖于芯片设计企业的合作。 高通在芯片设计开始更多采用自己的东西，这跟 ARM 架构里的一些东西会产生竞争；高通如果某个设计比我们强，那也值得我们学习，伙伴的进步促使我们一起进步

5.4.1.2 平台赋能

创新生态系统是一个基于平台并以此为创新者赋能的系统，平台赋能表明了创新生态系统的平台框架特性。即为了化解创新所面临的高成本、高复杂性、高关联性和市场能力分块化等问题，也为了更好地吸引和协调网络中的合作伙伴，扩张期企业作为核心领导者，需围绕其核心技术产品或所倡导的商业模式构建起创新平台。根据扎根编码发现，平台的良好运作需要合作伙伴根据生态位，建立一定的治理逻辑，形成开放共享的运作范式，并能为包括核心企业在内的每一位创新合作伙伴赋能。

通过案例分析，华为、台积电、ARM 和海尔作为平台的核心，主要是提供平台的运行基础，而参与进来的其他合作伙伴则负责丰富完善平台功能，形成依存而又独立的创新模块。在这个平台上，强调生态位和治理逻辑，其中生态位表明了平台参与者所处的功能模块，以及与其他企业和组织的功能关系，重点是不同企业能够找准自己核心位置和利益点，做自己最擅长的事，以此实现复杂性创新的分工专业化以及整个生态链的平衡。治理逻辑表明了平台的运行规范，平台参与者要自我制约、克制自己的业务边界，所以平台领导者应成为生态促成者而非控制者，要给伙伴自由权，使整个平台有透明、合理、简化的合作政策。典型如 ARM 和台积电相互交融的生态平台中，ARM 占据芯片 IP 内核设计生态位、台积电占据芯片生产生态位，其他合作伙伴如华为、联发科等占据芯片设计生态位，小米等手机生产商占据智能终端设备生态位，除此之外还有操作系统、应用软件等生态位功能，每一生态位都能为参与者创造出利基市场，每一参与者在其利基市场内集中精力开发自己的核心技术，以此保持整个生态平台的动态平衡。而且，台积电的"不设立芯片研发部门"、ARM 的"不做芯片具体设计"的自我约束、华为的"上不做应用，下不碰数据"，为整个生态平台的治理起到了典范作用。

同时，平台应是开放的，外部伙伴通过开放式社区、开放式研发平台集聚在一起，可以共享甚至以免费的形式获取技术、知识信息和开发工具。但是从个体角度来说无限度的共享通常不是最佳的，尤其对于知识密集型企业，这是生态系统应该遵循的一个原则。伙伴赋能是平台最重要的特性，平台所提供的服务、技术、工具、基金等能拓展生态伙伴的发展空间，而平台伙伴间交互可以提升伙伴能力以助力成长，可以增加伙伴业务和价值绩效。典型如华为的终端云服务核心框架平台，在保持其内部专有技术的基础上，共享开放了 HMS 的 14 个核心功能，以及 51 个服务和 885 个 API，这为应用场景开发端的开发人员提供了更加完整的开发场景，使外部开发者的应用程序可以获得更多用户。同样，ARM 生态系统已成为 SoC 设计师的"共享氧气"，台积电的代工生态降低了半导体行业的门槛，使拥有设计能力的企业都可进入这一产业，而其 OIP 的推出更是降低了初创公司进入 IC 产业的门槛。以上典型数据支持如表 5.6 所示。

5.4.1.3　网络配置

创新生态系统是一个基于网络的系统，网络配置表明了创新生态系统的网络框架特性。案例分析发现，企业生态系统作为一个欣欣向荣的生态网络，呈现出了异质多元、松散耦合、连接传导和边界模糊的特征。

　　异质多元反映了生态网络的节点特征。编码发现，节点的异质多元是案例企业生态网络赖以生存、发展和繁荣的基础，是创新持续迸发的基本前提。在案例企业的生态网络内，不仅有华为、台积电、ARM 和海尔这些具有一定影响力和控制力的核心企业，还有充满活力的小企业、小微企业、缝隙型企业，不仅包括产业链内研发群落、生产群落和应用群落，还跨界引入了产业外创新节点，形成一个层次丰富、功能合理的创新种群。典型如海尔生态网络内，不仅有众多小微企业、产业链供应商和技术研发合作机构，还有百度、爱奇艺、易果生鲜、服装厂、餐饮衣物协会等跨界合作伙伴，以及娱乐、美食、营养师、农场等应用场景资源供应商及用户等，丰富多样的创新者保证了海尔生态系统的繁荣发展。

　　松散耦合表明了生态网络的节点关系特性。它是一种外在形式上更为分散、自由的网络形式，但是在创新结构和创新分工方面却密切耦合并可精准交互。即围绕核心企业的关键技术或产品，上游组件配套者、下游互补配套者、应用开发者、用户服务者等角色都精准分配到位，并基于创新分工以正式或非正式关系耦合匹配在一起，形成闭环生态圈。这在案例企业 ARM 和台积电生态网络内体现最为明显，ARM 以客户"随意怎么玩"的松散组织，密切耦合了与 ARM 架构相关的所有外部技术节点，台积电则以"让客户在自己的品牌上发挥"的松散合作形式，密切耦合了与芯片尖端制造相关的所有外部技术服务供给者。

　　连接传导表明了生态网络的节点连接方式与能量传导特性。创新生态网络的要素与价值连接形式表现丰富多样，如海尔的衣联智慧生活生态圈，将用户、创新企业以及要素资源链接在一起，海尔可以为衣物专卖店提供衣物展示，而衣物专卖店也为海尔提供了更好的产品应用体验场景，同样，海尔还可以为用户进行个性化定制，用户也可以向海尔提出个性化创意。所以生态网络内不仅有主导企业海尔向衣物制造企业和用户的价值连接，也有衣物制造企业、用户向主导企业的价值传递，且连接的方式更加复杂、多元、强韧、交互。

　　边界模糊表明了生态网络的边界特性。创新生态网络没有明确的网络边界，核心企业的跨界和广泛连接等特征使网络边界更加模糊，甚至在不同的生态网络之间交融渗透。典型如 ARM、台积电和华为企业的创新生态系统，由于业务的交叉和创新环节的依赖，他们的创新生态部分交融在一起，很难界定其各自生态网络的边界。以上典型数据支持如表 5.6 所示。

5.4.1.4　协同进化

协同进化概念最早源于生物学，主要用来描述生态系统内物种间的动态发展关系。企业创新生态系统作为一个不断进化发展的系统，同样存在着协同进化特性。协同进化是系统内创新主体间互为双向或多向的作用关系而形成的相互影响、相互促进的动态发展机制，是一个随时间变化而共同演变的过程。通过对案例企业编码发现，生态系统内创新物种间的协同进化关系主要体现为相互依赖、学习激励和竞争协作。

协同进化中的相互依赖，一方面，由于核心企业极具吸引力的价值主张以及参与者的专有性投资，使系统成员对核心企业产生了共同依赖；另一方面，由于创新过程中的技术研发、产品生产、产品应用等环节联系紧密而产生了相互技术依赖。如 ARM"给予客户'随意怎么玩'的自由成长空间"，台积电"让客户在自己的品牌上发挥"的价值主张，降低了半导体产业门槛，使众多芯片设计企业对二者产生了共同依赖。而由于案例企业的芯片、智能家电、智能终端等都属高科技领域，产业链技术交织复杂，这使 ARM 的 IP 架构设计、华为的手机和谷歌的 Android 操作系统相互依赖在一起，华为、苹果等企业的芯片设计则和台积电的制造技术相互依赖在一起。事实上生态系统中一个技术环节的成功必须依赖其他环节的共同努力，是一种你中有我、我中有你的关系。

学习激励是创新生态伙伴间的相互学习、相互激励的促进式发展过程，这种学习可能是自我强化式学习，也可能是基于合作或模仿的学习。案例企业生态系统内，包括核心企业在内的每一位合作伙伴都存在强化式学习，以保持自身在芯片基础架构、芯片设计、芯片生产或智能终端等产业节点的核心竞争力。而在相互作用的竞争合作过程中，系统内同产业节点企业能够及时感知竞争者变化，快速地追赶先进者行动促使产生模仿性学习；企业生态系统内相互依赖的合作关系则使协作伙伴间形成了知识网络，知识的"溢出—扩散"效应与来自协作伙伴的技术匹配需求促使产生交互式合作学习。

竞争协作描述了创新生态伙伴间的基本关系，即竞争与合作是交替出现和同时并存的。4 家案例企业生态系统内，参与者竞争主要表现为要超越对方或更多的利益分配，竞争的焦点集中在对同一价值链节点的有限市场、技术、人才资源的争夺，对相同性技术产品的先进性追赶，对共同用户服务满意度的比拼。但同时基于个体能力的有限和彼此在技术、资源上的互补，为了创造更多可分配价值，参与者需要进行不同程度的合作。以上代表性数据支持如表5.6所示。

5.4.2 从企业创新生态特质到协同共生能量

创新生态系统的价值主张、平台赋能、网络配置和协同进化的生态特质，激发了创新伙伴间的协同共生，使得伙伴间原有能量不断连接、碰撞和交融反应，催化形成了更高级的创新能量。

5.4.2.1 协同共生能量阐释

协同共生能量主要表现为新关系、新资源、新能力。

新关系共生能量表现为，创新生态系统中的伙伴关系不是企业之间简单的结合，也不是单纯的市场买卖关系，而是为了提升创新的效率和水平，同横向、纵向和跨界的组织，甚至是同直接的竞争对手联合建立起来的基于共生、互生、再生的协作共同体。共同体成员间信任互惠、价值共创，以集体行动整体性地应对外部竞争。

新资源共生能量表现为，创新生态系统协同共生关系下的战略资源观强调管理利用好外部资源，强调激活冗余资源，并突破资源的规制属性而从生产属性将资源重新组织整合，以共同发现、创造新的战略性资源。

新能力共生能量表现为，创新共生体突破了传统核心能力观的企业内部视角，以及核心能力的单一性、路径依赖性、不可持续性等问题，产生了一种系统性的能力观。这种能力强调企业内外能力的协同与系统整合，强调原能力惯性突破，以及在不同伙伴间能力碰撞中的新能力创造与原能力更新迭代。

5.4.2.2 从价值主张到协同共生能量

价值主张是创新生态系统构建与吸引合作伙伴和用户的前提，而创新生态系统中合作伙伴的加入又是形成协同关系、激发协同共生能量的前提。核心企业相对清晰合理和极具前景的价值主张，可使合作伙伴看到有利可图的业务前景和足够的价值增值空间，愿意与其共同投资努力。而如果核心企业价值主张薄弱，或者极具不确定性，创造的利基长期无利可图，将破坏参与者为生态系统未来繁荣做出必要的长期投资的能力和意愿，生态系统将无法筹集必要的合作伙伴投资，无法吸引到互补合作型伙伴。

例如案例企业台积电"给客户在专业集成电路制造领域中最佳的技术支持服务""让客户在自己的品牌上发挥，台积电负责制造"的价值主张，对当前和潜在的专业芯片设计公司透明地传达了其价值路线图，在苹果、华为、高通、联发科芯片设计客户间形成了"向心力"，这有助于其思想的统一，增强了成员间的互动深度和忠诚度，并愿意为看得见的利益期望而共同努力。不仅如此，台积电董事长张忠谋"坚决不涉足芯片设计领域，专心完成客户订单"的誓言，明晰表达了不仅仅是注重自身的经营和发展，更关注上游客户利益群体及系统整体的生存空间与权益获取。这有利于台积电和合作伙伴间信任互惠关系的建立，即由原本独立个体演化成为共生进化的利益共同体。而海尔的"海尔智慧家庭，定制美好生活"的核心愿景，吸引了诸多资源供应商和渠道商，他们共同优化智慧家庭的用户终端体验，不仅实现了海尔，也实现了资源供应商和渠道商的价值增值，进而提升了大家在价值共创、协同共生关系方面的意愿。同样，华为、ARM 的核心价值愿景，不仅提升了生态伙伴对未来业务拓展的期望与投资决心，而且增加了协作忠诚度与参与价值创造的热情。以上典型商业事实如表 5.7 所示。

基于以上分析，本研究提出以下命题：

命题 5.1：清晰明确的价值主张是激发协同共生能量的前提，它有利于企业创新生态系统参与者为共同的价值创造而努力，形成协同共生的新关系。

表 5.7　从创新生态特质到协同共生能量的代表性证据举例

生态特质 -> 协同共生能量		典型数据
价值主张	-> 协同共生关系	正是华为的决心，让北明软件愿意也进行了大胆的合作投入，与华为一起并肩作战；ARM 只做授权的商业模式，使多数半导体公司都乐意加入 ARM 阵营；张仲谋说不和客户竞争，台积电只负责制造，这让客户产生信任，台积电成为客户第一选择
平台赋能	-> 协同共生资源	海尔 U+ 平台每天产生 4 372 亿次的交互次数和超过 80 万个的生态资源；台积电 OIP 对外开放创新平台目前已形成 12 000 多个元件硅智财与资料库；华为 HMS 平台为应用开发者赋能，吸引了全球 91 万个开发资源

生态特质 –> 协同共生能量		典型数据
平台赋能 ->	协同共生能力	HOPE 平台形成了每年可以解决 500 多个创新课题的新能力;(台积电)通过协同创新平台,我们可以彼此获胜,可以彼此具有竞争力;华为 HMS 平台通过对开发者的能力与工具开放,与诸多开发者共同形成了为用户提供丰富应用体验的能力
	协同共生关系	"如果发现……将不得不排除这个虽然重要的开发伙伴",这使华为、高通等一直信任地进行基于 ARM 架构的设计投资;华为实施"Huawei Inside"战略,面向解决方案伙伴提供营销基金和开发基金……这使生态伙伴与华为共同朝向更高的追求
网络配置 ->	协同共生资源	海尔衣联网已串联起了从服装到洗涤再到纺织等多个行业,整合了家电、洗染、服装定制、科技等多行业资源,目前已拥有 5 000 家资源;ARM 生态网络内 300 多家芯片合作伙伴的协同连接,形成面向不同类种芯片的设计资源
	协同共生能力	衣联网使海尔等形成了以"衣"为核心的综合能力;华为与研发机构、方案提供者等生态伙伴协同形成了制定中国智慧城市标准的能力;台积电近百家的 EDA、硅智财、设计等不同类型伙伴的加入,形成协助客户进入 2x 纳米制程的能力
协同进化 ->	协同共生能力	(台积电)与客户和合作伙伴,我们需要彼此合作和彼此竞争,能够彼此获胜;华为希望未来 3 ~ 5 年,通过与生态伙伴合作学习,实现能力、资源和战略协同;ARM 体系内不同芯片设计厂商相互竞争,又基于对方优点相互学习,这使 ARM 产业链形成了所向披靡的对外竞争能力
	协同共生关系	华为同 ARM、台积电等长期共同发展,形成互惠利益关系,即使处于中美国际关系漩涡中,台积电、ARM 仍在迂回中争取与华为合作,台积电在限制生效前优先安排华为订单

5.4.2.3 从平台赋能到协同共生能量

平台作为共同创造价值的生态系统基本架构之一,对激发协同共生的新关系、新资源、新能力都有重要影响。一方面,平台中相对平衡的生态位分离,为个体间的资源、能力互补合作提供了可能,平台的开放共享与赋能可使核心企业在与外部组织的合作中超越自身资源能力限制，吸引富有竞争力的外部创新组织、人才、资本等资源，集聚形成新技术、新设备等创新要素，以获得互补性资源或扩大能力边界。典型如海尔的 HOPE 创新平台，它以"世界就是我的研发部"的开放共享性创新理念，分别集聚了 350 万个创新网络节点资源，而这些资源整合互补，又形成了每年可以解决 500 多个创新课题的新能力。在台积电的 OIP 平台，不仅链接了较全面的硅智财与资料库资源，而且来自微软 Azure、亚马逊 AWS 等的共享协作，形成在云端提供客制化设计的新能力。事实上，无论是海尔的 HOPE 平台，还是台积电的 OIP 平台、ARM 的 RISC 技术平台、华为的 HMS 平台，都不仅促进了合作企业间互补性资源和新能力形成，还突破传统的线性交易逻辑和合作模式，使平台本身也成为企业的新战略性资源，它"连接"和"聚合"了多边协作组织，可产生协作网络的同边效应和跨边效应。不仅如此，平台战略下外部伙伴那些冗余资源或曾被认为没有什么价值的能力，由于其互补协同，还可能超越在单独企业内产生的价值贡献。

　　另一方面，生态系统良好的平台治理逻辑，核心企业可信地表明不会进入合作伙伴的利基，并通过对拒绝公平的参与者实行制裁，甚至以排除措施来控制合作的道德风险，以及平台合作所赋予的伙伴能量，将使合作者看到从生态系统协作中获益的希望，形成价值共创意愿的协同关系能量。如案例企业 ARM 在"谨慎地避免任何可能会挤压其生态系统中合作伙伴市场投资的活动"的平台治理逻辑下，更多芯片设计企业选择 ARM 架构，并在其平台上做出不可逆转的投资或其他类型的承诺，这促进了 ARM 与芯片设计企业协同共生利益关系的建立，形成整体性应对英特尔的竞争力量。同样，华为不断简化协作政策的治理逻辑以及"Huawei Inside"伙伴赋能战略的实施，海尔 HOPE 平台开放分享的平台宗旨以及共创共赢的平台理念，对协作伙伴产生了吸附力，彼此愿意建立协同共生关系，以集体行动创造更大价值。以上具体数据支持如表 5.7 所示。

　　基于以上分析，本研究提出以下命题：

　　命题 5.2：平台赋能是激发协同共生能量的重要架构，它有利于形成协同共生的新关系、新资源和新能力。

5.4.2.4　从网络配置到协同共生能量

　　企业创新生态系统的网络配置对协同共生资源和协同共生能力都有重要影

响。一方面，创新生态网络配置强调节点的异质多元，强调不同要素主体的集体参与，以及不同伙伴间的相互作用和融合，这有益于异质性资源和能力的互补，有益于新资源、新能力的创造。因为创新伙伴越多样互补，系统内的"创新基因库"就会越丰富强大，创新主体可能会频繁试错与环境应答，从而在物种变异与多样性遗传中演化出新资源、新能力。典型如台积电与 ARM 生态网络内，芯片设计公司、OEM、第三方应用开发者等异质多元伙伴的加入与连接，在不同细分市场组合出了为用户提供差异化产品的芯片设计生产能力。再如华为通过网络连接了设备商、方案解决商、开发者等多类型的协作伙伴，与他们共成长，这提升了华为面对客户数字化转型的挑战能力。不仅如此，网络内创新物种的丰富多样将为生态系统带来足够的韧性和弹性，使其有能力及时对内外部环境变化做出反应，以有效克服能力惯性与能力刚性问题，即形成抗外部扰动、颠覆的新能力。

另一方面，创新生态网络的畅通连接，使创新主体在彼此资源与能力方面的碰撞、连接和交融方式更丰富，从而可发现的市场空间和可挖掘的价值成果也就越多，组合出多样性新能力的可能性也越大。而且企业内部资源与外部资源的重新网络配置和组合，将可能激活企业内部冗余资源或沉睡资源，即老资源焕发新活力，而网络的松散耦合实现了互补，使核心企业在其业务系统的配置方面享有更大的灵活性，因为它可能不需要进行收购和处置或重新谈判刚性合同，就可以重组业务获得新资源。这体现在海尔同餐饮界、服装界、生鲜界、农场等的连接，串联起了家电不同应用场景资源，而同众多大学、科研机构、个体的连接与组合，则碰撞出了解决"烤熟不烤干、母乳储藏、果蔬保鲜等"技术难题的能力。事实上，无论是海尔还是台积电、华为、ARM，生态网络成员的连接与异质耦合，已完全扩展了它们的资源能力边界，实现了对其不拥有的外部资源的管理利用。以上代表性数据支持如表 5.7 所示。

基于以上分析，本研究提出以下命题：

命题 5.3：网络配置是激发协同共生能量的重要形式，它有利于形成协同共生的新资源和新能力。

5.4.2.5 从协同进化到协同共生能量

协同进化作为创新生态系统的动态发展机制，其学习激励、相互依赖、竞争协作和共同发展激发了协同共生能力和协同共生关系的形成。一方面，创新生态伙伴间的相互依赖、竞争协作性和学习激励，使得系统内一旦某项核心技术获得创新性突破时，其他协作配套的技术企业基于竞争和保持技术同步的需要，很快会参与其中，在这种网络化协作模式的"推拉拽"中更容易提升自己的技术能力。而且不断地竞争合作、学习激励和相互依赖，很容易实现企业间知识外溢，新思想、新技术的传播，无疑对知识再造起到促进作用。如在 ARM、华为、台积电交错融合的创新生态系统中，ARM 作为 IP 架构开发者，它与台积电等芯片生产企业、与华为等终端智能设备生产者，以及与高通等芯片设计企业、与谷歌操作系统开发者等在若干技术环节相互依赖又竞争协作，并通过建立 ARM 社区网站，按产品类别、市场应用等链接到所有合作伙伴网站，以此促进伙伴间的联合学习。这形成 ARM、华为、台积电、谷歌等举整个价值链之力来完成产品定义的协同共生能力，提升了 ARM 的 IP 架构设计能力、台积电的芯片生产制造能力、华为的芯片设计能力以及其他参与者的开发生产能力。

另一方面，创新生态系统的共同发展演化促进了伙伴间信任关系基础上的深度融合，使协作伙伴在独自利益和共同目标的驱使下，不仅注重自身的经营和发展，还关注整个利益群体及系统整体的生存与权益获取，他们将彼此的命运和成败联系在一起，由原来的独立个体演化成为共同创造价值的利益共同体。如在共同的发展演化中，ARM 不仅明确表示不会将合作伙伴挤出市场，而且还通过深入了解被许可方的流程技术路线图和新兴应用程序的访问权限等，与被许可方建立互惠关系。同样在共同发展中，台积电表明"不设立芯片研发部门"，华为承诺"上不做应用，下不碰数据"，这使生态系统所产生的价值增值空间能够在生态伙伴所构成的"食物链"中得到合理分配，整个生态价值体系不会被扭曲，反过来又会提升参与者构建协同共生关系的意愿，吸引更多合作者加入其生态阵营，形成价值共创的协同共生关系。事实上，塑造一个能够动员和汇集知识的生态系统，形成协同共生的能力和关系一直是 ARM、台积电、华为成功的核心要素。以上具体数据支持如表 5.7 所示。

基于以上分析，本研究提出以下命题：

命题 5.4：协同进化是激发协同共生能量的动态方式，它有利于形成协同共生的新能力和新关系。

5.4.3 从协同共生能量到企业竞争优势效应

5.4.3.1 扩张期企业竞争优势内涵的简单阐释

在创新生态系统的竞争中，正如传统战略关注企业自身的内部核心竞争力，创新生态系统战略则关注每一个参与者的竞争力及整个生态成员的协同能力。因为一个公司的成功不仅取决于自身的能力资源，往往还取决于其他创新者在其合作中的努力程度。如果传统战略的核心是寻求竞争优势，那么对于扩张期企业来说，生态战略的核心就是寻求共生协同，以共生协同创造生态优势。

根据第三章对企业竞争优势的测度以及本章扎根编码，这种优势表现为创新生产、创新应用和终端用户基础三个方面。创新生产，即成功地推进复杂性创新的生产，实现高价值量的技术创新的产品化；创新应用，即成功为其技术产品构建完善的应用场景，实现创新价值的市场化；终端用户基础，即终端用户对核心创新产品的高黏性和高使用数量。

5.4.3.2 从协同共生能量到创新生产竞争优势

扩张期创新企业为了增强市场竞争优势，往往要加入激烈的科技创新竞赛，以复杂性创新实现高价值创造。但由于高技术产品间的高关联、高依存、高耦合性，企业仅凭自身无力研发所有技术，无力涉及所有零部件和生产环节，而且一些关键性的技术瓶颈可能产生于组织外部，重点创新需伴随外部组件的创新，核心技术产品开发往往引发配套组件、工艺、技术的连锁创新反应。尤其是对于一些前沿性技术，呈现需群体突破的态势，某一配套组件技术的供应延迟或开发失败，都将影响本企业核心技术产品的推出进程。而案例企业创新生态系统所产生的协同共生能量，有效克服了核心企业应对以上复杂性创新的挑战，有益于高技术量、高效率和高价值量的创新生产。

首先，企业与配套技术供应者的协同共生，实现了资源能力的重新配置，形成了不可模仿的外部互补性资产，这有效改善了企业的资源结构，增强了核心企业高技术含量的创新生产能力。这体现为华为通过与众多产业链伙伴资源能力的连接与互补协同，整合优化了其在智能计算、智能安防、通信设备、物联网等领域的技术能力，5G网络、鸿蒙操作系统、麒麟芯片、服务器、智能终端设备等高技术含量的创新产品不断出现和迭代提升。而ARM通过生态整合整个产业链尤其是直接授权伙伴的力量，突破自身能力限制，协同做出了每个 ARM 芯片的每个可能变种。海尔则借助 HOPE 开放式创新平台所产生的共生协同能量，完全扩展了自身资源与能力，形成每年可以推出 60 多个高技术产品的生产优势，如"无尘"洗衣机、物联网冰箱、母乳储藏技术等都是"换道创新"的高端产品。台积电生态通过与 EDA、IC 设计、IC 制造等环节的整合协同，减少了产业节点间的重复劳动，降低了整个半导体产业的研发成本。由此，创新生态系统整合连接所产生的协同共生能量，不仅有益于企业克服外部技术瓶颈和技术匹配问题实现复杂性创新的高产，而且可以通过产业协调优化使以较少的资本投资应对创新生产的高成本问题。

其次，案例企业生态作为协同共生的利益共同体，协作伙伴间目标和价值取向会趋于一致和产生信任，相互间密集互动。这不仅为华为 5G 等生态伙伴彼此快速进入对方的知识场景创造了机会，也使台积电生态系统内 DEA 提供商、IC 设计商、OEM 商在关注自身研发、创新效率的同时，关注生态体系内配套技术和零组件供应者的创新努力情况。由此容易实现复杂性创新的高效协同，这使华为早在 2018 年就成为世界上唯一一个能在 5G 主流技术领域提供完整技术方案和成熟配套产品的公司，台积电则远早于英特尔、三星等竞争者实现了 10nm、7nm、5nm 工艺的进阶。所以创新生态系统整合连接所产生的协同共生能量，可有效提升核心企业的创新生产效率，使其更早于竞争者实现复杂性创新的产品化。

最后，根据先动优势理论，优先实现技术研发的创新组织可获得技术专有权和技术领导者的地位优势，可积累更多创新知识与经验以获得学习曲线效应。由此，华为、ARM、台积电等与创新生产相关伙伴间的协同共生，在更高效创新生产的同时，还可协同外部技术组件供应者在 5G 网络、RISC 架构、5nm 生产工艺等方面布局一系列专利，法律赋予专利权的"先占性"使得后进入者无论自己研发成功与否，都不得擅自使用该技术。如即使当前由于美国政府限制，华为 5G 不能直接出现在美国企业的供应链中，但基于其在 5G 方面的先发专利布局与"智力贡献"，仍可间接通过知识产权获得丰厚报酬。所以创新生态系统所产生的协同共生能量，有益于核心企业获得先动者技术特权，这不仅遏制了竞争对手跟进，还通过收取专利费增加了复杂性创新的价值量。以上商业事实如表 5.8 所示。

因此基于以上分析，提出以下命题：

命题 5.5：协同共生能量促进了创新生产，即有利于扩张期企业实现复杂性创新与高价值创造的竞争优势效应。

表 5.8　从协同共生能量到企业竞争优势的代表性证据举例

协同共生能量 –> 企业竞争优势			典型数据
协同共生能量	->	创新生产优势	海尔与清华大学、巴西恩布拉科等共同研发物联网冰箱；整合全球创新资源，首创 RF 射频辅热技术，推出烤熟不烤干烤箱。2018 年华为与合作伙伴共同形成 900 多个行业解决方案；舜宇光学、索尼等同华为在摄像头模组、镜头等方面技术互补，推出摄像功能强大的 P30 Pro；同协作伙伴完成 30 多项智慧城市产业标准的制定。 台积电最早推出的 5nm 生产工艺：通过与合作伙伴无缝对接，为客户提供经过硅验证的 IP 模块和 EDA 工具；与基金会 IP 和第三方 IP 合作，为 5nm 设计基础架构提供全面的 IP 产品组合 ARM 创新生态圈缩短了 SoC 的上市时间；ARM 先是一次性收取 100 万 ~1 000 万美元的技术授权费，再按 1%~2% 版税提成
协同共生能量	->	创新应用优势	海尔与洗涤、教育等伙伴协同，打造智慧健康场景，含有在家上课、智慧阅读等 19 个应用场景；要以场景方案替代产品，跨企业跨行业的生态协同才是出路。 华为联合中国移动、长虹控股等推出 5G 电力模组、5G 工业模组等行业类模组，这加速了 5G 在能源、智能制造等更多场景下的应用；华为全球 91 万个注册开发者，使海外应用数量一年内增加了 1.1 万多个。 ARM 体系下的芯片厂商，基于各自特点在图形、功耗或 I/O 接口等方面为 ARM 芯片构建了区隔较大的市场，目前全球超过 85% 的平板电脑和智能手机、超过 70% 的智能电视都采用基于 ARM 架构的芯片
协同共生能量	->	终端用户基础优势	华为通过手机天团招募活动，让更多用户参与其中，目的是创造简洁的用户体验，让用户设计出自己喜欢的体验；2019 年华为终端用户数量达 5.3 亿。 目前全球 90% 以上的手机使用的是 ARM 芯片；2015 年 ARM 芯片出货量为 150 亿颗，预计到 2035 年年出货量增至 1 万亿颗；ARM 芯片丰富的变种使其实现了规模优势。 2018 年，台积电在芯片制造市场的占有率达 65%；2019 年台积电达到了 1 010 万片的新品出货量；台积电的 5nm 订单提前爆满。 海尔用户参与定制的 Hello Kitty 家电，仅三周收到近万名用户咨询预约；免清洗洗衣机是在与一位北京用户交流中获得启发，并在五六万名用户的响应后研出来的，上市半年就销售 20 万台

5.4.3.3　从协同共生能量到创新应用竞争优势

成功的创新产品需完善的应用互补和丰富的应用场景，才能推进其市场化。根据 Adner 的研究，在创新产品的市场应用推广中存在着外部协作风险和采用链风险。所谓外部协作风险是指，创新产品的成功商业化取决于和产品应用相关的其他创新成功实现商业化的程度；采用链风险是指，在最终用户有机会评估企业创新产品全部价值主张之前，合作伙伴愿意采用本创新产品的程度。根据外部协作风险和采用链风险理论，单一的产品创新很少构成"完全创新"，是否拥有与之互补的应用技术和完善应用场景将影响创新产品的价值市场化。

与核心创新技术产品相关的应用商、应用配套商等所形成的协同共生能量，可提升企业应对可能存在的创新应用风险的能力。因为核心创新产品、创新应用及应用配套品之间相互提供了"外部性"，而创新生态所激发的价值共创的伙伴关系、协同整合的创新能力、连接互补的创新资源，可以将这种外部性有效"内部化"，使核心创新产品的市场价值随着互补配套的完善而提升。如在 ARM 生态中，来自芯片设计商们的共生协同，以多领域优势克服了移动市场分块化严重问题，为不同间隔市场提供了丰富的 ARM 芯片变种；来自手机、平板、服务器等领域制造商的加入，则将 ARM 芯片带入更多终端设备，从而扩展了其 IP 架构的硬件应用场景；来自千万个软件开发者的协同合作，开发出了众多基于 ARM 的应用程序，这提升了 ARM 芯片在具体应用场景的计算性能。所以正是 ARM 生态系统在其产业下游领域所形成的协同共生能量，为 ARM 的 IP 架构创造了更广泛的商业应用场景、更完善的市场方案，这不仅提升了 ARM 的市场价值，更是加大了与竞争对手的市场应用分野。同样华为 5G 技术的市场推广与商业价值实现，需要在产业下游形成广泛的、可规模化复制的应用场景，否则即使 5G 技术本身很先进，而后端应用配套链中关键产业节点的缺席与链接失败，都可能将 5G 技术置于商业化失败的危险境地。而华为正是与中国移动以及电力、工业、媒体等不同模组厂商的共生协同，快速开发出了 5G 在能源、多媒体、智能制造、交通、消费等不同场景下的应用，实现了 5G 技术的规模化推广，缩小了 5G 从创新生产到高价值捕获的市场距离。相比于华为和 ARM，海尔作为离终端用户更近的家电企业，其真正的难点就是要真正体现企业优势——构建用户喜欢的应用场景。而海尔通过与建陶、食品、家纺、教育、医疗等 15 个行业的几千家伙伴生态协同，形成众多场景方案，为用户打造了海尔智家的衣、食、住、娱乐全生活应用场景。可以说，海尔生态伙伴的共生协同，使海尔智家的商业价值获得更完美的体现，即使是在家电市场下跌的 2020 年，海尔智家市场份额依然获得 4.4% 的逆势增长。

由此，生态系统产生的协同共生资源与能力有助于核心创新产品解锁其全部价值，相互依存的共生关系有助于外部应用商及应用配套商积极参与和应对相关的创新挑战，有助于他们的创新跟进和对核心产品的创新支持响应，以及为此做出开发调整。而在应用及应用配套商间形成的共生利益关系，将加速核心创新产品的下游产品或配套互补产品的推出时间，加快形成一个由应用及应用配套商等同步支撑的关乎技术、种类及规模的成熟商业应用场景。为此，Cesaroni 等把与下游应用开发商和互补配套商的协同共生看成实现从创新产品到传达给消费者、从创新到创收的市场互补资产，这种充分的市场互补资源和能力将有助于产品应用环境的完善，有助于企业及时了解、发现相应顾客的潜在需求，从而将共同助推核心创新产品的商业化进程。所以，与核心创新产品应用相关的一系列下游合作伙伴的资源、能力的配套丰富程度，以及共生关系的协同努力、价值共创程度，即所形成的关乎资源、能力、关系的协同共生能量，将有助于核心创新产品的应用场景构建和完善市场解决方案的提出，有助于创新产品在市场中的价值实现。以上代表性证据如表 5.8 所示。

因此基于以上分析，提出以下命题：

命题 5.6：协同共生能量促进了创新应用，即有利于扩张期企业实现完善应用场景构建与高价值市场化的竞争优势效应。

5.4.3.4 从协同共生能量到终端用户基础竞争优势

从创新生产到创新应用，不管涉及多么复杂的创新环节，也不管需要多么宽泛的应用场景，最终核心技术产品都要直接或作为终端产品重要部件间接为终端用户所使用。所以，终端用户对核心创新产品的高黏性和高使用数量是企业竞争优势的重要表现。

协同共生能量对终端用户基础竞争优势的影响，对于海尔、华为这些离终端用户较近的企业来说，主要表现为直接将用户纳入创新态系统并作为协同共生、价值共创关系的重要成员，作为创新过程中的重要资源和能力。事实上用户在采纳新技术产品或服务前通常会产生不同程度的抗拒，这将对核心创新产品的商业价值推广产生极大的阻碍作用，是创新产品失败的主要原因之一。而在海尔、华为的创新生态系统中，吸引用户成为创新成员并积极参与创新，不仅提升了参与者对海尔家电、华为设备与服务的购买意愿，还会明显增加第三方消费者对这些产品的感知，由此提升终端用户数量。所以张瑞敏将用户看成交互的节点而非终点，他们通过海尔的交互定制平台——众创汇让用户可全程参与产品的设计，同时通过社交媒体、HOPE 平台、海创汇、App 等将用户纳入其交互平台，并打造用户社群和生态圈。用户的协同参与使海尔产品更加契合市场需求，这有效提升了海尔用户黏性和"海粉"购买意愿。华为与用户所形成的共同利益关系，则使用户更乐于参与价值创造，他们以"用户组、共同寻源、联合创新"方式，或以联合公测、华为会员中心、华为互动社区等参与华为产品创新和服务方案创造上来。这不仅有利于消除华为产品盲点，减少华为产品与服务的市场淘汰率，其中某些拥有高质量社会网络连接的领先用户还无意中充当了核心创新平台的营销者，提升了华为创新产品的价值产出。

协同共生能量对终端用户基础竞争优势的影响，对于 ARM、台积电这些处于产业链上游或中上游而不直接接触终端用户的企业来说，主要表现为与上下游伙伴的协同共生，创造高品质的创新产品，并围绕与此形成丰富的产品变种，在多领域创造更完善和更丰富的产品应用场景。这会吸引终端用户对搭载 ARM 和台积电芯片的二次开发产品的兴趣，因为其所搭载的高品质芯片组件和愈加完善的应用场景会使用户获得更好的设备运行体验。而一旦用户的消费习惯培养起来，容易形成用户黏性，并继而会积累更庞大的终端用户数量，如 ARM 仅 2016 年至 2020 年就实现了 1 000 亿的芯片放量，台积电的芯片订单则年年爆满，仅 2019 年就达到了 1 010 万片的新品出货量。

不仅如此，协同共生能量所产生的终端用户数量和高用户黏性优势会对周边群体形成效仿效应，吸引更多潜在用户产生对创新产品的价值体验行为，形成正向周边网络效应。同时，用户参与规模的扩大，用户市场基础的形成，又会吸引生态系统中更多生态伙伴加入，形成更有生产力的协同共生能量，从而形成正向跨边网络效应。所以终端用户数量与用户黏性优势所形成的网络效应，符合"成功孕育更成功"的定律，正向周边网络效应促进了创新价值的市场扩散和市场实现，正向跨边网络效应反过来又为创新价值的市场扩散和实现提供了更好的技术产品和应用场景。所有这些，又进一步提升了终端用户数量和用户黏性，形成强大的终端用户基础。以上代表性证据如表5.8所示。

基于以上分析，提出以下命题：

命题5.7：协同共生能量扩展了终端用户基础，即有利于扩张期企业实现高用户黏性和高用户数量的竞争优势效应。

5.4.4　创新生态系统与共生整合优势模型

基于本章的案例探索和以上所提出的一系列研究命题，可构建创新生态系统对扩张期科技型企业竞争优势的影响模型，如图5.5所示。该模型回答了本章所提出的3个问题：扩张期企业视角成功的企业创新生态特质是什么，这些战略特质如何形成协同共生的创新生态能量，这些创新生态系统特质以及共生整合能量如何影响扩张期企业竞争优势的构建。即扩张期企业成功的企业创新生态战略特质表现为价值主张、平台赋能、网络配置和协同进化；拥有这些战略特质的企业创新生态系统激发了企业自身无法形成的新关系、新资源和新能力的协同共生能量；而协同共生能量提升了扩张期企业的创新势能，形成共生整合的竞争优势效应，可以在创新生产方面实现复杂性创新和高价值创造，可以在创新应用方面实现完善的创新应用场景构建和高价值市场，使其在用户基础方面拥有高用户黏性和高用户数量。所以扩张期科技型企业构建企业创新生态系统提升了企业创新整合力，与竞争者形成了外部协同共生关系差异，这加大了与其他企业在创新生产、创新应用、终端用户基础方面的竞争优势分野。

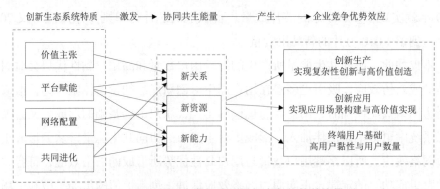

图5.5　企业创新生态系统特质与竞争优势效应模型

5.5　本章小结

本章探讨了创新生态系统对扩张期科技型企业竞争优势的影响，包括成功的企业创新生态系统特质是什么，这些战略特质如何形成协同共生的创新生态能量，进而影响扩张期企业竞争优势构建。

第一，采用扎根理论方法对海尔、华为、台积电和 ARM 4 个案例企业进行了扎根编码，形成 30 个副范畴、8 个主范畴和 3 个核心范畴。其故事主线为创新生态系统特质对扩张期科技型企业竞争优势效应的影响，而创新生态能量是影响该过程的内在机制要素，起到中介变量的作用。

第二，在扎根编码的基础上，本章理论探讨了创新生态系统的特质，指出价值主张是核心企业的价值命题阐释，是其构建和形成创新生态系统的基础前提，也是创新生态系统存在的灵魂；平台赋能和网络配置是创新生态系统构建的必要架构，前者表明了创新生态系统的平台框架特性，后者表明了创新生态系统的网络特性；协同进化是创新生态系统运行发展的核心机制。

第三，创新生态系统通过协同共生能量的中介作用，影响扩张期科技型企业的竞争优势。创新生态系统特质，激发出基于新资源、新能力、新关系的协同共生能量，价值共创的协同共生，促进了核心企业的创新生产、创新应用，并提升了终端用户基础。

第六章 创新生态系统与成熟期科技型企业的变革再造优势

创新生态系统是一个不断演化发展的系统，尤其对于成熟期科技型企业更加强调生态系统演化。因为外部产业变革容易颠覆在位者所主导的创新生态系统，故科技型企业进入成熟期由主导和构建创新生态系统演变为推进其生态系统演化和重构，并对这一时期的企业发展起主导作用。

沿着第三章所提出的科技型企业生命周期与创新生态系统发展的共演匹配逻辑和研究脉络，本章对验证识别出的第三条主要影响路径展开细致探索。即从生态演化的视角，对成熟期科技型企业创新生态壁垒坍塌的原因以及如何实现成熟期企业创新生态优势的变革再造进行解析。研究选取诺基亚、英特尔、腾讯和微软4个典型案例，采用扎根理论、多案例研究和跨学科交叉分析法进行探索，试图发现成熟企业创新生态系统作为一个不断演化发展、不断优化上升的系统，它是如何遭遇生态壁垒的坍塌致使生态系统衰落的，创新生态系统应通过什么样的生态演化实现科技型企业竞争优势跃迁以及创新生态壁垒重筑。

6.1 分析框架

（1）生物进化的间断平衡理论

自然生态及所承载的生物演化是指一切生命形态发展、变化的演变过程。关于自然生物的进化一直被达尔文的"渐变论"所主导，认为生物的进化是一个自然选择下的渐进演变过程，并为广大自然生物学者所认可。而1972年美国自然

148

博物馆的 Eldredge 和 Gould 两位古生物学家在达尔文的"渐变论"基础上共同提出了"间断平衡理论"，并引发了生态学、遗传学、古人类学、地质古生物学等学界一场关于生物进化的大论战。

"间断平衡理论"认为，自然生物进化并非如达尔文所说的是一个缓慢连续、渐变积累的过程，而是将"渐变"和"突变"两种现象囊括在内，是一个长期稳定与短暂跳跃剧变交替的过程。也就是说，自然生物进化长时间内是微小连续性变化，即处于相对稳定与平衡状态，而短时间内这种稳定与平衡会被大的剧烈式突变所打断，之后又是新的连续微小变化的相对稳定平衡状态。

生物的渐变式进化通常发生于外部大自然环境相对稳定或较少变化时期，此时生物物种及所依存的生态系统的演化进程也相对缓慢。物种基因在保持相对稳定的状态下，极少发生突变，多是为了应对其他物种竞争和适应微变的外部环境，发生连续、微小、逐渐积累的进化，因而物种间关系以及之间的能量传递相对稳定。渐变式演化对于已经占有优势生态位的物种来说，可使其逐步完善和提升自身机能，可持续性占有在生态圈里的统治者地位。而生物的突变式进化则通常发生于外部大自然激烈变迁、生存环境发生天翻地覆变化时期，大的地壳运动，如温度、土壤、水、气候等发生完全的变换组合，原有的生态平衡被打破，一些物种因适应不了快速变化的自然环境而突然灭亡，而与此同时一些物种发生大的、不连续的基因突变，由此适应新环境的新物种开始出现，整个生态系统演化为一个承载新物种、新关系、新能量的新生态体系。

因而，自然界的生态演化是一个间断平衡的过程，是渐变与突变、连续与间断的辩证统一。虽然"间断平衡理论"曾遭到一些学者的质疑，并被认为"够勇敢，但没有事实根据"，但是它对现有的生物进化研究产生了重大影响和冲击，为人类重新认识自然界的生物演化提供了新思想和新讨论。

（2）创新生态系统的渐进式与变革式演化

外部环境的共同作用使得创新组织的演化也存在"间断平衡"现象。因此，类似于自然生态物种的渐变式演化和突变式演化，企业创新生态系统演化可划分为渐进式演化与变革式演化。

创新生态系统的渐进式演化同样发生于外部技术和产业环境相对平稳时期，其产业界限相对清晰，行业结构相对稳定，参与者也相对明确。此时，外部相对平稳的技术和产业环境少有变革性技术威胁到企业的生存，对于已经拥有完善创新生态系统并占据市场主流地位的成熟期核心企业来说，其竞争威胁主要是来自其他追赶者的基于与在位者相同或类似技术轨迹的产品或方案之争。因此，成熟期核心企业主导的创新生态系统演化主要是基于原异质性资源能力和原核心技术产品，即延续原技术轨迹和创新范式，对其进行稳定的持续改进、更新和完善，适应和迎合平稳市场里的需求变化，以保证生态系统的欣欣向荣和丰富产出。

创新生态系统的变革式演化通常是发生于外部技术或产业环境激烈变动时期，生态系统主体抛弃已有的价值主张、技术轨迹和商业模式，突破性创新形成一种全新的市场解决方案，发现和创造新价值空间。这种变革式演化可能会使整个创新生态系统所承载的核心技术产品、利益相关者及竞合共生关系等发生彻底变化，而核心企业作为原创新生态系统的主导者自身也会演变为一个全新的企业，其价值主张、平台赋能、网络配置、协同演化及共生能量等都将重新构造起来，一个更能适应新变革环境的全新生态系统已演化完成。

（3）本章分析框架

根据生物进化的间断平衡理论，创新生态系统不同的演化方式将对成熟期科技型企业的竞争优势发展产生不同影响。外部产业竞争环境相对平稳时期，创新生态系统的渐进式演化加固和维持了成熟期企业已经构建起的创新生态壁垒，实现了竞争优势的可持续、动态性发展。而在外部产业技术环境激烈变革下，成熟企业创新生态自身的变革式演化虽可能会颠覆掉围绕原核心新技术新产品形成的创新生态壁垒和产业领导者地位，但一个更加契合市场走向的新创新生态会逐渐建立起来，从而形成基于变革式演化的新生态优势。当然，企业如果一直沿袭渐进式演化，即这种变革式演化没有主动发生于企业内部，外部先发的颠覆性变革可能会绕过在位主导者已经建立的生态壁垒，直接创造形成新的解决方案和价值空间，从而把在位者所拥有的生态优势完全颠覆掉。对于成熟企业创新生态系统来说，这就如克里斯坦森所提出的"创新者的窘境"。

所以，基于创新生态系统的两种演化方式，以及本章"创新生态系统与成熟期科技型企业竞争优势再造"这一研究主题，本章提出如图6.1所示的分析框架。

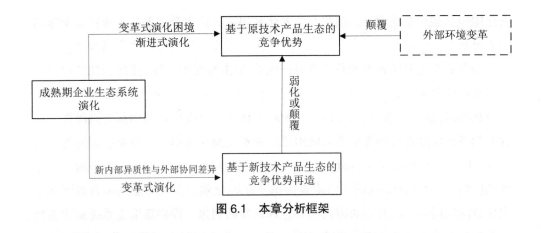

图 6.1 本章分析框架

6.2 研究设计

6.2.1 研究方法

本章主要目的是探讨成熟期科技型企业创新生态系统为什么可能会遭遇生态壁垒坍塌，并致使生态系统衰落，成熟企业创新生态系统应如何以主动变革式演化实现竞争优势再造，属于"为什么"和"如何"型研究问题。现有研究中虽有个别学者开始探讨创新生态系统对企业竞争优势的影响，但只是对竞争优势构建和有益影响方面的思考，没有关注到创新生态壁垒坍塌、创新生态竞争优势再造等现象议题。鉴于所研究问题的独特性和新颖性，可参考文献较少，属于探索性研究范畴，故本章继续采用扎根理论和多案例研究方法。

6.2.2 理论取样

本章核心论题是"成熟期科技型企业创新生态系统变革式演化困境与竞争优势再造"，这一论题具体可分为"外部冲击与变革式生态演化困境"和"主动变革式演化与竞争优势再造"两部分。对于"外部冲击与变革式生态演化困境"部分，探讨的是外部环境变化以及系统自身演化困境导致生态壁垒坍塌，而对于"主动变革式演化与竞争优势再造"探讨的是成熟企业创新生态系统如何主动进行变革式演化实现竞争优势再造，两部分对应着两种现象，而这两种现象通常不易发生于同一案例企业，即使是在不同时间点。所以，关于"外部冲击与变革式生态

演化困境"和"主动变革式演化与竞争优势再造"两部分需要分别选择案例进行
深入分析。

　　基于典型性和适配性原则，关于"外部冲击与变革式生态演化困境"部分，
研究选取诺基亚和英特尔两个案例进行分析。虽然诺基亚已在手机市场消失数年，
也有相当研究者和战略专家探讨其失败的原因，如将其归结为内部管理问题，或
者有的概念性地指出诺基亚不是败给了苹果和三星而是败给了创新生态网络，甚
至在 BBC 推出的 *The Rise and Fall of Nokia 2018* 纪录片中将其失败归结为"诺基
亚的傲慢"。也许诺基亚的失败不是由单一原因导致的，它可能是多方面因素影
响导致的败局，但这并不妨碍我们以一种崭新的视角，即创新生态系统演化视角
对它的失败进行探析和借此阐明问题。英特尔是全球知名半导体公司，作为 PC
时代的业界领航者，占有全世界 80% 以上的计算机芯片市场份额。但是随着移
动互联网时代的到来，英特尔并没有将其在 PC 领域的成功复制到其他领域，其
在半导体界的市场地位和竞争优势已被相当弱化，未来发展也受到前所未有的挑
战。因此英特尔案例同样适用于"外部冲击与变革式生态演化困境"这一理论探索。

　　同样基于典型性、数据可取性、适配性等原则，关于"企业竞争优势再造"
部分，研究选取腾讯和微软两个案例企业进行分析。腾讯是一家互联网科技企
业，对于互联网企业的生命阶段很难根据传统生命周期理论以其存在的时间去简
单认定，互联网技术企业的生命曲线表现为急速陡坡，技术产品发展快速且周期
短，某一技术产品成熟后如果不快速变革往往就是短暂巅峰后的迅速衰落。如果
根据传统企业的成长经验，仅以企业建立时间判断腾讯并不能算作成熟企业，但
是其主导的技术产品却已几经成熟和变换，否则腾讯早已消失在变革的洪流中。
因而从技术产品变换的视角，腾讯可以算作互联网界的成熟公司。回顾腾讯发
展，在其核心产品 QQ 占据社交通信软件市场领先者地位时却推出了微信，这是
对移动变革时代的回复，也是对腾讯自身和对 QQ 的革命和自我颠覆，它再造了
腾讯的竞争优势。微软作为一家软件技术企业，在其扩张期围绕 Windows 实施
创新生态系统战略，以此成功成为 PC 操作系统及应用软件市场引领者，特别是
其 Windows 产品在全球形成了绝对市场垄断地位。然而微软进入成熟期，在历经
Windows Phone 的失败后，为了更好地应对移动互联网时代的变革，微软决定脱
离对 Windows 的过度依赖，即开始了从 Windows 主导产品战略到移动为先、云
为先的自我战略颠覆，也由此实现了微软的又一次新生。故腾讯和微软的案例事

件与研究所要探讨的成熟企业主导的创新生态系统自我变革式演化理论相适配。

6.2.3 数据收集

诺基亚、英特尔和微软 3 家企业的数据收集以二手资料为主,腾讯的案例数据一方面来源于二手资料,另一方面实地参观了该企业并进行了访谈。①选定 CSSCI 来源期刊,在 CNKI 网站中分别以"腾讯""诺基亚""微软"和"英特尔"为主题词进行检索,并对检索到的论文进行二次筛选,整理出有价值的文章 11 篇。②通过网络搜索有关诺基亚、腾讯、微软和英特尔公司的文章,尤其关注与诺基亚手机衰落、英特尔 PC 芯片衰败、腾讯微信崛起、微软移动为先云为先战略变革的相关文章和评论。③通过案例企业官网等收集各类公开披露的企业财务数据和事件线索等。④一手资料方面,2018 年课题组赴腾讯参观,收集了企业内部刊物,并与腾讯中高层管理者和部分技术人员围绕 QQ 与微信进行了半结构化访谈,访谈约 40 分钟。研究共收集整理资料 19 万多字,试图通过尽量全面和完整的资料收集,真实客观呈现事件,以为理论挖掘服务。

6.2.4 信效度确保

为了保证研究信度,在调研前研究制订了充分的调研计划,并设计了案例研究草案,建立了案例研究数据库。为了保证研究效度,本章采用多元数据来源,谨慎分析资料以形成完善的证据链,并请访谈对象检查案例报告,在形成理论后与文献对话。具体策略如表 6.1 所示。

表 6.1 确保信效度的策略方法

信度与效度指标	所采用数据策略	采用策略的阶段
信度	制订充分的调研计划与研究草案	研究设计
	按照案例企业建立资料数据库	数据收集
	多位分析者,按照严格的程序范式,基于扎根理论范式共同编码	数据编码
构建效度	多元数据来源,形成证据三角	数据收集
	交由部分案例企业管理者审核编码结果	数据编码
	按照令人信服逻辑建立完整的证据链,即从原始数据到概念、范畴、主范畴、核心范畴,再到命题	数据编码与研究发现

续表

信度与效度指标	所采用数据策略	采用策略的阶段
内在效度	邀请外部专家指导，对编码结果进行修订	数据编码
	课题组讨论，对编码结果进行讨论	数据编码
外在效度	与已有文献对话	研究发现
	案例对比研究	研究设计

6.3 数据分析与编码

6.3.1 数据分析策略

案例研究中数据分析主要是进行数据压缩和概念升华，以涌现理论框架。本章数据分析策略如下：

第一，按照案例企业和数据来源不同，将原始资料分别归类。

第二，选取所有案例企业的 2/3 原始资料（剩余 1/3 资料用于理论饱和度检验），按照扎根理论范式并结合内容分析法，采用软件 Nvivo 10 进行数据编码。按照研究预想，案例企业诺基亚与英特尔、腾讯与微软分别指向不同的理论涌向，因此辅助编码的硕士生同本书作者共分为两组，一组负责诺基亚与英特尔资料的编码，另一组负责腾讯与微软资料的编码。

第三，每组分为案例内分析与案例间分析两个阶段。即先由组内两名编码者分别选择一个案例企业进行案例内分析，基于事先确定的编码方案对核心构念背靠背独立编码。然后本书作者同每组编码者共同进行案例间分析，比较两个案例企业所涌现的构念及构念间关系的差异性和相似性。接着通过资料补充和课题组讨论等解决出现的少数编码冲突问题，进而基于复制逻辑与图表形式不断比较案例数据和涌现的理论，形成理论框架。

6.3.2 数据编码

（1）开放性编码

在软件 Nvivo 10 中，通过对 4 个案例企业资料分别逐句贴标签，并概念化编码和整合，最终整理出 256 个现象事件，进一步提炼出 141 个概念，归纳形成 42 个副范畴（由于此处开放式编码过程与前面章节类似，且主要的范畴提炼都在后文的证据举例中呈现，此处不再列表举例）。

（2）主轴性编码

为了发现数据间的深层结构和逻辑推理关系，依据"因果条件→现象→脉络→中介条件→行动策略→结果"的典范模型，把开放式编码形成的 42 个副范畴纳入 12 个主范畴，分别为创新生态惯例、变革式演化成本、锁定效应/路径依赖、外部变革、渐进式演化、创新生态壁垒、颠覆/衰落、驱动因素、变革共识、变革行动、创造性颠覆、竞争优势再造，具体如表 6.2 所示。

表 6.2　主轴式编码结果

主范畴	副范畴
优势创新生态惯例	结构惯例、行动惯例、认知惯例
变革式演化成本	沉没成本、机会成本、转换成本
锁定效应/路径依赖	锁定效应、路径依赖
渐进式演化	原技术路径、原价值主张、温和改进
创新生态壁垒	知识产权、应用场景、用户黏性、网络效应
外部变革	外部新价值主张、跳跃性技术、生态系统参与者结构、新竞争规则
颠覆/衰落	价值空间缩小、市场合法性弱化、加速衰落
驱动因素	生态系统的异质性、生态系统开放学习、生态系统自由探索、外部技术变革、产业颠覆性威胁、客户需求快速变化
变革共识	底层个体变异的触发推动、高层领导者的领导力推进、对变革方向的共同理解
变革行动	自底层新路径自由探索、自高层战略路径转换、创新生态系统分化
创造性颠覆	外部合法性驱动的内部合法性提升、内部合法性驱动的外部合法性提升、原生态系统合法性弱化、产业适配的新生态系统
竞争优势再造	新核心技术产品差异、新创新生产、新创新应用、新终端用户基础

（3）核心编码

主范畴创新生态惯例、变革式演化成本、锁定效应/路径依赖共同表明成熟期企业通常不易发生变革式演化的原因，故将其归纳为"变革式演化困境"核心范畴。同理，主范畴外部变革、渐进式演化、创新生态壁垒、颠覆/衰落共同表明了外部变革发生时成熟企业创新生态系统在渐进式演化中是如何被颠覆或衰落的，故将其归纳为"外部创新生态颠覆"核心范畴。而主范畴驱动因素、变革共识、变革行动、创造性颠覆共同表明了成熟企业生态系统如何突破锁定效应进行变革，并创造更有生命力的新生态系统，故将其归为"变革式演化"核心范畴。主范畴竞争优势再造不再归入任何范畴，单独为"竞争优势再造"核心范畴。根据核心范畴之间的逻辑关系，构建出这样一条故事线：成熟期企业创新生态系统存在变革式演化困境，在环境发生变化时容易遭遇外部创新生态颠覆，所以成熟期企业更应进行变革式演化，以实现企业竞争优势再造。编码得到最终数据结构如图 6.2 所示。

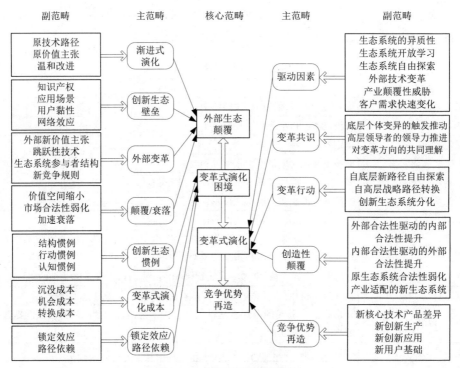

图 6.2　扎根编码数据结构

6.3.3　理论饱和度检验

　　一方面，本章围绕所研究问题，反复进行"模型—数据—文献"的多重迭代，对 4 个案例企业反复进行数据的搜集、补充和多重确认，并继续按照编码逻辑进行概念和范畴提炼，直到经验数据和既有文献达到吻合，不再涌现新的概念和关系逻辑；另一方面，本章选用剩余 1/3 案例企业资料素材进行理论饱和度检验，按照扎根理论编码过程对其分别进行开放式编码、主轴式编码和选择式编码。无论是从创新生态系统的渐进式演化逻辑，还是从变革式演化逻辑，均未发现新的主范畴或概念路径。因此，上述"创新生态系统演化对成熟期科技型企业竞争优势的影响"的编码结构理论上是饱和的。

6.4 案例分析与研究发现

本章基于扎根编码和所形成的故事线，探索到 3 个主要的理论发现：①外部变革对已有创新生态系统壁垒的破坏威胁；②成熟期科技型企业创新生态系统主动变革式演化困境；③主动变革式演化与创新生态系统竞争优势再造。由于以上理论发现均涌现于具体的案例资料，因此研究结合"故事线"片段和质性案例资料的典型引用进行解释分析。

6.4.1 外部变革度对成熟企业的生态颠覆

通过对案例企业诺基亚和英特尔的分析发现，作为业界领先者，它们分别基于功能机和 PC 计算的产业场景，提出适应于时代的价值主张。而围绕其价值主张，形成一定的竞争规则、技术路径和生态系统协作结构，由此在创新生产、创新应用和终端用户基础方面形成了持续发展的竞争优势，在知识产权、应用场景、用户黏性以及三者间的正向网络效应方面构建起难以逾越的创新生态壁垒。它们长期坚持创新生态系统的渐进式演化，即沿袭原价值主张和技术路径进行温和改进，以实现竞争优势的持续占有。而外部竞争者或后进者则很难基于当前的竞争规则，直接突破诺基亚或英特尔所构建的创新生态壁垒，在当前技术路径上超越二者。但是外部技术环境、商业模式的剧烈变革和 3G 技术的出现，以 2007 年苹果公司的 iPhone 推出为节点，以苹果、三星等为代表的手机厂商和以 ARM 阵营为代表的移动计算厂商将消费者带入了智能手机时代和移动计算时代，这使得诺基亚与英特尔所面对的产业竞争场景发生了彻底变化，即外部竞争者形成与原竞争场景下完全不同的价值主张、生态系统参与者结构、竞争规则、技术路径和生态壁垒。具体如表 6.3 和表 6.4 所示。

表 6.3　智能手机环境对诺基亚生态系统的颠覆

关键构念	诺基亚手机生态系统	苹果、三星等智能手机生态系统
价值主张	为用户提供高质量通信功能的手机硬件产品，满足用户通信需求	以连接互联网、提升用户体验为主，满足用户在生活、娱乐、购物、工作、学习等方面的多样化需求
生态系统参与者结构	以手机硬件产品为核心的生态结构，包括手机生产者、操作系统、配件提供者、销售商、用户等	手机硬件＋操作系统＋软件的生态结构，包括手机生产者、操作系统提供商、配件提供者、应用软件供应商和开发者、内容服务提供者、网络通信相关的技术服务支持者、销售商、用户
技术路径	更好的通话信号、更长的待机时间、更好的手机通话性能等	在满足更方便、更快速、更丰富需求方面的技术提升
竞争规则	手机硬件产品的竞争	手机硬件＋软件的竞争，更多体现为用户体验、用户服务的竞争
创新生态壁垒	基于 2G 通信手机的技术、产业标准、知识产权，在手机质量方面形成的用户黏性	基于 3G 或 4G 的价值生态体系，基于智能手机的技术、产业标准和知识产权，在用户体验和多样化服务方面形成的用户黏性，在内容提供者、软件应用开发者、用户之间形成的正向网络效应
外部生态颠覆	智能手机市场份额超越功能机市场份额，且日渐成为主流（价值空间缩小）；诺基亚的手机市场地位逐渐下降（市场合法性弱化）；2011 年营业利润出现负值，2013 年手机业务被微软收购（加速衰落）	

表 6.4　移动环境对英特尔 PC 芯片生态系统的弱化

关键构念	英特尔的 PC 芯片生态系统	ARM 的移动芯片生态系统
价值主张	满足用户对芯片的高计算需求，在客户端成为个人电脑等设备的杰出芯片和平台供应商	满足用户对芯片的个性化和低能耗需求，以 IP 授权的模式给予客户"随意怎么玩"的自由成长空间
生态系统结构	基于短价值链模型的垂直整合式结构：英特尔进行芯片设计与生产，并与微软形成"WINTEL"联盟，以及戴尔、联想等 PC 设备制造商	基于长价值链模型的松散联盟式结构：ARM 进行架构设计，围绕与此包括 Google 等操作系统提供商、高通等芯片设计商、台积电等芯片制造商、华为与 Apple 等移动设备制造商
技术路径	采用复杂指令集（CISC），追求高运算能力、先进的生产工艺和"向前兼容"	采用精简指令集（RISC），追求高能源效率、低成本和多核并行计算
竞争规则	PC 场景下更高计算性能芯片的竞争	移动场景下更节能芯片的竞争

关键构念	英特尔的 PC 芯片生态系统	ARM 的移动芯片生态系统
创新生态壁垒	PC 应用场景下，基于复杂指令集（CISC）的技术标准、知识产权和精湛生产工艺，以及由此形成的协作联盟，和在高计算性能和兼容性方面的用户黏性	移动应用场景下，基于精简指令集（RISC）的技术标准和知识产权，以及在开发、设计、分包制作、组装生产等产业链环节形成的正向网络效应，以及在差异化和低成本方面的用户黏性
外部生态颠覆	随着移动终端市场的逐渐扩大，PC 及 PC 计算市场逐渐萎缩（价值空间缩小）；英特尔 PC 芯片出货量逐渐下降（市场合法性弱化）；2016 年英特尔在整个半导体芯片市场份额由 2010 年的 80% 降为 14.7%（加速衰落）	

对诺基亚而言，智能手机生态系统的价值主张不再以满足通信为主，通话甚至变成了辅助功能，而是转为满足用户在生活、娱乐、工作、学习等方面的多样化需求。这种新的价值主张解决了用户痛点，改变了用户对手机的价值需求特征。由此，智能手机生态系统的竞争规则不再仅是诺基亚所擅长的手机硬件的竞争，而是转为"硬件＋软件"以及用户体验、用户服务的竞争，其技术路径也由诺基亚一直追求的通话信号、待机时长、硬件性能技术跳跃到与丰富应用场景有关的技术提升。由此，生态系统参与者除了诺基亚所强调的与手机硬件相关的配套互补者外，还加入了应用软件开发商与个人、内容服务提供者等，他们共同为用户提供了学习工作、游戏娱乐、社交休闲等完善的应用场景，提供了金融消费、旅游出行、音乐视频等丰富服务内容。所以，外部颠覆性竞争者完全绕开了诺基亚围绕通信手机硬件所打造的创新生态壁垒，因为智能手机的生态壁垒更多是在用户体验和多样化服务方面形成的用户黏性，在内容提供者、软件应用开发者、用户之间形成的正向网络效应。

对英特尔而言，移动场景下以 ARM 为代表的芯片生态系统的价值主张不再以满足用户的高计算需求为主，而是转为满足用户对芯片的个性化和低能耗要求。移动计算设备最关心的是能耗问题，故芯片生态系统的竞争规则也由 PC 场景下芯片计算性能的竞争转变为移动场景下芯片能耗的竞争，由此其生态系统的技术路径由英特尔所擅长的复杂指令集（CISC）直接跳跃到了精简指令集（RISC）。在生态系统的建构中，英特尔将产业链大部分环节和价值掌握在自身手中，构建的是基于短价值链模型的垂直整合式生态结构，而 ARM 只占据指令集开发环节，芯片设计、分包制作和组装生产等价值环节由足够的外部参与者完成，形成的是基于长价值链模型的松散联盟式生态结构，这不仅有利于各价值环节的差异化创新，并且每一环节参与者都成为 ARM 的对外协同竞争力量。由此竞争者 ARM 等同样绕开了英特尔在复杂指令集（CISC）技术、垂直生态协作联盟和（高计算性能）用户黏性方面构筑的生态壁垒，并在新产业场景先发构筑起基于精简指令集（RISC）、松散协作联盟的正向网络效应以及高用户黏性的生态壁垒，从而弱化了英特尔的行业王者地位。

可见，来自智能手机和移动设备的颠覆性变革，完全颠覆了 2G 功能手机时代和 PC 计算时代的价值主张、技术路径、竞争规则和生态结构，使得诺基亚曾经形成的关于功能手机和英特尔关于 PC 计算芯片的核心竞争力已基本失效，甚至完全无用武之力，因为原竞争场景和游戏规则已经彻底改变，其构筑的生态壁垒已经完全不起作用。而外部竞争颠覆者不仅绕开了诺基亚与英特尔构筑的创新生态壁垒，还因新价值空间的开发改变了用户对手机和芯片的价值需求场景和需求特征，从而在新市场空间扩展的同时又侵袭了诺基亚与英特尔所主导的功能机和 PC 计算市场。这使得一直专注于功能手机生产和手机硬件售卖的诺基亚，以及专注于高计算性能芯片开发并垂直掌控芯片多价值环节的英特尔，无法适应外部环境的剧烈变革，不仅未能在新产业场景占据一席之地，更无法保住日渐萎缩的功能机和 PC 计算市场。

由此，成熟企业创新生态系统的失败往往发生于外部技术竞争环境激烈变革时代。来自外部竞争者的变革性技术产品、变革性竞争规则、变革性用户价值理念，对渐进式演化发展的成熟企业创新生态系统所承载的技术产品、所依赖的竞争规则、为用户提供价值的理念造成了颠覆性破坏，具体如图 6.3 所示。这些极具颠覆性的竞争者，在为用户创造价值方面通常是提出了一种新的价值主张，由此形成新的价值创造空间，这种新价值主张和价值空间使用户对技术产品的价值追求产生了焦点转移，进而侵袭了在位者的价值空间。因此，外部变革性创新使竞争者"弯道超车"，直接绕开了在位企业生态系统所构筑的创新生态壁垒，绕开了其在知识产权拥有、应用场景构建和用户黏性方面打造的生态难题。同时，外部颠覆性的变革创造了一种全新的竞争规则，新价值主张和新产业结构下这种全新的竞争规则使在位企业的原技术范式、原能力价值、原创新生态壁垒已经失效，所依存的价值生态系统已不适应当前竞争环境。这导致在位成熟企业生态系统的市场主导地位和竞争优势逐渐弱化，价值空间逐渐被侵袭进而衰落，表现为创新绩效的不断下滑，或者企业的适应性差、合法性不足等。

基于以上分析，可以得出以下命题：

命题6.1：成熟期企业生态系统沿袭渐进式演化方式，而其生态壁垒坍塌易发生于外部环境变革时代，竞争者绕开了在位企业的创新生态壁垒，使其遭遇外部生态颠覆。

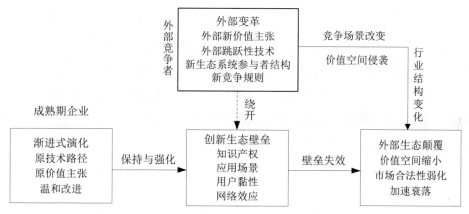

图6.3　外部变革与生态系统颠覆

6.4.2　成熟企业生态系统变革式演化困境

健康完善的企业创新生态系统化解了创新的复杂化趋势与企业仅在"某一狭窄范围内构筑核心能力"的尖锐矛盾，通过协同共生能量创造了更加完整的群体竞争优势，使其发展为业界成熟领先企业。但是，为什么新一轮的颠覆性变革没有首先出现在这些成熟企业生态系统内部？为什么作为生态系统领导者，这些成熟领先企业没能主动推进颠覆式变革演化将其原生态系统带入新竞争时代，而是被外部变革所颠覆？

有研究表明，企业的生态演化选择受到企业成熟度的影响，成熟领先企业更加善于和倾向于渐进式创新，存在变革式演化困境。因为对于拥有成功历史的成熟企业生态系统来说，形成优势创新生态惯例，即一种稳定而高效率、高收益率的生态系统程序模式和价值创造轨迹，它是一定环境中的企业自我维持、自我发展能力，是现有独特优势获取的有效保障。创新生态系统惯例包含结构惯例、认知惯例和行为惯例。其结构惯例表现为创新生态系统稳定的要素能量构成和作用关系，如累积形成的资源、能力、技术专利等共生能量，长期信任的共生合作关系等。认知惯例表现为创新生态成员共同遵守的思维方式、内隐规范和交互共识等，如过去的成功经验、知识学习和知识记忆等。行为惯例表现为系统整体重复遵循的合理性组织行为，如一定的产品研发路线与技术发展轨迹、创新范式等。

与渐进式演化相比，变革式演化意味着要放弃当前的优势创新生态惯例，即突破当前的认知范式与技术发展轨迹，使现有资源能力、技术专利等共生能量荒废，不仅对现有竞争优势造成破坏，而且需脱胎换骨、破坏性创新等极端模式，这将面临新一轮的创新生态投入，以及由此引发高技术风险和高不确定性。因而，诺基亚与英特尔完善的创新生态、拥有过去成功的优势创新生态惯例使其陷入"在位者魔咒"，具体表现为沉没成本、机会成本和转换成本三个方面的演化困境，进而形成创新生态系统演化的路径依赖和锁定效应，如图6.4所示。

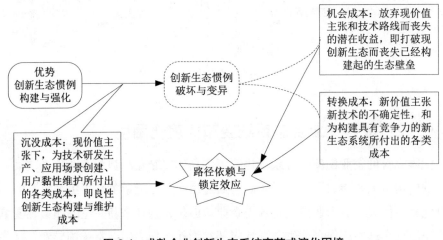

图6.4 成熟企业创新生态系统变革式演化困境

（1）沉没成本

沉没成本是已经承诺投资付出的但不可回收的成本。对于创新生态系统来说，沉没成本是企业基于某一价值主张和核心技术产品，构建或嵌入某合作生态系统进而形成和保持优势创新生态惯例的累积投入。而对于生态系统中的核心企业来说，生态系统和优势创新生态惯例的构建，其实是以自身为主的生态投资行为。

如案例企业诺基亚，在以质量好的硬件和Symbian操作系统为核心的企业生态系统构建运行中投入巨大。除了每年用于手机硬件的巨大研发费用，诺基亚从与爱立信等共同成立 Symbian 公司到完全收购 Symbian 再到改进该系统，同样持续投入了大量研发人员与研发费用，这使其在是否应放弃已过时的 Symbian 系统上面临艰难抉择；为了优化手机的应用场景和用户体验，诺基亚则不惜开放操作系统源代码，并以各种方式吸引应用开发商。而案例企业英特尔，为了核心业务 X86 架构芯片生态系统的持续多产，其在研发和生产方面以维护摩尔定律为己任，每年将销售收入的 20% 主要投入于实验技术和盈利部门。为了保持和扩展 X86 架构技术芯片的市场应用，英特尔与微软在长期磨合中组建了"WINTEL"联盟，并以补贴形式获得下游 PC 厂商的支持和相关硬件厂家的互补配套。为了更好的用户体验，英特尔坚持深耕于 X86 架构芯片的"高计算性能"和"向前兼容性"。

　　所以成功企业创新生态系统的投入表现为，一是核心企业对创新生态系统所承载的核心技术或产品的开发、先进性保持方面的技术研发投资；二是为后端应用商兼容采用、后端应用互补配套品提供方面的市场应用投资；三是在终端用户基础维持和用户体验方面的用户黏性投资。而以上投资主要是基于某一特定价值主张和特定技术路径的承诺付出，往往具有资产专用性特征，前期投入的可打捞价值很低。故对案例企业诺基亚和英特尔等成熟领先企业来说，放弃承载当前核心技术或产品的创新生态系统，之前在手机硬件、操作系统、应用场景伙伴关系构建上的持续投入，在 PC 领域 X86 架构技术上的持续深耕，都将变为不可回收的沉没成本。并且当这种投入越多，其沉没成本也就越大，企业被锁定在当前价值主张、当前技术产品路径的可能性也就越大。因而，这使诺基亚和英特尔很难轻易放弃现有的投资路径和优势生态惯例，而轻松地转向其他技术路径和创新投资，即企业进入"相互替代陷阱"。以上来自现场的证据如表 6.5 所示。

表 6.5　沉没成本的代表性证据举例

企业	沉没成本	数据支持
诺基亚	技术研发投资	2007—2011 年，每年研发费用在 55 亿欧元以上；研发费用的 90% 用于手机硬件；花 4 亿欧元完全收购 Symbian，为 Symbian 继续投入 14 亿美元，公司 1.72 万名研发人员参与其中
	后端应用投资	不惜开放 Symbian 源代码，以各种方式吸引应用开发商
	用户黏性投资	花 150 亿美元用于电子地图、导航软件等方面的伙伴合作和收购，以提升用户体验

续表

企业	沉没成本	数据支持
英特尔	技术研发投资	2011—2012 年，研发费用高达 195 亿美元；斥资 200 亿美元建厂提升生产工艺，不到两年时间为新产品投资近 400 亿美元；为了有更多精力研发其优势项目 X86 架构技术和对付竞争对手 AMD，不惜卖掉移动业务 ARMstrong
	市场应用投资	为了鼓励对开发超级本相关技术和产品的软硬件厂商进行投资或联合开发，为超级本设立了规模达 3 亿美元的市场基金
	用户黏性投资	2013—2014 年，为了让平板厂商采用 Atom 处理器，不惜亏损 70 亿美元

（2）机会成本

机会成本是脱离某一价值体系而失去的未来潜在收益。对于成熟企业生态系统来说，是企业放弃基于当前价值主张或核心技术产品的优势创新生态惯例而形成的潜在损失，这种损失来自原优势创新生态惯例为其带来的不断递增的丰厚收益，它是造成成熟企业生态系统变革式演化困境的最主要原因。

而这种不断递增的丰厚收益来源于本书第五章所讨论的创新生态系统的三种竞争优势效应。一是创新生产优势，表现为企业突破复杂性创新挑战，协同利益相关者在某一核心技术或产品研发生产上形成的先进性、高频更新性和高价值性。如诺基亚拥有可推出一部部经典手机的高频更新能力，除此之外还拥有诸多手机硬件技术专利，许多为行业标准。英特尔作为 PC 芯片老大，则拥有庞大的规模和先进的生产工艺，拥有以研发和生产制造获胜的优势。二是创新应用优势，表现为已构建起的由应用商及应用配套商等同步支撑的成熟商业应用场景。如诺基亚的 Symbian 操作系统有着在当时看来良好的创新应用，有着与当前 Android 系统一样的辉煌；而英特尔与微软的"WINTEL 联盟"，以及稳固的戴尔、惠普、联想等下游 PC 厂商合作队伍，把英特尔芯片安装到了更多终端设备上。三是终端用户基础优势，诺基亚自 1996 年开始连续 15 年全球市场占有率第一，英特尔则拥有全球 80% 的半导体市场用户，在终端用户看来英特尔 X86 处理器已成为高品质的代名词。表 6.6 中"来自现场的声音"作为证据举例。

表 6.6 机会成本的代表性证据举例

企业	机会成本	数据支持
诺基亚	创新生产优势	诺基亚一直位居功能机市场领先者地位，从 1996 年开始协同创新生产伙伴成功推出一部部经典手机，如诺基亚 1100、诺基亚 1110、Nokia 1200 等
	创新应用优势	Symbian 曾获得多数手持通信设备厂商支持，如摩托罗拉、富士通、西门子、索尼、爱立信等；Symbian 许可授权为诺基亚带来丰厚收入
	终端用户基础优势	诺基亚拥有坚实的用户基础，如诺基亚 1100 在 2003 年累计出货量为 2 亿部……即使在智能手机崛起的前几年，依然享有巨大市场份额
英特尔	创新生产优势	协同上游配套者使集成电路上的晶体管数量，保持每几年翻一番的速度；英特尔给他们的芯片标上远远高出合理水平的定价，享受高利润
	创新应用优势	虽然下游合作伙伴对英特尔的利润垄断有诸多不满，但与戴尔、惠普、联想等形成的稳固渠道，给 X86 芯片带来市场推广优势
	终端用户基础优势	在 PC 时代，英特尔一直享受着高销量和高利润兼得的市场地位；这家公司卖出了不计其数的芯片

所以，成熟企业创新生态系统如果放弃当前的价值主张，放弃其承载当前核心技术产品的优势创新生态惯例，将会失去在创新生产、创新应用和终端用户基础方面的生态优势效应，丧失已经建立的技术先进者地位和竞争规则制定者地位，进而失去市场领先者地位和高价值捕获的可能性，其防御外部竞争者的生态壁垒也将可能废弃，企业在价值主张选择时将脱离原先的机会结构。尤其对于诺基亚、英特尔这样的核心企业，作为创新生态系统的布道者，对其生态投入最多，从中获取的收益和优势也最多，如果放弃当前的价值主张和技术路径，各种潜在的机会损失也将最大。

（3）转换成本

在非连续变化环境下，即使成熟企业生态系统克服了变革式演化惰性，也并不意味着就一定能与新产业情境相适配和实现持续增长。因为生态系统的持续增长以新合法性的建立和基于新生态惯例的竞争优势的形成为前提，而这不仅需要对未知的关键技术产品进行新一轮的探索研发，需要对围绕于此的外部协同生态构建的资本、时间和情感关系付出，还将面临更多的不确定性和未知风险，即存在转换成本。

案例企业的自我转换成本表现为如果转向智能手机或适用于移动设备的计算芯片，生态系统参与者尤其是作为核心企业的诺基亚和英特尔，需在研发投入、伙伴关系构建、应用场景打造以及市场不确定性等方面支付高额的"自我置换"成本。事实上，诺基亚先于苹果早在 2004 年就研制成功了触控技术，但是却没能及早推出智能手机，当时的诺基亚管理者们曾一致认为基于触控技术的手机市场太小，而且研发这样的手机需要花费巨大成本，能否有足够的价格区间赢得回报是一个未知数。对于英特尔，并没有在移动变革时代到来的早期及时将重点转向移动芯片，因为生产移动芯片需要从技术上克服自家 X86 指令集的高能耗问题，而这却是公司在保证高计算性能前提下一直迟迟未解决的难题。而即使此问题得到解决，英特尔还需重新培育与此适配的移动操作系统伙伴，需吸引一批设计公司和移动设备商加入其新生态中。而事实上，面对先入为主的 ARM 松散开放商业模式，英特尔的垂直整合商业模式很难吸引到合作者。

所以，新旧技术、新旧价值生态系统的切换将面临巨大的移动壁垒和转换成本。首先是核心技术与产品重构成本，不仅构建新核心技术和产品将面临新一轮成本投入，而且能否攻克一系列无法预知的技术难题并成功推向市场也是一个未知数。其次是外部协同重构成本，即围绕新关键技术，重新培育零部件技术配套供应群落、商业应用群落与用户，使他们愿意协同努力并与核心企业形成一致的创新步伐，而一个协调一致的新生态圈培育需要从技术指导、应用兼容、情感信任、文化理解等多方面付出和投资。最后是预期风险成本，研发新技术、探寻新途径、建立新生态必须承担不确定性带来的预期风险，面对研发失败和未来市场利润为负的可能后果，这是成熟企业最不容忽视的转换成本之一。以上支持性数据如表 6.7 所示。

表 6.7　转换成本的代表性证据举例

企业	转换成本	数据支持
诺基亚	核心技术重构成本	对于智能机操作系统，诺基亚的一位高管指出"打造一个新的手机操作系统需要时间，所以不得不选择坚守 Symbian 系统"
	外部协同重构成本	面临一个更加复杂的涉及智能手机操作系统、拥有互补性资产的合作伙伴，以及第三方软件开发商的生态营造问题
	预期风险成本	2013 年诺基亚的手机部门被微软收购，所以 2011 年开始的诺基亚与微软的合作印证了这种不确定性给予诺基亚的失败
英特尔	核心技术重构成本	英特尔如果进入移动市场，首先要解决的就是能耗问题；英特尔需对并不为公司强项的 ARM 架构进行大量未知投入，实现低能耗

企业	转换成本	数据支持
英特尔	外部协同重构成本	移动芯片这样的新业务需要得到移动设备制造商的支持；考虑是否建立"开发、授权、设计、分包制作、组装生产"的商业模式
	预期风险成本	英特尔进入移动市场首先面对的现状是，"几乎所有的对手，都是 ARM 的合作商"；移动芯片售价低，英特尔保持高利润率会面临巨大压力

（4）锁定效应与路径依赖

由对沉没成本、机会成本和转换成本的分析可知，构建已有优势创新生态惯例的高沉没成本、放弃这种惯例的高机会成本、构建新优势惯例的高转换成本，将使得成熟核心企业很难低成本脱离原有的创新价值生态体系，由此形成锁定效应，进而产生路径依赖。或者说，越是成功并带来丰厚收益的创新生态惯例，它的稳定性越强，系统内成员对创新方向的认知和行动形成一种体制化、惯例化的组织共享基模，即组织的认知结构和共同行动倾向，它将行动固化为相对稳定的行为范式，在面对某一情境时组织整体形成一致性的理解和相互协同性的行为预期。长期沉淀形成的共享基模使得主导创新生态系统的核心企业内部及核心生态成员间往往表现出思维认知的趋同性，决策行为的固化，以及墨守成规的组织惯性，结果将很难对出现的新环境、新问题提出反思和质疑，进而减少了企业试错和变革机会。但是，这并不代表引领生态系统发展的成熟核心企业创新乏力或安于现状，既有路径的创新活动和每年大量研发经费的投入都已成为程序性的事务，并实行着完美无瑕的管理，只不过其努力的路径和方向是延续当前的技术路径和竞争规则，是在当前价值生态系统认知范围内基于原优势惯例的努力。所以，成熟核心企业现有成功的生态系统和优势创新生态惯例，往往成为其变革的障碍和转型的累赘，成为新竞争环境中的刚性缺陷。

基于以上分析，可以得出以下命题：

命题 6.2：成熟企业创新生态系统的变革式演化困境在于，高沉没成本、高机会成本和高转换成本使其很难低成本突破原优势创新生态惯例，即在演化路径上形成锁定效应和路径依赖。

6.4.3　创新生态变革式演化与竞争优势再造

诺基亚手机被颠覆与英特尔芯片被边缘化的案例表明，成熟期企业创新生态系统的成功实践形成固化的价值理念、认知规范，以及模式化的行为模式和技术路径，受锁定效应影响，在外部环境变革后仍依于原创新生态惯例，进行更加努力但有可能为无效的市场研发和连续性创新中。那么当核心企业主导的创新生态系统拥有了竞争优势并进入成熟期，面对外部不断变革的产业环境该如何主动突破变革式演化枷锁，进行创造性颠覆以再造竞争优势？研究将腾讯、微软案例事件与创新生态系统变革式演化问题对接分析，识别出成熟期科技型企业创新生态系统变革式演化的过程机理，以及所引致的企业竞争优势再造，具体如图 6.5 所示。

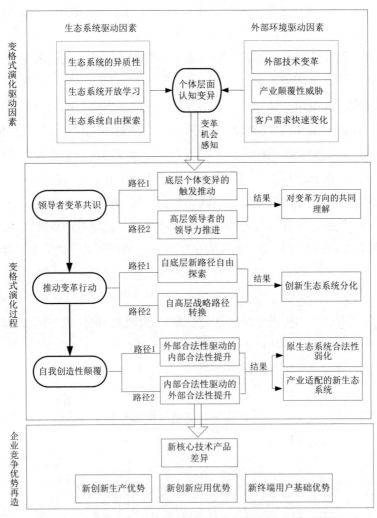

图 6.5　成熟期企业生态系统变革式演化机理与竞争优势再造

6.4.3.1　创新生态系统变革式演化的驱动因素

对案例企业腾讯与微软的分析发现，他们由 QQ 到微信、由 Windows 到云计算的变革式生态演化事件均发生于外部环境快速变革时期。其面临的共同外部技术环境为由 PC 互联网转向移动互联网，进而又向云和人工智能时代转变；客户需求则快速变化，表现为对互联网的使用方式发生改变，通过智能手机随时随地连接互联网，对操作系统的使用情境也由电脑转向手机等移动设备；与此同时产业内颠覆性威胁显现，移动端的即时通软件开始出现并快速发展，苹果、谷歌几乎已占据智能手机操作系统全部市场。无疑外部环境的快速变革，引发了案例企业的"在位者危机"，驱动微软与腾讯的变革思索与变革行动。

但是进一步对比腾讯与微软的变革演化事件发现，腾讯的变革及时而迅速，微软的前期变革则漫长而挫折。究其原因，腾讯能够更及时地实现由外部环境变化到内部变革机会感知，除了外部环境的变革推动外，还关键在于其生态系统的异质性、开放性，以及对创新个体学习和自由探索的鼓励，进而能够打破路径依赖和锁定效应。腾讯的开放学习、异质与自由探索，一方面表现在虽已坐拥中国即时通软件市场第一的地位，却一直保持开放学习的态度，从马化腾到公司员工一直坚持学习外部新理念，敏锐关注移动互联网的变革发展；另一方面，时为腾讯广州邮箱团队的张小龙作为腾讯内部的异质个体，在对外部产业演进的自由探索中，关注到了 Kik 等手机 App 的快速流行，更是敏感意识到了它可能会对 QQ 造成危机，从而给马化腾发邮件表达了想做微信的异质想法。所以在外部环境发生变革时，腾讯能够及时从外部环境层面感知到移动端即时通软件的即将壮大，从个体层面意识到腾讯需要一款基于移动互联网场景的社交软件，由此及时实现了对生态变革机会的感知。

相比于腾讯，微软对变革机会的感知漫长而挫折，恰恰源于微软长期累积的"封闭、傲慢、官僚主义"的企业文化，其创新生态系统已丧失了开放、学习和自由探索的特质，从而延缓了微软对移动时代的及时感知和采取行动，一定时期内陷入了自我蒙蔽之中，最终错过了移动革命。好在时任部门经理的纳德拉没有被体制同化，无论是在对诺基亚手机的并购还是对产业变革的判断，他都有着迥异于微软高层的异质判断和行动，在个人的探索学习中感知到云和人工智能可能带来的机遇，产生部门核心业务全盘转向云的异质想法。正因为纳德拉这种"异质物种"的存在，微软才从个体层面感知到了变革的机遇与方向。

由以上分析发现，外部环境的技术变革、客户需求的快速变化和产业颠覆性威胁，以及创新生态系统的异质性、开放学习与自由探索特性，成为生态系统内个体层面认知变异与系统变革式演化的主要驱动因素。首先，外部环境变革引发了企业的"在位者危机"，驱动其在原生态惯例基础上进行对未来发展的不确定性探索，这避免了企业在相对狭窄和相似的市场竞争环境中外部性学习的贫瘠和同质性，避免了"以 PC 端通信为主"和"以 Windows 为核心"的竞争惯性产生。其次，生态系统的开放学习与自由探索，驱动其不断进行外部新知识、新技术、新动态的学习捕捉，使其更容易感知机会与威胁，形成未来发展的认知与判断。另外，生态系统内部创新个体的异质性，以及鼓励个体的自由发展，更容易驱动其产生一些区别于当前价值主张的"开发一个全新通信产品"和"抛弃核心业务转向云"的异质想法。当然，无论是外部的知识学习，还是生态内部个体的自由探索，关键是要形成变异性新知识与判断。而最初这些新知识只能是在某一个体或小范围层面促使如张小龙、纳德拉等个人行动和认知的改变，还没有影响到整个生态系统尤其核心大企业整体的基模变化，即只形成个体基模。事实上，一个组织在进行变革，实施对影响未来发展的当前行为认知的忘却活动时，最先是从个体层面出发的，从个体层面认识到新行为认知的先进性和高效性，认识到新技术发展的可能性，这将为未来系统内部的颠覆性变革奠定认知基础。以上典型的数据支持如表 6.8 所示。

表 6.8　变革式演化驱动因素的代表性证据举例

企业	驱动因素	典型数据支持与概念化
腾讯	外部环境驱动因素	2007 年苹果推出智能手机，同时 3G 网络开始出现普及（外部技术变革）；互联网用户向移动互联网迁移，2010 年中国的移动互联网用户数量接近 3 亿，并保持 40% 的高速增长（客户需求快速变化）；市场上基于移动终端的各类即时通信软件开始出现，2008 年 Skype 的手机版本出现……一款名为 Kik 的 App 15 天内便拥有了 100 万个用户（产业颠覆性威胁）。因此马化腾谈到坐等外部变革来颠覆腾讯，不如自己去颠覆自己
	生态系统驱动因素	腾讯前 CTO 张志东指出，公司内部必须要有鼓励说真话、开放学习的机制（开放学习）；张小龙看到 Kik 时，认为移动互联网需要建立一个新的 IM，而这个新 IM 会对 QQ 造成危机，于是连夜给马化腾发邮件，想做一款全新的即时通信软件（异质性、自由探索特性）

续表

企业	驱动因素	典型数据支持与概念化
微软	外部环境驱动因素	自 2007 年智能手机、iPad 等新型移动设备不断出现，3G 网络技术在全世界普及（外部技术变革）；移动设备已成为用户主要应用场景，2013 年 Windows 的 PC 市场份额降为不足 33%（客户需求快速变化）；2007 年开始用于互联网手机的 iOS、Android 操作系统陆续发布，微软的 Windows Phone 基本被排斥在移动市场之外，云计算则被亚马逊主导（产业颠覆性威胁）。因此纳德拉认为应单一要素最大化，将所在部门业务转向云
	生态系统驱动因素	鲍尔默一直不愿意承认 Windows 已经过气这个事实，2012 年坚持宣称：对于微软，没有什么比 Windows 更重要；在经历了 Windows 的巨大成功后，企业任何损害 Windows 的有关行为都将被禁止，微软企业文化逐渐变得封闭和傲慢；这是典型的"鸵鸟政策"……导致其错失变革良机（缺乏开放、学习和自由探索的特质）

基于以上分析，研究提出以下命题：

命题 6.3：外部技术变革、客户需求快速变化和产业颠覆性威胁，以及创新生态系统内部的异质性、开放学习与自由探索特性，是驱动成熟企业创新生态变革式演化的主要因素。

6.4.3.2 创新生态系统的变革式演化过程

（1）领导者变革共识与推进变革行动

在内外因素的驱动下，当创新生态系统内个体层面发生认知变异，感知生态系统的变革机会后，能够实现由变革机会感知到变革行动的转变，关键在于企业领导层能够形成对外部环境的共同认知和变革共识，并及时响应和采取行动，进而能够打破惯例依赖和锁定效应。当然，腾讯是繁荣发展时期的预防性变革演化，微软是在遭遇衰退时的被迫变革之举，所以两企业领导层形成共同认知和采取变革行动的具体路径有所差异。

对于腾讯而言，其变革的共同认知主要源于系统内个体变异进而引致的个体层与企业高层的同频共振。腾讯领导层如马化腾一直认为"要有危机感，防止被颠覆的最好办法就是自己打自己"，所以当变异个体张小龙提出想做全新社交 App 的异质想法时，马化腾立即共识响应，这使腾讯当年虽坐拥 PC 社交老大的市场地位，却能从主体上意识到移动变革给企业带来的危机，预判性认识到技术路径和价值理念的不连续性变化。从而快速反应和应对，马化腾支持变异个体张小龙从非主流的广州邮箱团队分化成立微信开发小组，并远离深圳总部由其自由发展，这有益于摆脱原基于 QQ 的生态惯性和思维定式。腾讯的变革行动是高层支持下的自底层展开的新生态路径的自由探索，而非企业战略层面的整体性变革。

与腾讯不同的是，微软在被迫寻求变革之时，个体层面的变异物种纳德拉被任命为 CEO，这使纳德拉可以上升到整个企业层面推行他的变革理念，以文化变革打破原基于 Windows 的惯例认知。所以微软变革共识的形成主要是来自于企业 CEO 的影响力和推行力，这使企业管理层很容易与曾作为变异个体的纳德拉形成变革共识。其变革行动表现为，微软影响力的日渐衰落迫使纳德拉上任后立即行动，在企业战略层面提出"移动为先云为先"，即将先前的资源承诺视为沉没成本，直接砍掉已成负累的智能手机业务板块，通过操作系统免费等逐渐弱化 Windows 生态系统的核心地位，并将云上升为独立一级业务板块。这是高层权威领导者推动的由 Windows 跳跃向云计算的生态路径转换，而非个体层面的新生态路径自由探索。

所以当个体层面感知到变革机会后，一方面，作为生态系统核心企业的领导层，必须形成对外部环境变革的共同认知，无论是来自于底层个体变异的触发推动，还是来自于企业领导者的领导力推进，都要在变异者与企业高层之间拥有一套语言和思维框架来讨论问题，以克服固化的主导逻辑。这表现在领导层面要及时关注个体层面的变异，并吸收上升到整个组织层面进行讨论和研判，以形成对变革发展的共同理解，如果这种理解没有从个体层面上升到整体层面，基于原有生态惯例的认知就会形成变革障碍，整个企业生态系统就会错失对重大机会与威胁的感知。另一方面，认知上的改变需要核心企业必须快速反应和应对，而不要在意识到变革来临时还充当"温水中的青蛙"。其具体的变革演化行动，可以是在企业高层支持下自底层展开的新生态路径的自由探索，也可以是高层权威领导者推动自上而下的生态路径战略转换。对于第一种演化路径，根据克里斯坦森的颠覆性创新理论，为了能将某些个人或小范围的新知识发展为未来可能成为大放光芒的主导业务，大企业需要及时将此部分变异的创新个体从原生态系统中分离出来，成立独立组织由其自底层自由探索，而不是从原生态系统内部培育发展。因为这样容易受到原生态系统内部主流价值观、技术路线、应用场景和客户的影响，已有个体层面的变异可能会在原固化的行为认知和既得利益中被逐渐扼杀。

对于第二种路径，需要企业的权威领导者根据对变革发展的认知进行企业价值理念与技术路径的转换，将以前的资源投入视为沉没成本，并以企业文化变革、新业务组织构建与变革业务的战略提升等，从企业战略层面打破原生态路径锁定与惯例依赖，进而实现新生态系统的分化。以上典型的数据支持如表 6.9 所示。

表 6.9　变革式演化过程的代表性证据举例

企业	变革过程	数据支持与概念化		
		路径		结果
腾讯	变革共识	收到张小龙的邮件后，马化腾也同样担心，认为已有 10 年发展史的 QQ 已不是这个移动互联网时代最需要的通信产品（底层个体变异的触发推动）	->	马化腾认为，腾讯需要构建一款更适合移动应用场景的新产品（对变革方向的共同理解）
	变革行动	马化腾也没有睡，他连夜给张小龙回复邮件"马上就做"；张小龙回忆说："整个过程起点就是一两个小时……写了这个邮件，就开始了"（自底层新路径自由探索）	->	2010 年 10 月，一个从广州 QQ 邮箱的团队中分化出的 10 人小组成立，在张小龙的领导下在酒店里集中封闭式搞研发（创新生态系统分化）
	创造性颠覆	发展之初张小龙曾请求腾讯其他部门配合推广微信却遭拒绝；2012 年微信注册用户数量突破 2 亿，2013 年达到 6 亿；2014 年，腾讯开始成立微信事业群，微信升级为腾讯的一个战略级产品（外部合法性驱动的内部合法性提升）	->	如今大家打开 QQ 的频率越来越低（原生态系统合法性弱化）；微信不仅发展为一个社交平台，还成为连接内容和服务方的公众平台，一个以微信为核心的创新生态正在被打造（产业适配的新生态系统）
微软	变革共识	2014 年纳德拉被任命为微软 CEO，提出了"移动为先，云为先战略"；他指出，时代变了、用户变了、技术变了……微软也必须变化，……微软错过了移动革命，但不想再错过云革命（高层领导者的领导力推进）	->	作为一个团队，我们必须达成共识：云为先战略是我们的指北针（对变革方向的共同理解）
	变革行动	纳德拉卖掉了诺基亚业务；在 Build 2014 上提出取消 Windows Phone 手机和小于 9 寸平板的软件授权费；提出 Windows10 以免费升级方式提供给用户；将混合云模式作为云战略的切入点（自高层战略路径转换）	->	Windows 虽仍为微软的"现金奶油"，但智慧云成为公司的一级业务板块，这是对过度依赖 Windows 的一种转换（创新生态系统分化）

企业	变革过程	数据支持与概念化	
		路径	结果
微软	创造性颠覆	2015年以后单列智慧云为一级业务板块，将2020年Office 365更名为Microsoft 365，这使微软云业务收入不断增长，2017年飙升至189亿美元，全球500强企业的85%成为微软云平台客户（内部合法性驱动的外部合法性提升）->	2017年Windows部门的营收占比下降为17%，曾是微软核心的Windows业务退居二线（原生态系统合法性弱化）；微软变成一家以云计算为主的新公司（产业适配的新生态系统）

（2）生态系统的自我创造性颠覆

案例企业腾讯和微软在形成变革共识并推进变革行动后，最终都成功实现了生态系统的创造性颠覆。即在自我变革式演化过程中，原生态系统合法性虽遭到一定程度的弱化，却构建了更加高效和适配变革产业情境的新创新生态系统。进一步分析两案例企业从变革行动到创新生态系统重构的事件过程，可识别出两条不同的创造性颠覆路径。

腾讯是繁荣发展时期的预防性变革演化，即变革之初QQ生态仍稳坐中国社交软件第一把交椅，无论是在企业内部还是在外部市场都有着较高的合法性地位。也正因如此腾讯采取了自底层自由探索的变革路径，这使得初期承担变革任务的微信小团队在腾讯内部合法性不足，在推广上甚至很难获得其他部门的配合协作。但是由于微信自设计之初就定位于移动互联网应用场景，外部新产业情境的适配使其很快由一款通信App发展为一个广泛的社交平台。微信的外部市场创造让腾讯意识到变革行动的未来可期，企业的核心资源和战略重心开始转向微信。所以微信外部市场的合法性表现驱动了其企业内部合法性的提升，而这进一步加快了微信的创造性颠覆步伐，这期间虽然破坏了QQ的外部市场地位，却为腾讯创造了一个全新的、收益能力更强的社交生态系统。

相比于腾讯，微软是在遭遇衰退时的被迫变革之举，所以即使变革之初的Windows在企业内部仍占有绝对统治地位，但为了走出严峻的创新者窘境，纳德拉毅然将企业核心战略由Windows转向云计算，这使得云计算一开始在企业内部就被赋予了超然的合法性。纳德拉不仅不再将Windows作为独立事业部存在，更是将云计算升级为最高级业务部门，将人力、资本等全部"弹药"集中于此，这使云计算业务获得快速发展，不仅覆盖到全球 30 个区域，而且成为全球开发者最大生产力平台。所以云计算在微软内部的合法性地位驱动了其在外部市场合法性的快速提升，不仅形成"技术平台 + 应用平台 + 交互平台"的完整云生态架构，而且取代 Windows 成为微软的新增长引擎。

由以上分析，腾讯体现的是一条外部合法性驱动内部合法性提升的创造性颠覆路径。即当企业变革性创新演化的内部合法性低于某一阈值，而外部合法性高于某一阈值时，企业分化出来的变革性业务初期在企业内部处于一个较被动情境。而新产业情境下变革性创新的外部扩散与市场化程度的提高，让企业内组织场域对变革性创新业务形成充分共识，其在企业的合法性地位得到加强，企业的战略重心也转向变革性创新业务，而这将加快企业创新生态变革式演化步伐，由此一个更加高效的新创新生态系统可能使企业外部影响力获得级数级提升。微软则体现的是一条内部合法性驱动外部合法性提升的创造性颠覆路径。即当企业变革性创新演化的外部合法性低于某一阈值，而企业内部合法性高于某一阈值时，引领变革性生态演化的核心企业可能因遭遇自身影响力衰退与创新者窘境的巨大压力，以及对潜在市场敏锐的嗅觉，内部产生强烈推进生态变革演化的意愿。其内部核心资源与技术能力的集中优势，成为推进创造性颠覆的强大后盾，它有力推动变革性业务的市场扩散，外部合法性地位的提升使企业在新产业情境下重新提振外部影响力。以上无论是基于哪种路径，变革性创新的合法性提升过程与新生态惯例的制度化过程都会对原生态系统造成破坏与冲击，但是生态系统变革性演化的本质在于创造颠覆、破旧立新，新旧生态系统的变更是成熟企业避免衰落、走向新生的必然之路。以上典型的数据支持如表 6.9 所示。

基于以上分析，研究提出以下命题：

命题 6.4：成熟企业成功的创新生态变革式演化过程表现为形成变革共识、推进变革行动和进行创造性颠覆。

（3）企业竞争优势再造

创造性颠覆突破了成熟期企业的变革式演化困境，不仅形成一个适配变革情境的新创新生态系统，而且先发发展为市场主流生态。这有效避免了来自外部的破坏颠覆，为企业带来变革再造的新竞争优势。根据前面章节的分析，企业创新生态系统的优势表现为在企业内部异质性资源能力基础上的外部协同关系差异，即企业自身既拥有适配产业发展的核心技术产品，又围绕与此形成创新生产、创新应用和终端用户基础的生态优势效应。

如案例企业腾讯，生态系统的变革式演化形成适用于移动网络场景的微信社交系统这一新核心技术产品，并首先发展为市场主流。围绕于此在创新生产方面，腾讯先发积累了一批匹配性好的开发者，他们共同促进了微信产品的复杂性创新与高价值创造；在创新应用方面，微信生态优先拥有一批应用配套者和应用场景开发者，如内容创建者、小程序开发者、公众号建设者等，他们丰富完善了微信的应用场景；在终端用户基础方面，先发积累起来的海量用户已经对微信的应用场景形成黏性，因为它串联起了用户的工作、生活，已成为大多数人的一种生活方式，放弃微信将产生很大的迁移成本。

微软的变革式演化则先发形成了适用于云计算场景的"基础设施＋平台＋服务"的核心云产品。围绕于此在创新生产方面，微软积累了 6.4 万多家的设备与服务技术配套者，他们同微软一起创造了更加有竞争力的云计算产品；在创新应用方面，形成庞大的互补开发商群，他们共同为微软云终端用户提供了更加丰富的云端工具和服务；在终端用户基础方面，微软作为唯一能同时提供基础设施、平台解决方案和服务的云供应商，对大企业客户尤其是有着更高要求的世界 500 强企业产生了极大吸引力，同样放弃微软云计算对大企业来讲会产生更大的迁移成本。

而进一步，腾讯微信和微软云在创新生产、创新应用和终端用户基础方面的正向网络效应又进一步放大了这种竞争优势和壁垒效应，这使微软重新发展为市值最高的科技公司，腾讯则实现了市值与影响力的级数级增长。因而，主动变革企业基于先发提出的新变革性技术，将重新在创新生产方面实现复杂性创新和高价值创造，在创新应用方面实现完善的创新应用场景构建和高价值市场捕获，在终端用户基础方面拥有高用户黏性和高用户数量，以此形成新的先发生态优势和创新生态壁垒。

基于以上分析，研究提出以下命题：

命题 6.5：成熟企业成功的创新生态变革式演化形成更适配产业发展的新核心技术产品差异，并围绕于此形成了创新生产、创新应用和终端用户基础的新生态优势效应。

6.4.4　生态演化与竞争优势再造的整合模型

受新技术革命、新产业革命的影响，当前外部环境的"地壳运动"更加频繁，各类颠覆式创新不断出现。诺基亚与英特尔是遭受外部变革冲击和内部创新生态演化惰性的典型代表，他们作为"笨重的狮子"如果能够与外部环境相协同，勇于颠覆自己及早实施变革式生态演化，也许将会重写今日智能手机和移动芯片生态格局。而腾讯和微软作为生态系统成功变革式演化的典型代表，如果在变革到来时未及时抓住机遇，未及时形成变革共识并采取行动，也难免会遭遇被颠覆或衰退的命运。案例企业给予启示与借鉴，研究基于以上分析与发现，构建成熟期科技型企业创新生态系统演化与竞争优势再造的整合模型，如图6.6所示。

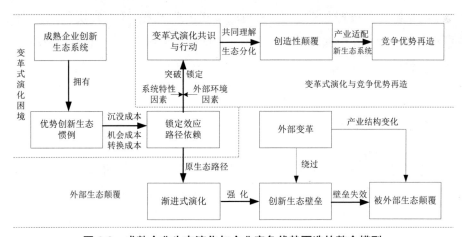

图6.6　成熟企业生态演化与企业竞争优势再造的整合模型

该模型回答了成熟企业创新生态作为一个不断演化发展、不断优化上升的系统，它是如何遭遇生态壁垒的坍塌致使生态系统衰落的，创新生态系统应通过什么样的生态演化实现企业竞争优势跃迁以及创新生态壁垒重筑。即对拥有成功历史的成熟企业生态系统来说，形成优势创新生态惯例，在连续性变化的环境中它成为企业获取高效率和高收益的保障，是企业持续竞争优势的源泉。也正因如此，成熟企业更倾向于保持以往的认知、行动和模式，难以突破变革转型的沉没成本、机会成本和转换成本而陷入路径依赖和锁定，这将组织引入一个漏斗，逐步减少企业战略活动的空间，缩小企业在适应竞争环境过程中选择的机会。所以当非连续性的变革环境出现时，外部跳跃性技术竞争者将直接绕开在位企业所构筑的创新生态壁垒，形成新价值空间，这将引致在位成熟企业的价值空间逐渐被侵袭，其主导地位逐渐被弱化进而衰落。而成熟期企业创新生态系统能够成功实现变革式演化，关键在于内外两个方面的因素驱动，外部的环境变革因素将使企业产生"在位者危机"，内部的生态系统开放、异质等特性将使其不断学习探索，这有利于驱动生态系统突破路径依赖，产生变异。而打破锁定效应、感知变革机会的生态系统，关键是要在领导者层面及时形成变革共识并推进变革行动，以形成对变革方向的共同理解并进行生态系统分化，进而才可能进行创造性颠覆。这个过程是一个以主动变革式演化打破企业生态惯例，抓住产业变迁机遇，再造企业内部核心技术产品差异和外部协同关系差异的过程，它实现了变革环境下的企业竞争优势再造。

可以说没有永远的企业，只有时代的企业。尤其在当前这样一个日益变化的新竞争时代，企业只有不断地主动进行变革式生态演化，不断转换和提升自己的内部异质资源能力并由此发展为新生态，才能适配外部环境，重构竞争优势，成为时代的企业。

6.5 本章小结

本章探讨了创新生态系统对成熟期科技型企业竞争优势的影响，包括成熟期企业创新生态系统变革式演化的困境，以及如何以主动变革式演化实现企业竞争优势再造。

第一，通过对诺基亚手机衰落和英特尔 PC 芯片衰败事件的探索研究，对"外部冲击与变革式生态演化困境"议题得出结论，成熟期科技型企业创新生态系统的生态壁垒坍塌容易发生于外部环境激烈变革时代，来自外部后进者的变革性技术产品和新价值主张，直接绕开了在位者构建的创新生态壁垒和竞争规则，使其被颠覆掉；而成熟企业创新生态系统存在高沉没成本、高机会成本和高转换成本的演化困境，所以很难主动推进变革式生态演化。

第二，通过对腾讯从 QQ 到微信的自我颠覆、微软从 Windows 到云计算的自我变革事件的探索研究，对"主动变革式演化与竞争优势再造"议题得出结论，创新生态系统的内外因素共同推动了其变革式演化，其演化过程体现为形成变革共识、推进变革行动和创造性颠覆，而最终实现成熟期科技型企业竞争优势再造。

第七章　研究结论与展望

　　本章主要在前文研究的基础上，对其研究成果进行归纳得出研究结论，并指出本研究的理论贡献，给出管理启示与对策建议，明晰未来研究方向。

7.1　研究结论

　　围绕"基于创新生态系统的科技型企业竞争优势研究"这一核心议题，研究按照"文献梳理—创新生态系统与科技型企业竞争优势发展的动态关系分析—创新生态系统与初创期科技型企业的孵化生长优势—创新生态系统与扩张期科技型企业的共生整合优势—创新生态系统与成熟期科技型企业的变革再造优势"的研究脉络层层展开。

　　本研究识别出企业生命周期内创新生态系统与竞争优势的主要影响变化关系，即随着企业不断发展，企业所依赖的创新生态系统战略重点也在演变，科技型企业生命周期与创新生态系统发展形成一个协同演变与匹配的过程。表现为随着企业生命阶段的变化，需要相应的生态系统和生态系统特性与之匹配，这将带动企业不同生命阶段创新生态系统形态和特性的演变。整个协同演变过程使企业竞争优势经历了三次大的转换，即初创期由新生劣势到获取比较优势、扩张期由比较优势转为竞争优势、成熟期由原竞争优势再造为新竞争优势。这个过程表现为初创期主要通过外部良好空间的创新生态系统支持给养，积累创新能量，"孵化"出企业内部异质资源能力差异；扩张期主要由企业创新生态系统整体的协同撬动，形成在资源能力差异基础上的外部生态协同关系差异；成熟期主要由创新生态系统的主动变革演化，形成以监测和引领外部产业结构演进，再造内部资源能力差异和外部生态协同关系差异的竞争优势过程。所以，基于创新生态系统的科技型企业竞争优势，主要是在企业发展的不同生命阶段引发的初创期孵化生长、扩张期共生整合、成熟期变革再造的生态优势。

（1）创新生态系统对初创期科技型企业孵化生长优势的影响，表现为以"嵌入外部支持性创新生态系统—创新生态场—生态场力作用于企业"的影响机理，以此促进企业不断创新、持续生存、占位突破和阶段跃迁

第一，基本要素和特殊机制共同构成外部良好支持性创新生态系统。

初创期企业的孵化生长需要一个热带雨林式的外部支持性创新生态系统。这个能够促进企业创新成长的创新生态系统既包括基本生态要素，又包含特殊的生态机制。创新的专业性服务环境、创新的技术企业网络、创新基础设施与科技环境、创新的政策与法律法规环境、创新的社会人文环境共同构成外部良好创新生态系统的基本要素，自由生长与鼓励异质、社会关系网络与创新传导、可持续发展与不断反哺、创业精神与创新文化共同构成了生态机制。特殊的生态机制正是外部支持性生态系统区别于其他一般创新系统并形成热带雨林式创新生态系统的核心所在。

第二，外部良好支持性创新生态系统形成创新生态场。

基于其完善的基本要素和特殊的生态机制，外部良好创新生态系统在一定时空域内创新要素间及同环境相互作用，形成创新生态场。场内叠加形成的强大场源形成对外部资金、人才、技术等创新要素的吸引力，场内丰富的要素之间恰当的场力作用促进了内部知识、技术、资源等的频繁流动和有机结合，加速了创新者及系统整体创新能量的提升，加快了时空域内高质量的经济发展。

第三，外部支持性创新生态系统以生态场力作用于企业，促进初创企业的孵化生长。

创新生态场"活化"了系统内部要素，在创新组织间追赶竞争力、组织间合作外溢力、专业网络服务力、区域政策文化根植力和外力的非线性叠加下，创新种群整体不断增长，创新能量不断提升，生态系统内物种的生长正是不断克服负向力、放大正向力的发展过程。对于初创期企业，其生长需要良好的资源服务、高质量的创新创业机会、交流学习的知识空间，以及把理念转化为行动的社会动

力，而外部支持性创新生态系统以生态场力，将科技资源、机会、知识学习、动力共同作用于初创期企业，促进了企业的不断创新、持续生存、占位突破和阶段跃迁生长优势的形成与提升，进而实现其从种子期孕育到苗期生长到学习稳固阶段的顺利快速转变。

（2）创新生态系统对扩张期科技型企业共生整合优势的影响，表现为以"构建企业创新生态系统—协同共生能量—共同高价值创新生产与应用"的影响机理，为市场提供更有价值的整体性创新解决方案

第一，价值主张、平台赋能、网络配置和协同进化构成企业创新生态系统特质的重要建设维度。

扩张期企业所构建起的创新生态系统不同于一般的企业合作网络，它既不是传统的供应链，也不只是一个企业平台。创新生态系统是创新的动态互动网络，是跨越了行业和企业边界的多要素、多网络交织融合的生态体系，是由多物种、多种群组成的相互作用的创新共同体。具体来说，企业创新生态系统体现为价值主张、平台赋能、网络配置和协同进化4个建设维度的生态特质。其中，价值主张是企业产品或技术服务市场用户的总体目标，是协同外部合作伙伴共同实现的价值命题和价值愿景，是形成创新生态系统的基础前提；平台赋能不仅强调围绕核心技术产品构建创新的协作平台，更加强调为参与者和企业自身赋能，强调平台的治理与开放共享，以及参与者能够找准自己核心位置和利益点；网络配置表明企业创新生态是一个创新的合作网络，但是这个网络更加强调内部参与者的异质多元和连接传导，参与者关系的松散耦合和网络边界的模糊交融，平台赋能和网络配置共同构成创新生态系统的必要架构；协同进化表明了创新生态参与者的动态关系特征，强调合作伙伴的竞争协作，以及在相互依赖和学习中共同进化，它是创新生态系统运行的核心机制。

第二，创新生态系统特质激发了新资源、新能力、新关系的协同共生能量。

创新生态系统特质下，企业与外部参与者共同作用，形成协同共生能量，即整合互补、冗余激活与共同创造的新资源，系统整合、碰撞迭代与惯性突破的新能力，整体性外部竞争、信任共生与价值共创的新关系。具体表现为清晰明确的价值主张有利于形成协同共生的新关系，平台赋能有利于形成协同共生的新关系、新资源和新能力，网络配置有利于形成协同共生的新资源和新能力，协同演化有

利于形成协同共生的新能力和新关系。

第三，通过协同共生能量的中间作用，企业创新生态系统有利于扩张期企业复杂创新的生产、创新的应用和终端用户基础三个方面的优势效应产生。

扩张期企业要以高价值量的复杂性创新实现生长的跃迁，但其遭遇的成长限制来自技术创新的复杂性、市场发展的不确定性和自身能量的有限性，以及各种可能的创新盲点。因而单个创新主体的创新活动承受着较高风险，复杂性技术创新的成功、创新成果的有效市场化为小概率事件。而企业构建的良好创新生态系统，通过激发协同共生的创新能量，以优化配置的新资源、互补协同的新能力、协同共生的新关系，在创新生产方面实现了企业的复杂性创新与高价值创造，在创新应用方面实现了完善的应用场景构建与高价值创新的市场实现，在终端用户基础方面实现了高用户黏性与更多的用户数量基础。

（3）创新生态系统对成熟期科技型企业变革再造优势的影响，表现为"外部变革直接颠覆掉创新生态壁垒"和"自身变革式生态演化存在困境"，而需通过"主动变革式演化实现竞争优势再造"

第一，变革环境中的后进者，以新的价值主张和游戏规则直接颠覆掉在位成熟企业的创新生态壁垒。

企业创新生态系统所构筑的生态壁垒，具有不易攻破性。但是在外部环境的激烈变革下，后进者通常并不是以更高水平的技术或产品直接超越在位成熟企业，而是以一种变革性的价值理念和技术产品，以此绕开在位成熟企业创新生态系统在价值主张、游戏规则、专利布局等方面所构建的生态壁垒，使得原成熟企业生态系统所主导的竞争规则完全失效，所构筑的生态资产已不适用于新竞争情境。

第二，作为拥有成功历史的成熟大企业，其创新生态系统往往存在变革式演化困境。

成熟期科技型企业创新生态系统围绕其价值主张和核心技术产品，已经形成优势生态惯例和成熟价值网络体系，放弃或改变原有的优势惯例和价值体系将存在高沉没成本、高机会成本和高转换成本。由此，成熟大企业创新生态系统演化容易产生锁定效应和路径依赖性，成熟企业作为生态系统主导者，不愿放弃一直为此获取丰厚收益的价值主张，不愿放弃已经形成的强者愈强的生态壁垒而主动转向新的竞争场景，因而更加善于渐进式演化。而在外部环境的"地壳运动"中，成熟企业创新生态系统更容易成为"笨拙的恐龙",以致其很难摆脱渐进式演化进程中的创新者窘境。

第三,成熟期企业创新生态应以主动变革式演化的过程机理,实现竞争优势再造。

成熟期企业创新生态系统,更应强调以主动变革式演化实现竞争优势再造。这需要成熟期企业创新生态系统保持更加系统的开放异质性,鼓励学习和自由探索,进而出现可能对未来发展有益的"变异"。同时,作为生态系统的主导者,既要形成对未来变革发展的共识,又要给予"变异"足够的支持以推进变异行动,使其实现创新生态系统的创造性颠覆,即创造出与新环境适配性高的新生态系统。虽然新生态系统会弱化原生态系统合法性,但却实现了变革环境下的企业竞争优势再造升级。

7.2　管理启示与对策建议

当前在产业发展和国际竞争环境发生剧烈变化的背景下,创新生态系统较创新系统、较产业链价值链分析范式等更具优越性,以孵化栖息、共生协同、变革式进化的生态特性分析企业的创新发展与创新竞争,更适合于指导科技型企业的发展实践。因此,基于产业发展的新趋势和国外技术创新的竞争挑战,无论是政府还是企业应积极转变发展思维,认清创新发展、创新竞争的本质与趋势,用创新生态系统理论范式指导企业从初创期到扩张期再到成熟期的发展实践。

（1）优化与嵌入外部生态,以外部支持促进初创期企业孵化生长

企业尤其是初创期科技型企业的竞争优势不是孤立的,必须置于一定的外部生态系统中去考察。因而,政府应积极构建和优化外部创新生态系统,企业应选择性嵌入某一外部创新生态系统,以外部生态的孵化支持促进企业初创期生长。

第一,政府优化外部创新生态,为企业搭建热带雨林式创新栖息地。

政府的作用重在打造良好的外部创新生态空间,优化创新生态要素、培育创新生态机制,促进形成高浓度、高作用度的创新生态场,以此为企业提供集资源、服务、知识、机会和动力于一体的外部热带雨林式创新生态环境。首先,集聚创新要素,搭建技术企业创新网络体系。大企业是外部创新生态系统中的重要物种,

它为中小企业发展提供机会，并以不同方式反哺区域生态，中小型科技型企业则是生态系统中的活跃力量，它们之间相互协作而又相互竞争，彼此追赶而又相互促进。因此，既应加大对有重大带动作用的技术领军型企业的支持，又应通过设立中小创新基金、给予贷款优惠、提供技术创新奖金等鼓励中小技术企业参与相关创新的配套合作。同时，鼓励高校院所与创新型企业间的知识互动，确实发挥好其创新人才培育与技术供给的创新源作用。其次，完善创新的基础设施与科技条件以及创新的专业性服务建设。硬件方面，推动高质量的科技园区、创业基地、新式孵化器及预孵化基地建设，推进创新实验室、公共信息服务中心等有形设施建设。软件方面，完善中介信息服务、金融服务、人才供给及培养等方面的创新服务支撑，加大对创新主体信息服务的深度，同时不断完善科技发展专项资金管理体制，建立有效的多方位融资机制，减少各种审批程序以降低企业融资成本等。另外，优化创新的政策与法律法规、社会人文环境，培育外部支持性创新生态系统的特殊机制。即注重创新文化建设与体制改革，不仅从法律、政策、制度上推进创新，更要彻底地从思想上培育追求创新、鼓励创新、尊重创新的文化。同时，鼓励多方面创新社会制度，建立开放包容的社会管理体系，构建有活力的人才市场，进而提升创新创业活力。

第二，企业嵌入外部创新生态，以此获取外部生态支持性创新给养。

企业尤其初创期企业，应适当选择和积极嵌入某一外部良好支持性创新生态系统，在外部创新生态场的作用下，争取获得不断创新、持续生存、占位突破和阶段跃迁的孵化生长优势，从而实现由新生劣势向比较优势的阶段转换。首先，企业要与所在区域生态内的相关政府组织保持密切联系，关注其政策性导向，积极参加其组织的各类创新创业大赛，参与满足相应条件的各类企业申报，同时深刻嵌入和感知系统空间内浓厚的创新创业文化，以此获取来自政策制度供给力和来自社会历史的文化激励动力。从而以政府支持获得资金、特殊采购等创新资源，以参与大赛增加企业媒体曝光度和产品社会认可度，以文化激励激发创新动力。其次，要与生态系统内密集可触的中小竞争性企业紧密联系，时刻关注这些企业的技术发展动向，并进行适当交流，以此获取来自创新组织间基于知识学习的正向追赶竞争力。从而捕捉新技术和新知识动态，引发相互间的追赶性学习行为，以此较快地提升自身的知识能量和创新能力。另外，利用生态系统内松散连接的企业网络，积极寻求与生态空间内领军大企业的合作机会，争取进入其互补协作网络，成为大企业某一业务单元或技术单元的重要补充，以此获取创新组织间的正向合作外溢力。从而借助大企业获得可生存下来的市场资源，获取向先进者学习的机会，以此降低知识搜索成本，提升自身技术能力，获取较好的创新生态位。最后，要与生态系统内科技中介、金融资本、市场营销、法律会计等部门保持密切联系，以此获取专业网络内基于资源服务、机会的专业服务力。从而以天使风险资本的金融支持、法律会计的专业服务、科技中介的产业化衔接等，加速企业形态创建，加速其技术推广和市场转化，以此有力突破初创期生长的限制性因素。

（2）构建企业创新生态，以生态整体应对扩张期企业外部竞争

市场竞争已由"产品竞争""单个企业竞争"演变成为"产业链竞争"，进而升级为各个企业赖以生存的"创新生态系统"之争。所以对于进入扩张期的企业，尤其那些技术复杂、产品应用对生态依赖性较强的科技型企业，更应强调以关键技术或产品为核心，形成完善的企业创新生态系统，以生态系统整体应对外部挑战。

第一，政府应助力企业形成完整的企业创新生态，以应对国际技术挑战。

中美贸易战以来，美国对中国企业尤其对华为等企业的一系列打压制裁，为中国完整的产品发展能力补足，为企业的创新生态系统建设敲响了警钟。中国在高端芯片、航空发动机短舱、操作系统、核心工业软件、核心算法等技术产品领域亟须建立自研发、技术配套、生产集成、应用互补的完整闭环生态系统，以应对国际技术挑战。但是，在以中国为代表的发展中国家内，那些快速崛起的新科技企业往往缺乏复杂技术研发、产业链协同、资本人才组织等综合能力沉淀，尤其对于交通装备、高端芯片、航空发动机等高科技或新兴产业领域，研发周期长、资金投入强度大、涉及企业环节多、产业链长而复杂，仅靠市场和企业难以构建起完整的创新生态系统。因而，政府成为支持和引导关键技术领域企业创新生态系统建设的重要因素。首先，政府自身要深刻认识到国家高技术领域企业创新生态系统建设的重要性，正确认识到其可能在建设中发挥的适当作用。其次，筛选由新技术革命为之提供"机会窗口"的若干关键产业和技术领域，通过设立产业发展基金、重大技术专项以及基础研究资助等方式，助力企业关键技术节点的研发推进。再次，设立互补技术产品配套工程，通过政策支持和产业规划等，鼓励中小企业进入相关配套协作领域，促使围绕关键技术产品形成紧密耦合的创新生

产生态。最后，通过国内新产品采购、政府宣传等方式，助力技术产品应用推广，从而吸引下游应用配套开发商加入，形成繁荣的应用生态。

第二，企业自身应积极构筑完善的企业创新生态，以应对创新的复杂性。

一方面，强调以构建企业创新生态克服创新盲点。扩张期企业的复杂性创新，在外部合作、创新应用和创新依赖性上容易存在创新盲点，来自不同位置、不同环节的挑战将会以不同的方式限制扩张期企业的价值创造和价值捕获。因而企业应采取积极的创新生态战略，既要依据技术依赖结构，围绕其核心技术产品，有机聚集协同与价值创造有关的配套组件、技术及知识的供应群落，有机连接互补与市场实现有关的后端应用商、应用配套企业、终端用户等应用群落，从而克服创新盲点；又要依据企业创新生态系统特质，以清晰的价值主张吸引利益合作伙伴，并形成共同愿景，以平台赋能和网络配置建构起创新生态系统架构，以伙伴的协同进化作为生态系统的动态发展机制，形成协同共生能量，共同应对创新环节的复杂性和风险性。另一方面，强调以企业创新生态的良性循环实现创新繁荣。企业的创新过程，是一个销售—研发生产—再销售的过程，即销售累积利润，利润投入研发生产。新产品的价值量越高，则销售利润越多，对用户也越有吸引力，进而进入下一轮的创新过程循环。这个过程循环得益于企业创新生态系统的良性运行，即形成清晰价值主张、平台赋能、网络配置和协同进化的创新生态特质，由此激发协同共生能量，进而产生从创新生产（研发生产）到创新应用与终端用户基础（销售）的优势效应，优势效应又会进一步激发企业对生态系统特质优化，从而进入下一轮的生态循环。因而，企业不仅应强调其创新生态的构建和完善，更要强调其过程的良性循环，注重在伙伴关系、伙伴赋能、伙伴协同和价值分配等方面的生态治理，以此保证生态环节间的良性促进作用。并且创新生态系统良性循环的速度越快，越会促进其创新产品的更新迭代，促进创新优势的产生，实现创新生态繁荣。

（3）推进生态系统演化，以变革演化实现成熟期企业环境适配

对于成熟期科技型企业，为了避免由于自身优势惯例锁定和外部变革颠覆所导致的企业衰落，作为生态系统核心企业，应积极主动推进其所主导的创新生态系统演化，以变革式演化实现与外部产业环境适配，从而实现企业竞争优势再造。

第一，更加关注外部产业技术变革，以外部环境推动生态系统变革式演化。

当前，新一轮产业革命和技术革命方兴未艾，人工智能、大数据、AI、新材料、新能源等变革性技术不断出现，它加速了产业变革和产业重构，并不断催生出新业态、新产品、新模式。人类正进入前所未有的产业技术高速变革期，这种变革缩短了已有技术产品的生命周期，改变了已有的竞争规则、程序和思维模式，使更多在位企业的能力被破坏掉。所以对于拥有强大惯性的成熟企业创新生态系统，一方面，应密切关注新产业革命的潮流趋势，拥有危机管理的意识，主动探索技术变革的主流方向，以此推动自身创新生态系统的主动变革式演化；另一方面，要注意新技术革命所引致的市场变化和供求曲线发生位移时段，以此适当把握在现有生态系统利益和变革式演化带来的未来利润之间的过渡和切换时机。

第二，更加注重系统异质性和新生力量的引入，以此突破内部变革演化困境。

企业创新生态系统是在改进式演化和变革式演化的交融中不断发展，并实现与外部环境适配的。对于成熟大企业，由于形成一套系统化的改进式惯例演化程序，企业的认知惯性达到了非常高的水平，使得企业容易局限于原有的价值理念和价值体系中，容易遭遇创新者窘境。因而面对动态变换的技术产业环境，一方面，成熟企业更应注重系统内部的异质性，更加关注企业内的非主流声音与现象，要给予他们"非同一般"的探索行为更多的包容，营造有利于突破性创新的生态情境；另一方面，应多吸引外部新生力量加入，引入外部新鲜血液和新思想，以此培育和形成生态系统变革式演化的推动力量。

第三，更加注重内外探索式学习，以此创造新知识体系和变革演化能力。

探索式学习强调生态系统成员内外部之间不断进行知识信息的交流碰撞，不断追求冒险、变化和实验导向，以此探寻外部技术范式转换的新趋势和新方向，并创造出不同于现有技术轨迹和行动认知的新知识、新技术。所以不断地进行探索式学习更容易变异出变革式演化的基因，对进入成熟期后的企业生态系统，一方面，要强调系统内部合作伙伴间的探索式学习以及所引致的探索式创新，核心企业要尤其发挥协同和引领生态伙伴共同探索式学习的主导作用，从而促进从生态系统内部形成突破性发展的知识体系；另一方面，要注重系统外的跨界合作与探索，在与产业外创新者、合作者的碰撞中更有可能探索到新知识、挖掘出新市场空间、创造出新技术路径，从而由外推动系统变革式发展。

7.3 研究的创新点

本研究将创新生态系统引入企业竞争优势研究视野，围绕"基于创新生态系统的科技型企业竞争优势"这一核心议题展开探讨。主要创新点如下。

（1）构建了基于创新生态系统的科技型企业竞争优势理论模型，拓展了企业竞争优势研究范畴

关于企业竞争优势的既有研究，主要是基于工业经济时代的竞争思维，从外部产业结构、企业资源或核心能力、网络关系等视角，或这些视角下的某些细致点展开探讨。而随着新竞争时代的到来和创新生态系统研究的扩展，学者们注意到了创新生态系统作为一种新的创新范式对企业竞争战略的影响，但并没有从理论方面给予更深入的分析，或是仅注意到了创新生态系统对企业资源整合能力的影响，缺乏创新生态系统对不同生命阶段企业和不同内容维度的竞争优势影响探讨。

本研究识别出企业生命周期内创新生态系统与竞争优势的主要影响变化关系，在对创新生态系统与企业生命周期的共同演变分析基础上，从生命周期视角构建了基于创新生态系统的科技型企业竞争优势理论模型。首先，该模型揭示了竞争优势主逻辑下的创新生态系统演变过程，即初创期重点嵌入外部支持性创新生态系统—扩张期重点演变为以自身为核心的创新生态系统—成熟期重点以生态演化重构创新生态系统。其次，揭示了创新生态战略下的科技型企业竞争优势转换过程，具体为初创期以创新生态系统的孵化生长，实现由新生劣势到比较优势转变；扩张期以创新生态系统的共生整合，实现由比较优势向竞争优势转变；成熟期以创新生态系统的变革再造，实现由原竞争优势向新竞争优势转变。另外，将外部产业结构、内部异质资源能力、外部网络关系等经典竞争优势来源，重新整合在基于科技型企业生命周期的创新生态战略这一理论模型中，即初创期企业以生态"孵化"实现了内部异质性资源能力差异，扩张期企业以共生协同实现了内部差异基础上的外部关系差异，成熟期企业以生态变革实现了与外部产业结构的协同演进，进而再造内外差异。

与以往研究相比，本研究所构建的基于创新生态系统的科技型企业竞争优势理论模型，不仅突破了已有竞争优势理论研究范围，拓展了企业竞争优势研究视野，而且揭开了创新生态系统对企业竞争优势影响的第一层"黑箱"。

（2）揭示了企业创新生态系统特质、构建了创新生态场、类比推演出创新生态系统的两种演化方式，深化完善了创新生态系统理论

创新生态系统作为近些年创新领域的一个研究热点，学者们都给予了很多关注，从不同视角不同领域对此展开探讨。但总体来说目前关于创新生态系统的研究仍处于起步期，其主要研究仍限于与自然生态的简单对比，限于对创新生态系统框架结构、运行演化机制、系统评价、系统风险的一般性研究，缺乏更加深入、更加细致的理论挖掘和创新。

本研究通过多案例的扎根分析，较充分完整地探索识别出扩张期企业的创新生态系统特质，即价值主张、平台赋能、网络配置和共同进化具有一致性的理论内核，共同构成创新生态系统特质的重要维度；跨学科借鉴自然生态场理论，探索性地构建了创新生态场，提出了创新生态场源、创新生态场力、创新生态场效应等新概念；基于自然生物进化的间断平衡理论，探索性地类比推演出创新生态系统的两种演化方式，即渐进式与变革式演化。

与以往研究相比，本研究对企业创新生态系统特质的揭示、对创新生态场理论的构建以及对创新生态系统两种演化方式的提出，不仅有助于克服已有创新生态系统研究概念混淆和模糊所带来的局限性问题，还进一步丰富完善了创新生态系统理论。

（3）剖析了创新生态系统对不同生命阶段企业竞争优势的具体影响机理，独辟蹊径地揭示了竞争优势的形成发展过程

已有研究认识到了创新生态系统作为一种新创新范式和新竞争方式对企业发展战略的影响，但主要集中于探讨创新生态成员协作所产生的资源能力整合和价值共创效应。而事实上，企业尤其是科技型企业在初创期、扩张期、成熟期等不同生命阶段，其发展特征和对生态系统的需求不同，创新生态系统对企业竞争优势的影响过程和影响机理也会有所差异。而现有研究并未基于企业的阶段性发展特征，对不同生命阶段的创新生态系统对企业竞争优势影响问题展开探讨。

本研究关于初创期科技型企业，基于创新生态场这样一个崭新的视角，构建了从生态要素机制到生态场力的外部生态系统对企业生长的作用模型，揭示了创新生态场作用下的初创期科技型企业成长机理；关于扩张期科技型企业，本研究构建了创新生态系统对扩张期科技型企业竞争优势的影响模型，发现创新生态系

统对企业共生整合优势的影响，是一个从企业创新系统生态特质（价值主张、平台赋能、网络配置、共同进化）到协同共生能量（协同共生关系、资源、能力）再到竞争优势效应（创新生产、创新应用、终端用户基础）的影响过程；对于成熟期科技型企业，本研究基于创新生态系统的两种演化方式，构建了创新生态系统演化对企业竞争优势发展的影响模型，较清晰地阐明成熟企业创新生态系统主动变革式演化与企业竞争优势再造的过程机理。

与以往研究相比，本研究关于创新生态系统对不同生命阶段企业竞争优势的具体影响机理的剖析，更为深刻地揭示了生命周期内创新生态系统作用下的企业竞争优势形成与发展机理，更为细致地揭开了创新生态系统对企业竞争优势影响的第二层"黑箱"。

7.4 研究局限与未来展望

本研究对基于创新生态系统的科技型企业竞争优势这一核心议题进行了探索，其研究结论和启示建议对提高企业的创新竞争水平、提升国家的国际创新竞争力，具有较强的借鉴意义。但由于所研究问题的前沿性和复杂性，也限于作者的学识积累，以及研究条件的制约，本研究在研究内容、研究方法上难免存在一些缺憾，希望能在未来研究中弥补这些不足。

（1）关于其他影响路径的分析问题

本书第三章在理论分析的基础上，通过实证研究识别出了企业每一生命阶段内创新生态系统对企业竞争优势影响最为明显的一条路径。研究关注问题的最主要方面，所以本书在第四章、第五章和第六章重点对这三条最明显的影响路径展开分析，而未在后续章节对其他影响效应较弱的路径展开讨论。其他路径上创新生态系统如何具体影响企业竞争优势，其过程和机理是什么，也值得在后续研究中进一步展开探索。

（2）关于案例选取问题

研究从企业初创期到扩张期再到成熟期，并未选择同一批案例进行分析，主要源于创新生态系统作为企业创新和竞争实践中的一种较新范式，目前还少有企业其生态系统战略能够跨越自初创期、扩张期再到成熟期整个生命历程，且每一生命阶段都恰有本研究所研究问题的典型事件发生，所以研究在纵向多案例企业选取上存在困难。未来，随着企业创新生态实践的深入与企业生命阶段演进，希望能够发现典型纵向多案例展开探讨。

（3）关于生态场理论的定量化实证

本书第四章主要是基于生态场理论探讨创新生态系统对初创期企业孵化生长优势的影响。生态场理论是建立在演绎的思维过程基础之上的，以它来探讨外部创新生态系统对企业的作用机理和生长发展，到目前为止还是一种全新的研究方法。它为突破定性分析，以定量化的方法来探索创新生态系统内部的作用机理提供了可能和方向，但是由于自然生态场理论本身还处于理论架构阶段，以及系统内部分数据的难以量化性和取得性，定量化的实证研究还存在一定困难，本研究只结合具体案例做了实证分析。但定量化的实证研究将是下一步需要探索和研究的重要内容。

（4）关于研究命题的进一步实证问题

本书第四、第五、第六章采用了案例研究方法。案例研究方法多适用于新的研究领域，或者现有理论似乎有所不足的领域。根据案例研究范式，多是在对案例分析基础上形成理论构建命题，它强调的是研究结果的可转换性而不是大量样本的可复制性，这是与数理实证研究方法的主要区别。当然作为进一步的研究方向，未来可针对所提出的理论命题展开大样本的实证检验。

（5）关于创新生态系统竞争优势可持续性问题的后续思考

本书按照科技型企业生命周期，探讨创新生态系统对初创企业孵化生长优势、扩张期共生整合优势、成熟期变革再造优势的影响。事实上，企业在形成基于创新生态系统的共生整合优势后，会形成一种创新生态壁垒，使得后进者很难超越这种竞争优势，即创新生态系统竞争优势可持续性问题。尤其在中美贸易战的背景下，华为积极应对国外挑战，虽然推出了麒麟系列芯片和鸿蒙操作系统，但舆论界仍担心美国高通芯片、Android 生态系统的强大和其强大背景下华为操作系统生态的难以构建和完善。事实上，不仅仅是操作系统，华为芯片目前主要用于自家手机，如果是作为竞争性商品推向市场，也仍存在其应用生态的完善问题。

由此不得不思考，国外高科技公司围绕它们的芯片、操作系统构建的完善创新生态系统，不仅是在其创新生产、创新应用和终端用户基础方面形成了强大的生态竞争优势，还为这种竞争优势构建了一个后进者不易攻破的生态壁垒，使得企业在其产业领域可以拥有较长的市场独占期。

所以，中美贸易战背景下华为等企业的竞争实践也更加验证了"创新生态系统竞争优势可持续性"这一研究问题的存在，因而也引发了本研究的再思考。即对企业来讲，创新生态系统是如何影响企业竞争优势的可持续占有，其整个创新生态系统如 Android、ARM 生生不息、繁荣发展的机理是什么，生态系统应对外部竞争者挑战、保持先进者优势的机理是什么，它对后进者形成什么样的隔离机制和竞争壁垒。而目前，虽然舆论界意识到伟大的创新生态系统的难以超越性，意识到先进的生态系统对后进者筑起了不易逾越的生态壁垒，但是理论界目前只在"创新生态系统对企业竞争优势的影响"方面稍有涉及，而对"创新生态系统如何影响企业竞争优势的持续占有"这一问题并没有给予充分的关注。研究关注创新生态系统引发的竞争优势可持续问题，关注创新生态系统内部繁荣机制和外部竞争壁垒问题，但由于本研究框架和作者研究时间所限，未能把这一研究议题纳入本书研究框架，但它却是创新生态系统竞争优势研究所应关注的。希望后续能对这一问题展开探索。

附录 A　调研问卷

尊敬的女士、先生:

　　您好!

　　非常感谢您在百忙之中参与本次问卷调查。本次调查依托国家社会科学基金重大项目,目的是探究创新生态系统对企业竞争优势的影响,所有题目点选打钩回答即可。您的客观准确填写,是后续研究获得准确结论的重要前提,在此对您的认真填写致以衷心的感谢!

　　填写的过程中请您注意以下几点:

　　(1)具有创新精神的企业管理者均可填写本问卷;

　　(2)所有问题答案无对错之分,请根据您的思考后直接作答;

　　(3)信息将严格保密,调查结果仅用于学术研究,成果发表时仅对外披露整体性的统计结果。

　　如果您对本研究非常感兴趣,并想进一步了解研究中获得的研究结论和发现等信息,或者您将来有相关方面的问题想要交流,您都可以随时直接与本团队联系。

　　联系人:

　　邮箱:

第一部分　基本情况

问题 1. 您所在企业的成立年限: _____ 年

问题 2. 您所在企业所属的城市：_____

问题 3. 您所在企业所属的产业领域：_____

○电子信息技术领域 ○航空航天技术领域 ○新材料技术领域

问题 4. 您所在企业近 3 年的资本支出率约：_____ %

问题 5. 您所在企业近 3 年的销售收入增长率约：_____ %

问题 6. 您所在企业近 3 年的留存收益率约：_____ %

第二部分　企业的创新生态战略

（1）企业现发展阶段，需要一个外部创新创业资源（如人才、知识、资本、实验室等硬件资源）丰富的支持性环境。

　　完全不符合 ○1 ○2 ○3 ○4 ○5 完全符合

（2）企业现发展阶段，需要一个外部创新创业服务（如科技中介、孵化器、咨询公司、政府创新服务等）良好的支持性环境。

　　完全不符合 ○1 ○2 ○3 ○4 ○5 完全符合

（3）企业现发展阶段，需要一个外部创新创业环境（如鼓励创新的文化、优良的营商环境等）良好的支持性环境。

　　完全不符合 ○1 ○2 ○3 ○4 ○5 完全符合

（4）企业现发展阶段，需要一个外部创新创业协作网络（如有诸多合作伙伴，易于获得市场机会等）良好的支持性环境。

　　完全不符合 ○1 ○2 ○3 ○4 ○5 完全符合

（5）企业现发展阶段，基于现有市场环境和用户需求，形成具有一定市场吸引力的核心技术或关键产品。

　　完全不符合 ○1 ○2 ○3 ○4 ○5 完全符合

（6）企业现发展阶段，围绕自己的关键技术产品，建立了鼓励和吸引更广泛企业加入的创新平台。

　　完全不符合 ○1 ○2 ○3 ○4 ○5 完全符合

（7）企业现发展阶段，围绕自己的行业关键技术产品，与产业上下游伙伴等利益相关者，形成紧密依赖的协同合作关系。

完全不符合　○1　○2　○3　○4　○5　完全符合

（8）企业现发展阶段，在所属行业或产业链中具有一定影响力和决策权，是产业创新平台和协作网络中的关键企业或核心企业。

完全不符合　○1　○2　○3　○4　○5　完全符合

（9）企业现发展阶段，时刻关注外部产业变革以及可能带给企业的冲击。

完全不符合　○1　○2　○3　○4　○5　完全符合

（10）企业现发展阶段，主动替换或弱化旧的共同价值创造方式和协作愿景，提出新的能够吸引利益伙伴的共同价值创造方式和协作愿景。

完全不符合　○1　○2　○3　○4　○5　完全符合

（11）企业现发展阶段，主动弱化或逐渐放弃已有核心技术产品，研发形成完全不同的颠覆性技术产品。

完全不符合　○1　○2　○3　○4　○5　完全符合

（12）企业现发展阶段，基于新技术产品主动构建新的创新平台和外部协作体系。

完全不符合　○1　○2　○3　○4　○5　完全符合

第三部分　企业的竞争优势

（1）与竞争对手相比，企业现发展阶段，能够突破自身弱势，不断进行技术产品的微创新或重大突破创新。

完全不符合　○1　○2　○3　○4　○5　完全符合

（2）与竞争对手相比，企业现发展阶段，能够突破自身弱势，解决自身资源缺乏、资金不足、市场进入困难等问题，而持续生存下去。

完全不符合　○1　○2　○3　○4　○5　完全符合

（3）与竞争对手相比，企业现发展阶段，能够突破自身弱势，向更好、更高级的发展阶段进阶。

完全不符合　○1　○2　○3　○4　○5　完全符合

（4）与竞争对手相比，企业现发展阶段，能够突破自身弱势，不断提升自身的核心技术产品水平而占有一定市场地位。

完全不符合　○1　○2　○3　○4　○5　完全符合

（5）与竞争对手相比，企业现发展阶段，拥有更多的市场用户。

完全不符合　○1　○2　○3　○4　○5　完全符合

（6）与竞争对手相比，企业现发展阶段，可更快速地研发制造出更先进、更高价值技术产品。

完全不符合　○1　○2　○3　○4　○5　完全符合

（7）与竞争对手相比，企业现发展阶段，拥有更完善、更丰富的产品使用场景与应用配套。

完全不符合　○1　○2　○3　○4　○5　完全符合

（8）与竞争对手相比，企业现发展阶段，能及时响应技术变革，形成与市场需求相适配的新技术产品。

完全不符合　○1　○2　○3　○4　○5　完全符合

（9）与竞争对手相比，企业现发展阶段，围绕变革创新的新技术产品，可先发更新形成完整、强大的研发生产能力。

完全不符合　○1　○2　○3　○4　○5　完全符合

（10）与竞争对手相比，企业现发展阶段，围绕变革创新的新技术产品，可先发更新形成完善丰富的产品应用场景与应用配套。

完全不符合　○1　○2　○3　○4　○5　完全符合

（11）与竞争对手相比，企业现发展阶段，围绕变革创新的新技术产品，可先发拥有更多的市场用户。

完全不符合　○1　○2　○3　○4　○5　完全符合

附录 B 访谈提纲

一、关于企业创新生态系统战略问题

1. 贵公司是如何理解当前企业间的竞争的，您认为当前的市场竞争与以往有什么不同？

2. 您对"企业创新生态系统"或"企业生态圈"或类似说法是否有所了解？您觉得贵公司是否正在或已经实施了这样的战略？该战略大约在什么时候、什么情况下开始实施的？当时是基于一种什么样的思考？在参与外部市场竞争上，该战略与其他战略有何不同？

3. 请具体介绍一些贵公司的创新生态战略，如创新生态系统建设是体现在公司发展的整体布局方面，还是主要体现于公司的某些关键技术产品上？其具体的战略特征、实施策略是什么？

4. 围绕公司的关键技术或产品，主要建立了哪些创新合作伙伴？在核心技术产品的配套组件供应与研发生产方面有哪些主要的合作者？在产品的市场化环节有哪些外部合作者？

5. 贵公司在整个的协作网络中处于什么样的地位？其主要作用是什么？贵公司是如何同这些伙伴保持合作的，其吸引和管理伙伴关系方面的措施是什么？有什么具体的投入？如在利益分配方面，在伙伴能力提升方面，在伙伴关系管理方面。

6. 在这样一种新的战略下，贵企业与这些合作伙伴的关系发生了什么改变？与一般的外部创新协作关系有哪些异同？

7. 目前企业竞争战略中，经常提到平台、网络、共生、竞争协作等，您是如何看待这些观点的？这些观点在贵企业的外部关系战略中是否有所体现，是如何体现的？除此之外，您认为还应强调什么？贵企业又是如何体现的？

8. 您的主要合作伙伴或竞争者中是否也有实施了以上类似的竞争与发展战略？他们的战略实施对贵公司有哪些影响？

二、企业创新生态系统战略与竞争优势效应问题

1. 在核心技术产品研发方面，外部相关的配套技术、配套零部件合作伙伴等是如何在产品研发与技术供应方面保持与贵公司发展一致的，他们的参与对公司的核心技术产品的生产推进有哪些作用？

2. 在核心技术产品的市场推广方面，产品下游的应用商、应用配套商等是如何支持贵公司技术产品的？他们的支持参与对技术产品从公司到最终用户，发挥了什么样的桥梁作用？

3. 贵公司是如何看待用户在整个生态战略中的地位的？创新生态系统战略对贵公司核心技术产品的市场用户数量、用户黏性的提升有何影响？

4. 您觉得企业创新生态系统战略对企业的外部竞争产生了哪些影响？比如是否增强了贵公司核心技术产品的竞争力？它对外部竞争对手有什么影响，比如在竞争对手产品的研发生产、市场推广、用户占有等方面。

三、关于有效推进企业创新生态系统建设的问题

1. 您觉得从企业自身来看，企业创新生态系统建设成功的主要因素是什么，哪些因素可能导致失败？对此您有什么建议？

2. 您觉得政府在推进企业创新生态系统建设中是否应起到一定作用？对此您有什么建议？

参考文献

[1] WALLIN J. Business orchestration[M]. New Jersey:John Wiley & Sons, 2006.

[2] MOORE J F.The death of competition:leadership and strategy in the age of business ecosystems[M].New York:Harper Business, 1996.

[3] FROSCH R A, GALLOPOULOS N E.Towards an industrial ecology in treatment and handling of wastes [M].London: Chapman and Hall, 1992.

[4] PORTER M E.Competitive advantage[M].New York:The Free Press, 1985.

[5] HOFER C W, SCHENDEL D.Strategy formulation:analytical concepts[M].St Paul:West Publishing, 1978.

[6] BAIN J S.Barriers to new competition[M].Cambridge Mass:Harvard University Press, 1956.

[7] NYAMAKA A T, BOTHA A, BILJON J V, et al.The components of an innovation ecosystem framework for Botswana's mobile applications[J].Electronic Journal of Information Systems in Developing Countries, 2020(1).

[8] NUNN R.The innovation ecosystem and knowledge management:a practitioner's viewpoint[J].Business Information Review, 2019, 36(2):70-74.

[9] CHAE B K.A General framework for studying the evolution of the digital innovation ecosystem:The case of big data[J].International Journal of Information Management, 2019, 45(4):83-94.

[10] HUANG H, CHEN J, YU F, et al.Establishing the enterprises' innovation ecosystem based on dynamics core competence——the case of China's high-speed railway[J].Emerging Markets Finance and Trade, 2019, 55（4）:843-862.

[11] SU Y S, ZHENG Z X, CHEN J.A multi-platform collaboration innovation ecosystem:The case of China[J].Management Decision, 2018, 56(01):125-142.

[12] WALRAVE B, TALMAR M, PODOYNITSYNA K S, et al.A multi-level perspective on innovation ecosystems for path-breaking innovation[J]. Technological Forecasting & Social Change, 2018, 136(11): 103-113.

[13] DEDEHAYIR O, MKINEN S J, ORTT J.Roles during innovation ecosystem genesis:A literature review[J].Technological Forecasting and Social Change, 2018, 136(11):18-29.

[14] GOMES L A D V, SALERNO M S, PHAAL R, et al.How entrepreneurs manage collective uncertainties in innovation ecosystems[J].Technological Forecasting & Social Change, 2018, 128(3):164-185.

[15] YEOW A, SOH C, HANSEN R.Aligning with New Digital Strategy:a dynamic capabilities approach[J].Journal of Strategic Information Systems, 2018, 27(1):43-58.

[16] RITALA P, ALMPANOPOULOU A.In defense of' eco' in innovation ecosystem[J]. Technovation, 2017, 60(2): 39-42.

[17] ADNER R.Ecosystem as structure:an actionable construct for strategy[J].Journal of Management, 2017, 43(1) :39-58.

[18] IYAWA G E, HERSELMAN M, BOTHA A.Identifying essential components of a digital health innovation ecosystem for the namibian context:findings from a delphi study[J].Electronic Journal of Information Systems in Developing Countries, 2017, 82(1):1-40.

[19] TOH P K, MILLER C D.Pawn to save a chariot, or draw-bridge into the fort? firms' disclosure during standard setting and complementary technologies within ecosystems[J].Strategic Management Journal, 2017, 38(11):2213-2236.

[20] KWAK K, KIM W, PARK K.Complementary multiplatform in the growing innovation ecosystem:evidence from 3D printing technology[J].Technological Forecasting & Social Change, 2017, 136(6):1-16.

[21] DAS T K, TENG B S.Time and entrepreneurial risk behavior[J].Entrepreneurship Theory and Practice, 2017, 22(2):69-88.

[22] LI H G, CHEN Z W, MA G X.Corporate reputation and performance : a

legitimacy perspective[J].Entrepreneurial Business and Economics Review, 2016, 4 (3) : 181-193.

[23] COAD A, SEGARRA A, TERUEL M.Innovation and firm growth:does firm age play a role? [J].Research Policy, 2016, 45(2):387-400.

[24] SÁEZ-MARTÍNEZ F J, DÍAZ-GARCÍA C, GONZALEZ-MORENO A.Firm technological trajectory as a driver of eco-innovation in young small and medium-sized enterprises[J].Journal of Cleaner Production, 2016, 138(1):28-37.

[25] LIAO S, CHEN C, HU D, et al.Developing a sustainable competitive advantage:absorptive capacity, knowledge transfer and organizational learning[J]. The Journal of Technology Transfer, 2016, 42(6):1431-1450.

[26] ISENBERG D J.Applying the ecosystem metaphor to entrepreneurship: uses and abuses[J].The Antitrust Bulletin, 2016, 61(04): 564-573.

[27] ADNER R, KAPOOR R.Innovation ecosystems and the pace of substitution:re-examining technology S-curves [J].Strategic Management Journal, 2016, 37(04):625-648.

[28] MAIR J, MAYER J, LUTZ E.Navigating institutional plurality:organizational governance in hybrid organizations[J].Organization Studies, 2015, 36(6):713-739.

[29] KAPOOR R, FURR N R.Complementarities and competition:unpacking the drivers of entrants technology choices in the solar photovoltaic industry[J]. Strategic Management Journal, 2015, 36(3):416-436.

[30] AHMAD A.Business intelligence for sustainable competitive advantage[J]. Advances in Business Marketing & Purchasing, 2015, 22(A):3-220.

[31] DYER J H.Specialized supplier networks as a source of competitive advantage:evidence from the auto industry[J].Strategic Management Journal, 2015, 17(4):271-291.

[32] SARAH K, KEYVAN V.The double edged sword of recombination in breakthrough innovation[J].Strategic Management Journal, 2015, 36(10):1435-1457.

[33] CHRISTENSEN C M, RAYNOR M, Mcdonald R.What is disruptive innovation? [J].Harvard Business Review, 2015, 93(12): 44-53.

[34] STILL K, HUHTAMKI J, RUSSELL M G, et al.Insights for orchestrating innovation ecosystems:the case of EIT ICT labs and data-driven network visualizations[J].International Journal of Technology Management, 2014, 66(2/3):243-265.

[35] CHEN Y T, RONG K, XUE L, et al.Evolution of collaborative innovation network in China's wind turbine manufacturing industry[J].International Journal of Technology Management, 2014, 65(1/2/3/4):262-299.

[36] TEECE D J.The foundations of enterprise performance:Dynamic and ordinary capabilities in an (economic) theory of firms[J].Academy of Management Perspectives, 2014b, 4(28):328-352.

[37] LJUNGQUIST U.Adding dynamics to core competence concept applications[J]. European Business Review, 2013, 25(5):453-465.

[38] HWANG V, MABOGUNJE A.The new economics of innovation ecosystems[J]. Stanford social innovation review.2013, 8(06):123-125.

[39] ZAHRA S A, NAMBISAN S.Entrepreneurship and strategic thinking in business ecosystems[J].Business Horizons, 2012, 55(03): 219-229.

[40] WILLIAMSON P J, MEYER A D.Ecosystem advantage:how to successfully harness the power of partners[J].California Management Review, 2012, 55(1):24-46.

[41] PENTLAND B T, FELDMAN M S, BECKER M C, et al.Dynamics of organizational routines:A generative model[J].Journal of Management Studies, 2012, 49(8):1484-1805.

[42] ADNER R, KAPOOR R.Value creation in innovation ecosystems:how the structure of technological interdependence affects firm performance in new technology generations[J].Strategic Management Journal, 2010, 31(3):306-333.

[43] KIM H, LEE J N, HAN J.The role of IT in business ecosystems[J]. Communications of the Acm, 2010, 53(05): 151-156.

[44] AUDRETSCH D B, LEHMANN E E, MEOLI M, et al.University evolution, entrepreneurial activity and regional competitiveness[M]. Basel: Springer International Publishing, 2016.

[45] TSATSOU P, ELALUF-CALDERWOOD S, LIEBENAU J.Towards a taxonomy for regulatory issues in a digital business ecosystem in the EU[J].Journal of Information Technology, 2010, 25(3):288-307.

[46] SALAVOU H, LIOUKAS S.Radical product innovations in SMEs:the dominance of entrepreneurial orientation[J].Creativity & Innovation Management, 2010, 12（2）:94-108.

[47] FRANSMAN M.Innovation in the new ICT ecosystem[J].Social Science Electronic Publishing, 2009, 68(68):89-110.

[48] GARNSEY E, LEONG Y Y.Combining resource-based and evolutionary theory to explain the genesis of bio-networks[J]. Industry & Innovation, 2008, 15(6):669-686.

[49] FUKUDA K, WATANABE C.Japanese and US perspectives on the national innovation ecosystem[J].Technology in Society, 2008, 30(1):49-63.

[50] LAVIE D The competitive advantage of interconnected firms : an extension of the resource-based view [J].Academy of Management Review，2006，31(3) : 638-658.

[51] LIAO Y.The effect of the life-cycle stage of an organization on the relation between corporate control and product innovation.International Journal of Management, 2006, 23(1):167-175.

[52] ADNER R.Match your innovation strategy to your innovation ecosystem[J]. Harvard Business Review，2006，84(4) : 98-107.

[53] HARTIGH E D, TOL M, VISSCHER W.The Health Measurement of a Business Ecosystem[C].ECCON 2006 Annual meeting, 2006.

[54] CESARONI F, MININ A D, Piccaluga A.Exploration and exploitation strategies in industrial R&D[J].Creativity and Innovation Management, 2005, 14(3):222 -232.

[55] HOWARD-GRENVILLE J A.The persistence of flexible organizational routines:The role of agency and organizational context[J].Organization Science.2005, 16（6）:618-636.

[56] IANSITI M, LEVIEN,R.Stratey as Ecology[J].Harvard Business Review, 2004, 82(3):68-78, 126.

[57] IANSITI M , LEVIEN R, IANSITI M ,et al.The keystone advantage:what the new dynamics of business ecosystems mean for strategy, innovation, and sustainability[J].Future Survey, 2004, 20(2):88-90.

[58] IANSITI M, LEVIEN R.Strategy as ecology[J].Harvard Business Review, 2004, 34(3) :68-78.

[59] ZOLLO M, WINTER S G.Deliberate learning and the evolution of dynamic capabilities[J].Organization Science, 2002, 13(3):339-351.

[60] ZAHRA S A, GEORGE G.Absorptive capability:a review, reconceptualization and extension[J].Academy of Management Review, 2002, 27(2):185-203.

[61] SUBBANARASIMHA P N.Strategy in turbulent environments:the role of dynamic competence[J].Managerial and Decision Economics[J], 2001.22(1):201-212.

[62] ALLEN R H, SRIRAM R D.The role of standards in innovation[J].Technological Forecasting and Social Change, 2000, 64(02):171-181.

[63] EISENHARDT K M, MARTIN J A.Dynamic capabilities:what are they? [J]. Strategic Management Journal, 2000, 21(10-11):17.

[64] RAPPORT D J, WHITFORD W G.How ecosystem respond to stress:common properties of arid and aquatic system[J].Bioscience, 1999, (49):193-203.

[65] FOSS N.Networks, capabilities and competitive advantage[J].Scandinavian Journal of Management, 1999, 15(1):1-15.

[66] DYER J H, SINGH H.The relational view:cooperative strategy and sources of inter-organizational competitive advantage[J].Academy of Management Review, 1998, 23(4):660-679.

[67] TOMAN M.Special section:forum on valuation of ecosystem services:why not to calculate the value of the world's ecosystem services and natural capital[J]. Ecological Economics, 1998, 25(5748):57-60.

[68] MEHRA A.Strategic groups:a resource-based approach[J].Academy of Management Journal, 1998, 31(2):331-339.

[69] TEECE D J, et al.Dynamic capabilities and strategic manaset[J].Strategic Management Journal.1997, 18(5):509-533.

[70] KOBERG C S, UHLENBRUCK N, SARASON Y.Facilitators of organizational innovation:the role of life-cycle stage[J].Journal of Business Venturing, 1996, 11(2):133-149.

[71] DUNPHY D.Organizational change in corporate settings[J].Human Relations, 1996, 49(5):541-552.

[72] COLLIS D J, MONTGOMERY C A.Competing on resources:strategy in the 1990s[J].Harvard Business Review, 1995, 73(4):118-128.

[73] TEECE D J, PISANO G.The dynamic capabilities of firms:an introduction[J]. Industrial and Corporate Change, 1994, 3(3):537-556.

[74] MOORE J F.Predators and prey: a new ecology of competition[J].Harvard Business Review, 1993, 71(03): 75-83.

[75] PETERAF M.The cornerstones of competitive advantage:a resource based view[J].Strategic Management Journal, 1993, 14(3):179-191.

[76] AMIT R, SCHOEMAKER P.Strategic assets and organizational rent[J].Strategic Management Journal, 1993, 14(1):33-46.

[77] STALK G, EVANS P, SHULMUN L E.Competing on capabilities:the new rule of corporate strategy[J].Harvard Business Review, 1992, 70(2):54-66.

[78] CHANDLER A D.Organizational capability and the economic history of the industrial enterprise[J].Journal of Economic Perspective, 1992, 6(3):79-100.

[79] MAHONEY J T, PANDIAN J R.The resource-based view within the conversation of strategic management[J].1992, 13(5):363-380.

[80] BARNEY J B.Firm resources and sustained competitive advantage[J].Journal of Management, 1991, 17(1):99-120.

[81] PRAHALAD C K, HAMEL G.The core competence of the corporation[J].Harvard Business Review, 1990, 68(3):79-90.

[82] HANSEN G S, WERNERFELT B.Determinants of firm performance:the relative importance of economic and organizational factors[J].1989, 10(5):399-411.

[83] DIERICKX I, COOL K.Asset stock accumulation and sustainability of competitive advantage[J].Management Science, 1989, 35(12):1504-1511.

[84] RUMELT R E.Towards a strategic theory of the firm[J].Competitive Strategic

Management.1984, 26(1):556-570.

[85] WERNERFELT B.A resource based view of the firm[J].Strategic Management Journal, 1984, 5(2):171-180.

[86] MUELLER D.A life cycle theory of the Firm[J]. The Journal of Industrial Economics, 1972, 20(3):199-219.

[87] CHAMBERLIN E H.Chamberlin's monopoly supply curve:reply[J].The Quarterly Journal of Economics, 1939, 53(4):642-644.

[88] MASON E.Price and production policies of large scale enterprise[J].American Economic Review, 1939, 29(1):61-74.

[89] DONK K，SLAVICK S，MILK H，et al.GEM2015/16global report[EB/OL]. [2019-04-10].Http://www.gemcon sortium.org/report.

[90] JACKSON D J.What is an innovation ecosystem[R].Arlington: National Science Foundation, 2011.

[91] DEN HARTIGH E, TOL M, VISSCHER W.The health measurement of a business ecosystem[R].[S.1.]: ECCON 2006 Annual Meeting, 2006.

[92] WANG P.An integrative framework for understanding the innovation ecosystem[Z].Germany:Conference on Advancing the Study of Innovation & Globalization in Organizations, 2009.

[93] 陈春花，赵海然.共生：未来企业组织进化路径[M].北京：中信出版社，2018.

[94] 张贵，温科，宋新平.创新生态系统：理论与实践[M].北京：经济管理出版社，2018.

[95] 李钟文，威廉，玛格丽特，等.创新之源：硅谷的企业家精神与新技术革命[M].北京：人民邮电出版社，2017.

[96] 维克多·黄，格雷格·霍洛维茨.硅谷生态圈：创新的雨林法则[M].诸葛越，等，译.北京：机械工业出版社，2015.

[97] 罗恩·阿德纳.广角镜战略：企业创新的生态与风险[M].南京：译林出版社，2014.

[98] 魏成龙，苌千里.河南省区域创新生态系统适宜度研究[M].北京：企业管理出版社，2013.

[99] 埃斯特林.美国创新在衰退？[M].北京：机械工业出版社，2009.

[100] 杨瑞龙.企业理论：现代观点[M].北京：中国人民大学出版社，2005.

[101] 克雷顿·克里斯滕森.创新者的窘境[M].南京：江苏人民出版社，2001.

[102] 纳尔逊，温特.经济变迁的演化理论[M].北京：商务印书馆，1997.

[103] 爱迪思，赵睿.企业生命周期[M].北京：中国社会科学出版社，1997.

[104] 马世骏.中国生态学发展战略研究：第一集[M].北京：中国经济出版社，1991.

[105] 刘雪芹，高梓雅，徐亮.扩张期企业创新生态系统与共生整合优势研究[J].财会通讯，2024（录用）.

[106] 刘雪芹，张贵，高梓雅.企业生命周期内的创新生态系统战略演变[J].财会月刊，2023，44（15）：132-137.

[107] 刘雪芹，张贵.成熟企业创新生态系统的变革式演化与竞争优势再造[J].科技管理研究，2022，42（22）：116-122.

[108] 武翠，谭清美.长三角一体化区域创新生态系统动态演化研究：基于创新种群异质性与共生性视角[J].科技进步与对策，2021，38（05）：38-47.

[109] 李佳钰，张贵，李涛.创新生态系统的演化机理分析：基于知识内能视角[J].系统科学学报，2021，（01）：87-91.

[110] 车德欣，李凤娇，吴非.财政科技支出、企业生命周期与技术创新[J].科技进步与对策，2021,38（03）：114-123.

[111] 韩少杰，吕一博，苏敬勤.企业中心型开放式创新生态系统的构建动因研究[J].管理评论，2020，32（06）：307-322.

[112] 许冠南，周源，吴晓波.构筑多层联动的新兴产业创新生态系统：理论框架与实证研究[J].科学学与科学技术管理，2020，41（07）：98-115.

[113] 李万.创新生态系统治理的关键环节与系统效能[J].科技导报，2020，38（05）：20-25.

[114] 项国鹏.创新生态系统视角的企业核心技术突破机制：以华为基带芯片技术为例[J].技术经济与管理研究，2020（10）：36-42.

[115] 林勇，张昊.开放式创新生态系统演化的微观机理及价值[J].研究与发展管理，2020，32（02）：133-143.

[116] 于晓宇，陈颖颖.冗余资源、创业拼凑与瞬时竞争优势[J].管理科学学报，

2020，23（04）：1-21.

[117] 张运生，陈祖琼．技术标准化创新生态系统如何推动销售增长 [J]．科学学研究，2020，38（07）：1317-1324.

[118] 汤临佳，郑伟伟，池仁勇．智能制造创新生态系统的功能评价体系及治理机制 [J]．科研管理，2019，40（07）：97-105.

[119] 唐红涛，朱晴晴，张俊英．互联网商业生态系统动态演化仿真研究：以阿里巴巴为例 [J]．商业经济与管理，2019，000（03）：5-19.

[120] 刘丹，衣东丰，王发明．科技型小微企业创新生态系统网络治理研究 [J]．科技进步与对策，2019，36（04）：122-129.

[121] 王建平，吴晓云．竞合视角下网络关系强度、竞合战略与企业绩效 [J]．科研管理，2019，40（01）：123-132.

[122] 倪渊．核心企业网络能力与集群协同创新：一个具有中介的双调节效应模型 [J]．管理评论，2019，31（12）：85-99.

[123] 刘祎，王玮．工业大数据资源转化为竞争优势的内在机理：基于资源编排理论的案例研究 [J]．华东经济管理，2019，33（12）：163-170.

[124] 王益民，赵志彬，徐猛．链内攀升与跨链嵌入：EMS 企业动态能力协同演化：基于 Sanmina 公司的纵向案例研究 [J]．管理评论，2019，31（01）：281-294.

[125] 吴义爽．能力差异、网络杠杆与平台企业竞争优势的共同演化 [J]．科学学与科学技术管理，2019，40（10）：1-13.

[126] 温超，陈彪．创业学习、创业战略与新企业竞争优势 [J]．外国经济与管理，2019，41（09）：139-152.

[127] 蒋舒阳，庄亚明．企业生命周期与创新平衡适应性成长：CAS 视角 [J]．科研管理，2019，40（02）：164-174.

[128] 程鹏，柳卸林，朱益文．后发企业如何从嵌入到重构新兴产业的创新生态系统基于光伏产业的证据判断 [J]．科学学与科学技术管理，2019，40（10）：1-17.

[129] 许倩．"纵向交叉"型创新网络中新兴技术企业知识协同演化的仿真研究 [J]．经济地理，2019，039（02）：152-160.

[130] 陈佳丽，吕玉霞，戚桂杰，等．社会网络联系与用户创新研究：对乐高开

放式创新平台的分析 [J]. 科技进步与对策，2019，36（04）：104-111.

[131] 于晓宇，吴祝欣，陈颖颖. 国有企业子公司转型升级的锁定效应：组织惯性的视角 [J]. 管理案例研究与评论，2019，012（06）：638-651.

[132] 廖建文. 新竞争环境下的生态优势 [EB/OL].[2019-03-27].https://www.sohu.com/a/126104 47 7_465919.

[133] 辜胜阻，曹冬梅，杨嵋. 构建粤港澳大湾区创新生态系统的战略思考 [J]. 中国软科学，2018，328（04）：1-9.

[134] 沈蕾，张悦，赵袁军. 创意产业创新生态系统：知识演进与发展趋势 [J]. 外国经济与管理，2018，40（07）：44-58.

[135] 王宏起，刘梦，李玥. 结构平衡目标下区域战略性新兴产业创新生态系统科技资源配置模型 [J]. 中国科技论坛，2018，271（11）：41-49.

[136] 樊霞，贾建林，孟洋仪. 创新生态系统研究领域发展与演化分析 [J]. 管理学报，2018，15（01）：151-158.

[137] 董铠军. 创新生态系统的本质特征与结构：结合生态学理论 [J]. 科学技术哲学研究，2018，35（05）：122-127.

[138] 郑少芳，唐方成. 高科技企业创新生态系统的知识治理机制 [J]. 中国科技论坛，2018，0（01）:47-57.

[139] 王发明，朱美娟. 领导企业治理下创新生态系统演进路径研究 [J]. 科技进步与对策，2018，445（09）：90-96.

[140] 李其玮，顾新，赵长轶. 产业创新生态系统知识优势的演化阶段研究 [J]. 财经问题研究，2018，000（02）：48-53.

[141] 湛泳，唐世一. 自主创新生态圈要素构架及运行机制研究 [J]. 科技进步与对策，2018，35（02）：26-31.

[142] 蔡姝莎，欧光军，赵林龙. 高新技术开发区创新体系生态质量评价研究：以湖北省高新区为实证 [J]. 科研管理，2018，39（S1）：87-94.

[143] 欧光军，杨青，雷霖. 国家高新区产业集群创新生态能力评价研究 [J]. 科研管理，2018，39（08）：63-71.

[144] 姜庆国. 中国创新生态系统的构建及评价研究 [J]. 经济经纬，2018，35（04）：1-8.

[145] 何向武，周文泳. 区域高技术产业创新生态系统协同性分类评价 [J]. 科学

学研究，2018，36（03）：541-549.

[146] 苏屹，刘敏.高技术企业创新生态系统可持续发展机制与评价研究 [J].贵州社会科学，2018，（05）：105-113.

[147] 王旭，方虹.基于意念构建和组织边界跨越的产学研合作动态能力提升机理分析：以 8AT 项目为例 [J].管理案例研究与评论，2018，11（04）：394-408.

[148] 肖艳红，卢艳秋，叶英平.能力柔性与知识管理战略匹配对竞争优势的影响 [J].科技进步与对策，2018，35（01）：142-148.

[149] 吴松强，蔡婷婷，赵顺龙.产业集群网络结构特征、知识搜索与企业竞争优势 [J].科学学研究，2018，36（07）：1196-1205，1283.

[150] 敦帅,陈强,刁雅钰.基于颠覆性创新的分享经济企业竞争优势构建研究 [J].商业研究，2018，60（12）：20-27.

[151] 吴杨伟，王胜.再论比较优势与竞争优势 [J].经济学家，2018，（11）：40-47.

[152] 陈彪，单标安.转型环境下创业战略与新创企业竞争优势关系研究 [J].科技进步与对策，2018，35（03）：8-14.

[153] 徐凤敏，景奎，孙娟.基于综合指标的 Logistic 中小企业生命周期研究 [J].管理学刊，2018，31（06）：41-51.

[154] 程如烟.初创科技型企业需要政府更精准地扶持 [J].科技中国，2018，247（04）：25-26.

[155] 朱文莉，王奥运.财务弹性与产品竞争优势：一项基于企业生命周期的研究 [J].哈尔滨商业大学学报（社会科学版），2018，161（04）：90-101.

[156] 陈强，肖雨桐，刘笑.京沪独角兽企业成长环境比较研究：城市创新创业生态体系的视角 [J].同济大学学报（社会科学版），2018，29（05）：112-120.

[157] 李晓娣，张小燕.区域创新生态系统对区域创新绩效的影响机制研究 [J].预测，2018，37（05）：22-28，55.

[158] 唐朝永，陈万明，陈圻.组织衰落与组织创新的关系：失败学习与组织惯例更新的影响 [J].管理评论，2018，30（10）：186-197.

[159] 朱桂龙，蔡朝林，许治.网络环境下产业集群创新生态系统竞争优势形成与演化：基于生态租金视角 [J].研究与发展管理，2018，30（04）：7-18.

[160] 张镒，刘人怀，陈海权.商业生态圈中平台企业生态优势形成路径：基于
京东的纵向案例研究 [J].经济与管理研究，2018，39（09）：114-124.

[161] 彭伟，于小进，郑庆龄，等.资源拼凑，组织合法性与社会创业企业成长：
基于扎根理论的多案例研究 [J].外国经济与管理，2018，40（12）：55-70.

[162] 张济建，翟珮伶，郭本海.基于转换成本的高碳产业技术锁定效应分析 [J].
科技管理研究，2018，38（09）：227-233.

[163] 潘松挺，杨大鹏.企业生态圈战略选择与生态优势构建 [J].科技进步与对策，
2017，34（21）：80-87.

[164] 郭秋云，李南，菅利荣.组织忘却情景、即兴能力与突破性创新 [J].中国
科技论坛，2017，000（04）：55-61.

[165] 白景坤.组织惰性生成研究：环境选择、路径依赖和资源基础观的整合 [J].
社会科学，2017，（03）：55-65.

[166] 詹坤，邵云飞.突破性技术创新的非线性与非连续性演化：以智能驾驶汽
车为例 [J].技术经济，2017，36（05）：66-73.

[167] 郭燕青，何地，姚远.创新生态系统演进中的 NMSI 模型与案例 [J].中国
科技论坛，2017，0（12）：27-33.

[168] 崔淼，李万玲.商业生态系统治理：文献综述及研究展望 [J].技术经济，
2017，360（12）：55-64，122.

[169] 谢佩洪，陈昌东，周帆.平台型企业生态圈战略研究前沿探析 [J].上海对
外经贸大学学报，2017，2（5）：54-65.

[170] 孙丽文，李跃.京津冀区域创新生态系统生态位适宜度评价 [J].科技进步
与对策，2017，34（04）：47-53.

[171] 张宸璐，沈灏，张洁.闲置资源、双元创新与持续竞争优势：基于资源拼
凑视角 [J].华东经济管理，2017，31（12）：124-133.

[172] 段进军，吴胜男.苏州创新生态系统成熟度研究：基于上海、杭州、深圳
等 16 城市的比较分析 [J].苏州大学学报（哲学社会科学版),2017,38（06）：
96-107.

[173] 谢佩洪，陈昌东，周帆.平台型企业生态圈战略研究前沿探析 [J].上海对
外经贸大学学报，2017，24（05）：54-65.

[174] 周键，王庆金.创业企业如何获取持续性成长？基于创业动态能力的研究

[J]. 科学学与科学技术管理，2017，38（11）：130-143.

[175] 李宏贵，曹迎迎，陈忠卫. 新创企业的生命周期、创新方式与关系网络 [J]. 外国经济与管理，2017，39（08）：16-27.

[176] 成海燕，徐治立. 科技企业生命周期的创新特征及政策需求 [J]. 河南师范大学学报（哲学社会科学版），2017，44（03）：88-94.

[177] 张贵，李涛，原慧华. 京津冀协同发展视阈下创新创业生态系统构建研究 [J]. 经济与管理，2017，31（06）：11-17.

[178] 王凯，邹晓东. 由国家创新系统到区域创新生态系统：产学协同创新研究的新视域 [J]. 自然辩证法研究，2016，32（09）：97-101.

[179] 陆燕春，赵红，吴晨曦. 创新范式变革下区域创新生态系统影响因素研究 [J]. 企业经济，2016，427（03）：168-173.

[180] 孙冰，徐晓菲，姚洪涛. 基于 MLP 框架的创新生态系统演化研究 [J]. 科学学研究，2016，34（08）：1244-1254.

[181] 陈健，高太山，柳卸林. 创新生态系统：概念、理论基础与治理 [J]. 科技进步与对策，2016，33（17）：153-160.

[182] 彭本红，武柏宇. 平台企业的合同治理、关系治理与开放式服务创新绩效：基于商业生态系统视角 [J]. 软科学，2016，30（05）：81.

[183] 姚远，郭燕青，李磊，等. 基于 Vague 集的创新生态系统生态位适宜度评价模型研究 [J]. 数学的实践与认识，2016（03）：89-94.

[184] 王建刚，吴洁. 网络结构与企业竞争优势：基于知识转移能力的调节效应 [J]. 科学学与科学技术管理，2016，37（05）：55-66.

[185] 孙璐，李力，陶福平. 信息交互能力、价值共创与竞争优势：小米公司案例研究 [J]. 研究与发展管理，2016，28（06）：101-113.

[186] 周海涛，张振刚. 政府科技经费对企业创新决策行为的引导效应研究：基于广东高新技术企业微观面板数据 [J]. 中国软科学，2016（06）：110-120.

[187] 曹裕，熊寿遥，胡韩莉. 企业生命周期下智力资本与创新绩效关系研究 [J]. 科研管理，2016，37（10）：69-78.

[188] 祁顺生，蔡海中. 企业生命周期不同阶段战略导向的选择与调整 [J]. 中国科技论坛，2016（10）：65-71.

[189] 柳卸林，马雪梅，高雨辰. 企业创新生态战略与创新绩效关系的研究 [J].

科学学与科学技术管理，2016，37（08）：102-115.

[190] 孟迪云，王耀中，徐莎.网络嵌入性、商业模式创新与企业竞争优势关系研究 [J].财经理论与实践，2016，37（05）：108-114.

[191] 祝振铎，李新春.新创企业成长战略：资源拼凑的研究综述与展望 [J].外国经济与管理，2016，38（11）：71-82.

[192] 刘雪芹，张贵.创新生态系统：创新驱动的本质探源与范式转换 [J].科技进步与对策，2016，33（20）：1-6.

[193] 张贵，刘雪芹.创新生态系统作用机理及演化研究：基于生态场视角的解释 [J].软科学，2016，30（12）：16-19，42.

[194] 龚丽敏，江诗松.平台型商业生态系统战略管理研究前沿：视角和对象 [J].外国经济与管理，2016，38（06）：38-50，62.

[195] 郭会斌.温和改善的实现：从资源警觉到资源环境建构：基于四家"中华老字号"的经验研究 [J].管理世界，2016，000（06）：133-147.

[196] 张运生，高维，张利飞.集成创新企业与零部件开发商合作创新类型与治理结构匹配机制研究 [J].中国科技论坛，2016，（06）：49-54.

[197] 魏如清，唐方成."互联网+"背景下用户价值创新的挖掘 [J].中国地质大学学报（社会科学版），2016，88（02）：134-141.

[198] 齐玮娜，张耀辉.区域环境差异与创业质量的"马太效应"：基于动态面板模型的 SYS-GMM 检验 [J].经济管理，2015，37（07）：35-44.

[199] 刘林青，谭畅，江诗松.平台领导权获取的方向盘模型：基于利丰公司的案例研究 [J].中国工业经济，2015，32（01）：134-146.

[200] 刘雪芹，张贵.京津冀区域产业协同创新能力评价与战略选择 [J].河北师范大学学报（哲学社会科学版），2015，38（01）：142-148.

[201] 蒋石梅，吕平，陈劲.企业创新生态系统研究综述：基于核心企业的视角 [J].技术经济，2015，34（07）：20-25，93.

[202] 曹如中，史健勇，郭华.区域创意产业创新生态系统演进研究：动因、模型与功能划分 [J].经济地理，2015，35（02）：107-113.

[203] 罗国锋，林笑宜.创新生态系统的演化及其动力机制 [J].学术交流，2015，000（08）：121-126.

[204] 马鸿佳，宋春华，葛宝山.动态能力、即兴能力与竞争优势关系研究 [J].

外国经济与管理，2015，37（11）：25-37.

[205] 韩敬稳,彭正银.基于关系传递的企业网络嵌入的动态过程研究：考虑"互惠性偏好"的序贯博弈分析 [J].预测，2015，34（05）：55-60.

[206] 董保宝，周晓月.网络导向、创业能力与新企业竞争优势：一个交互效应模型及其启示 [J].南方经济，2015，33（01）：37-53.

[207] 刘新同.基于企业生命周期的探索性创新和开发性创新平衡研究 [J].河南师范大学学报（哲学社会科学版），2015，42（06）：77-80.

[208] 刘雪芹，张贵.京津冀产业协同创新路径与策略 [J].中国流通经济，2015，29（09）：59-65.

[209] 吴绍波，顾新.战略性新兴产业创新生态系统协同创新的治理模式选择研究 [J].研究与发展管理，2014，26（01）：13-21.

[210] 张利飞，吕晓思，张运生.创新生态系统技术依存结构对企业集成创新竞争优势的影响研究 [J].管理学报，2014，11（02）：229-237.

[211] 周大铭.企业技术创新生态系统运行风险评价研究 [J].科技管理研究，2014（08）：48-51.

[212] 甘胜军，王玉.基于企业生命周期视角的竞争战略转换规律研究 [J].科技管理研究，2014，34（05）：209-216.

[213] 赵放，曾国屏.多重视角下的创新生态系统 [J].科学学研究，2014，32（12）：1782-1788.

[214] 董晓芳，袁燕.企业创新、生命周期与聚集经济 [J].经济学（季刊），2014，13（2）：767-792.

[215] 宋铁波，沈征宇.破坏性创新与在位企业战略反应：基于合法性视角的解释模型 [J].科学学与科学技术管理，2014，35（05）：82-90.

[216] 王娜，王毅.产业创新生态系统组成要素及内部一致模型研究 [J].中国科技论坛，2013，1（05）：24-29.

[217] 王道平，韦小彦，张志东.基于高技术企业创新生态系统的技术标准价值评估研究 [J].中国软科学，2013（11）：40-48.

[218] 刘洪久，胡彦蓉，马卫民.区域创新生态系统适宜度与经济发展的关系研究 [J].中国管理科学，2013（S2）:764-770.

[219] 陈占夺，齐丽云，牟莉莉.价值网络视角的复杂产品系统企业竞争优势研究：

一个双案例的探索性研究 [J]. 管理世界, 2013, 241 (10): 156-169.

[220] 曾国屏, 苟尤钊, 刘磊. 从"创新系统"到"创新生态系统"[J]. 科学学研究, 2013, 31 (01): 4-12.

[221] 孙冰, 周大铭. 基于核心企业视角的企业技术创新生态系统构建 [J]. 商业经济与管理, 2011, 1 (11): 36-43.

[222] 张运生, 田继双. 高科技企业创新生态系统合作伙伴选择研究 [J]. 科技与经济, 2011, 24 (05): 21-26.

[223] 高松, 庄晖, 王莹. 科技型中小企业生命周期各阶段经营特征研究 [J]. 科研管理, 2011, 32 (12): 119-125.

[224] 刘雪芹, 齐大朝, 张立华. 我国企业危机管理中的竞争情报研究综述 [J]. 科技管理研究, 2011, 31 (20): 116-118.

[225] 孟庆红, 戴晓天, 李仕明. 价值网络的价值创造、锁定效应及其关系研究综述 [J]. 管理评论, 2011, 23 (12): 141-149.

[226] 张敬伟, 王迎军. 竞争优势及其演化研究现状评价与未来展望 [J]. 外国经济与管理, 2010, 32 (03): 1-10.

[227] 张运生, 邹思明. 高科技企业创新生态系统治理机制研究 [J]. 科学学研究, 2010, 28 (05): 785- 792.

[228] 王振山, 宋书彬, 战宇. 成长期与成熟期科技创新企业分红与研发: 地域、公司治理、股权结构的影响 [J]. 山西财经大学学报, 2010, 32 (10): 95-102.

[229] 王国红, 邢蕊, 唐丽艳. 基于知识场的产业集成创新研究 [J]. 中国软科学, 2010, (09): 96-107.

[230] 李宏贵, 熊胜绪. 互补资产对突破性创新绩效的影响研究: 一个理论模型 [J]. 科学学与科学技术管理, 2010, 31 (07): 66-73.

[231] 张运生, 郑航. 高科技企业创新生态系统风险评价研究 [J]. 科技管理研究, 2009, 29 (07): 7-10.

[232] 芮明杰, 霍春辉. 知识型企业可持续竞争优势的形成机理分析 [J]. 管理学报, 2009, 6 (03): 327-330.

[233] 罗亚非, 郭春燕. 稳健主成分分析在区域技术创新生态系统绩效评价中的应用 [J]. 统计与信息论坛, 2009, 24 (05): 36-41.

[234] 张利飞.高科技企业创新生态系统运行机制研究 [J].中国科技论坛，2009，000（04）：58-62.

[235] 苗红，黄鲁成.区域技术创新生态系统健康评价研究 [J].科技进步与对策，2008，25（08）：146-149.

[236] 张运生.高科技企业创新生态系统边界与结构解析 [J].软科学，2008，22（11）：95-97.

[237] 章卫民，劳剑东，李湛.科技型中小企业成长阶段分析及划分标准 [J].科学学与科学技术管理，2008，29（05）：135-139.

[238] 谭力文，彭志军，罗韵轩.现代企业战略调整的成本与效益：从核心能力跃迁和持续竞争优势动态演化的视角 [J].经济管理，2007，29（17）：69-75.

[239] 栾永玉.高科技企业跨国创新生态系统：结构、形成、特征 [J].财经理论与实践，2007，28（05）：113-116.

[240] 耿帅.集群企业竞争优势的共享性资源观 [J].经济地理，2006，26（06）：988-991.

[241] 胡美琴，李元旭，骆守俭.企业生命周期与企业家管理周期匹配下的动态竞争力模型 [J].当代财经，2006（01）:76-79，88.

[242] 傅羿芳，朱斌.高科技产业集群持续创新生态体系研究 [J].科学学研究，2004，22（s1）：128-135.

[243] 黄鲁成.区域技术创新生态系统的特征 [J].中国科技论坛，2003，000（01）：23-26.

[244] 周晓东，项保华.企业竞争优势性质新探 [J].当代财经，2003，（08）：64-67.

[245] 王永贵，黄清河，郑焕强.基于资源观的竞争优势研究（上）[J].当代财经，2001（03）：54-59.

[246] 王迎军.企业资源与竞争优势 [J].南开管理评论，1998，1（04）：33-37.

[247] 韩经纶，王永贵，杨永恒.现代企业竞争优势探源：对核心能力的系统思考 [J].南开经济研究，1998，000（005）：39-44.

[248] 陈佳贵.关于企业生命周期与企业蜕变的探讨 [J].中国工业经济，1995，000（11）：5-13.

[249] 王伟楠，吴欣桐，梅亮.创新生态系统：一个情境视角的系统性评述 [J].科研管理，2019，40（09）：25-36.

[250] 刘畅.创新生态系统视角下企业家精神对创新绩效的影响关系研究 [D].长春：吉林大学，2019.

[251] 何地.企业创新生态系统战略对竞争优势的影响研究 [D].沈阳：辽宁大学，2018.

[252] 田洪刚.平台企业对产业链重塑的影响研究 [D].济南：山东大学，2017.

[253] 孙璐.企业信息交互能力对价值共创及竞争优势的影响研究 [D].哈尔滨：哈尔滨工业大学，2016.

[254] 张美丽.高技术制造企业组织创新与技术创新的匹配机制研究 [D].哈尔滨：哈尔滨工业大学，2015.

[255] 计东亚.创业企业成长能力研究 [D].杭州：浙江工商大学，2013.

[256] 林婷婷.产业技术创新生态系统研究 [D].哈尔滨：哈尔滨工程大学，2012.

[257] 覃荔荔.高科技企业创新生态系统可持续发展机理与评价研究 [D].长沙：湖南大学，2012.

[258] 黄春萍.基于CAS理论的企业系统演化机制研究[D].天津：河北工业大学，2007.

[259] 长江商学院中国发展模式研究中心.经济新物种：中国企业的实践与创新 [R].北京：长江商学院，2019.

致　谢

　　本书框架曾几经改动，内容也几经修改，语言几经润色。可以说它就像一个难产的婴儿，我就如孕妇在经历分娩前的痛苦后，收获的是分娩后的解脱和喜悦。如今写作过程中遇到的挫折和困难，都已化为点亮心灵之光的星星之火。

　　首先，感谢南开大学的张贵教授，能成为张老师的学生是我倍感荣幸和荣耀之事。张老师渊博的学识、严谨的治学态度、对科研的执着追求、努力付出的工作热情、不断取得的学术成就，无时无刻不在熏陶着我、激励着我。而本书的顺利完成，更是得益于张老师从选题到研究框架构建、从写作到修改各个环节上的严格把关和细心指导。张老师严厉的教导和督促指引，不仅让我获得学术和工作上的进步，还让我更加坚信一定要努力、只有努力付出才有收获的人生信条。张老师在学术方面的执着追求精神和所取得的科研成就，是我工作中永远学习的榜样，张老师的"生活不止眼前的苟且，还有诗和远方"会永远激励着我，让我在未来的学术追求和工作探索中砥砺前行。在此，谨向恩师张贵教授表达我最诚挚的谢意！

　　在本书写作过程中，河北工业大学的李佳钰博士、温科博士与我共同探讨创新生态系统与研究方法的使用，探寻写作中所出现问题的解决办法；吕晓静博士、师弟张东旭硕士在诸多事情上的帮助，让我节约了很多时间和精力。感谢张门弟子群的师弟师妹们，在共同的学习交流中，我们建立了深厚的友谊和感情。

　　感谢我同办公室的林永民老师在共同追求的学术道路上的陪伴与鼓励，让我在这条辛苦的不归路上不再孤独。同时也感谢我的同事赵艳霞老师和张立华老师给予我在本书写作方面的建议和鼓励，让我增添了完成本书的信心。

　　家庭和亲人永远是我强大的支撑和后盾，也是我坚持下来的动力。感谢我的公公在本书写作过程中对我两个孩子无微不至地照顾，感谢我的父母对我家庭和孩子的付出，让我省去了很多后顾之忧。感谢我的爱人在本书写作过程中给予的支持，他承担起了教育和照顾孩子的重任，为我节省出更多时间。

刘雪芹